MW00909765

Discus-Atlas

bede verlag

Gestaltung und Herstellung: Marcus Degen, bede-Verlag

Vielen Dank all den Leuten, die ihre Fotos und Dias zur Verfügung gestellt haben.
Bitte beachten Sie die Namen der Besitzer und Fotografen die beim jeweiligen Fisch genannt werden

ISBN: 3-927 997-56-0

INHALT

VORWORT

Bereits 1991 gab es aus dem bede-Verlag einen ersten internationalen Diskusatlas, welcher auch von T. F. H Publications in USA weltweit in englisch vertrieben wurde. Dieser erste Diskusatlas war so erfolgreich, daß er bereits nach drei Jahren vergriffen war. Gleichzeitig mit Erscheinen dieses Atlas entstand weltweit ein regelrechter Diskusboom, der bis heute ungebrochen scheint. Diskusfische in zahlreichen neuen Farbvarianten kamen auf den Weltmarkt und auch neue Wildfangfarbschläge wurden immer wieder entdeckt. Plötzlich tauchten Wildfänge auf, wie sie in den 30 Jahren vorher nie exportiert wurden. Weshalb dies so ist, kann nur vermutet werden. Möglicherweise müssen die Fänger, die ihre Fangorte natürlich gerne geheim halten, jetzt andere Fangorte suchen, da in ihren bisherigen Fanggegenden Umweltveränderungen vorgenommen worden waren. Gerade die Umweltzerstörung in Amazonien schreitet so dramatisch voran, daß sie Auswirkungen auf die Lebensräume unserer Diskusfische haben muß. Auch klimatische Veränderungen tragen dazu bei, daß in der Natur neue Mischformen von Diskusfischen entstehen können. So ist es nicht verwunderlich, wenn plötzlich durch die zeitliche Verschiebung einer Hochwasserzeit dazu führt, daß Diskusfische aus einem Flußsystem in eine anderes Flußsystem geschwemmt werden. Dort treffen sie dann auf andere Diskusfische, welche andere Farbmerkmale besitzen. Da alle Diskusfische untereinander kreuzbar sind, ist es also nicht verwunderlich, wenn plötzlich Blaue Diskus mit Heckelstreifen oder Braune Diskus mit Merkmalen von Blauen Diskus auftauchen. Solche neuartigen Wildfänge sind dann logischerweise bei den Liebhabern sehr gefragt, und die Exporteure sehen die Möglichkeit, etwas mehr Geld an diesen besonderen Fischen zu verdienen. Schnell tauchen dann Phantasienamen in den Exportlisten der Hälterungsstationen in Manaus auf und schon wurde eine neue Diskusart geboren. Gerade im Moment ist die Verwirrung auf dem Gebiet der Namensgebung sehr groß und sie betrifft nicht nur Nachzuchtdiskus, sondern auch immer

PREFACE

In the year 1991 bede Verlag and T.F.H. Publications had published the first „Discus Atlas“ worlwide. The first international discus atlas was so successful. Now it´s time to publish a new discus atlas whith all the new discus varieties.
Together with the first discus atlas a discus boom was started worldwide. Until today the discus is still the „King of the Aquarium" and worldwide many new color strains are available.
Also new wild discus varieties have been found and exported from Brazil. Suddenly wild discus varieties have been available which years ago haven´t been catched. So always something new is possible in the discus scene.
How does it come that suddenly new wild discus are offered to the world market? Maybe the fishermen have to go more far away on the river systems to catch any discus. Changes in the natural habitat are also changing the fishes lives and so new discus from new areas have been found. Especially the destruction of the rainforest in Amazonia is so dramatically that the habitat of the discus fishes are changing too.
So sometimes during the high water season discus fishes will swim over to other rivers and suddenly crossforms of new discus are available in these rivers. All kind of discus fishes can mate with other discus fishes. So wild brown discus can pair off with wild green discus and so very interesting color forms of wild discus will be created by nature. So it was possible that 1994 and 1995 many crossbreeds of wild Heckel discus and wild blue discus have been created. These new wild discus varieties are very interesting for discus lovers and so the exporters can charge higher prices for these special discus. Also fantasy names are coming up with these crossbreed because the discus are sold by their names and new names sell better. So it is very easy and common to create new discus color varieties when the market needs new names.
Especially now is there a lot of confusion with new names for wild discus. The buyers like to know the names of the river where the discus was cat-

mehr Diskuswildfänge. Da der Käufer gerne einen besonderen Diskus erwirbt, drängt er den Exporteur dazu, ihm den Namen des Flußes zu nennen, wo dieser Diskus gefangen worden ist. So finden immer mehr Flüsse Brasiliens Eingang auf den Preislisten als Zusatzbezeichnungen für Diskusnamen. Ob der Diskus nachher auch tatsächlich in diesem Fluß gefangen wurde, bleibt noch dahingestellt, denn in der täglichen Praxis erscheint es sehr fraglich, daß sich die Fänger merken, wo sie die einzelnen Fische gefangen haben und daß sie dann auch noch diese Fanggebiete ihrem Exporteur mitteilen. Viele Namen in der Diskusszene sind also „Schall und Rauch" und mit großer Vorsicht zu geniessen.

Der Diskus ist ein faszinierender Aquarienfisch, der seit vielen Jahrzehnten, die Gemüter der engagierten Aquarianer bewegt. Diskusfische fordern ihren Pfleger ständig heraus und wenn Kritiker anmerken, daß Diskusfische eigentlich nur langweilig im Aquarium umherschwimmen, dann haben sie sich noch nicht wirklich mit diesem Fisch näher befaßt. Sein Sozialverhalten in der Gruppe, seine intensive und aufopfernde Brutpflege machen ihn zum wirklichen Aquariumkönig. Hinzu kommt die einmalige Körperform, gepaart mit interessanten Farbnuancen, die jeden Züchter einfach herausfordern müssen.

Der hier vorliegende Diskusatlas versucht den Weltstandard der Diskusfische aufzuzeigen. Dies ist natürlich nicht einfach, und aus diesem Grunde wurde ein übersichtliches Nummerierungssystem eingeführt. Jeder hier abgebildeten Diskus wird mit einer durchgehenden Hauptnummer versehen, so daß es möglich ist, gezielt über einen Fisch mit seiner Nummer zu sprechen. So läßt sich die internationale Kommunikation über Diskusfische sehr einfach durchführen, zumal dieser Welt-Diskus-Atlas parallel auch in englischer Sprache erscheinen soll.

Neben der einfachen Durchnummerierung aller Diskusfische, erscheint bei jedem Fisch eine zweite Codierung. Hier wird aus dem Namen der Disched so many river names are given together with the discus color. For example „Manacapuru Blue" or „Andira Green". So more and more brazilian rivers will be shown on the price lists in future. In the daily practice it´s not possible to find out exactly where the discus have been catched and mostly the fishermen don´t like it to tell everybody where they have catched the best discus. So everybody has to be more careful with new discus names.

The discus is a fascinating fish for the aquarium and for over fifty years aquarists all over the world are sick on the discus fever. Discus are always so interesting in their behaviour that discus lovers have to try hard to keep them successful. The social life of discus groups and their breeding behaviour is so intensive that he is really the king of the aquarium. Every breeder can fullfill his aquaristic life with this fish.

This new discus atlas will show you the high world standard of discus fishes. Of course this is not so easy but we have found a numbering system which is very clear. Each discus is numbered and so it´s very easy to talk about this fish with your discus friend overseas. Also the two labguages german and english make it easier to talk more worldwide with discus enthusiast´s.

The second number for each discus is a special code number which shows some information about the color of the discus. In this atlas 14 color groups have been created. These 14 groups are:

1 Brown Discus
2 Green Discus
3 Heckel Discus
4 Blue Discus
5 Wild Cross
6 Turquoise Discus
7 Red Turquoise Discus
8 Cobalt Blue Discus
9 Cobalt Green Discus
10 Hybrid Green
11 Hybrid Brown
12 Hybrid Blue
13 Hybrid Red
14 Hybrid Cross

kusvariante und einer fortlaufenden Nummer, ein zweites Erkennungssystem geschaffen, welches ermöglicht die Diskusfische zusätzlich nach ihrer Farbe in eine Gruppe einzusortieren. Wir haben uns bei dieser Codierung zu 14 Gruppen entschieden, damit die Unterscheidung entsprechend leicht gemacht wird. Diese 14 Gruppen sind:

1 Brauner Diskus
2 Grüner Diskus
3 Heckel Diskus
4 Blauer Diskus
5 Wildfang Kreuzungen
6 Türkis Diskus
7 Rot-Türkis Diskus
8 Kobalt-Blau Diskus
9 Kobalt-Grün Diskus
10 Hybride Grün
11 Hybride Braun
12 Hybride Blau
13 Hybride Rot
14 Hybride Kreuzungen

Das Einsortieren der einzelnen Diskusfische bereitet manchmal etwas Schwierigkeiten, wenn es sich um Phantasiebezeichnungen der Besitzer handelt. Wenn also ein Fisch als Rot von seinem Besitzer bezeichnet wird, unserer Meinung aber mehr Türkis wäre, haben wir ihn dennoch in die Gruppe Rot einsortiert, um dem Anspruch des Besitzers genüge zu tun.
In diesem Welt-Diskus-Atlas ist es jetzt erstmals möglich, alle hier gezeigten, etwa 300 Diskusfische mit der fortlaufenden „D-Nummer" zu bezeichnen, zu erkennen und darüber zu kommunizieren. Bei einem Folgeband dieses Welt-Diskus-Atlas wird die Durchnummerierung einfach weitergeführt, so daß der Kreis der Diskusfische um einige Hundert ergänzt werden kann. Falls Sie interessante und ausgefallene Diskusfische besitzen und eine gute Fotografie oder ein Dia dieser Fische einsenden wollen, würden wir uns darüber sehr freuen. Möglicherweise kann ja dann ihr Diskusfisch im nächsten Diskus-Atlas aufgenommen werden. Selbst-

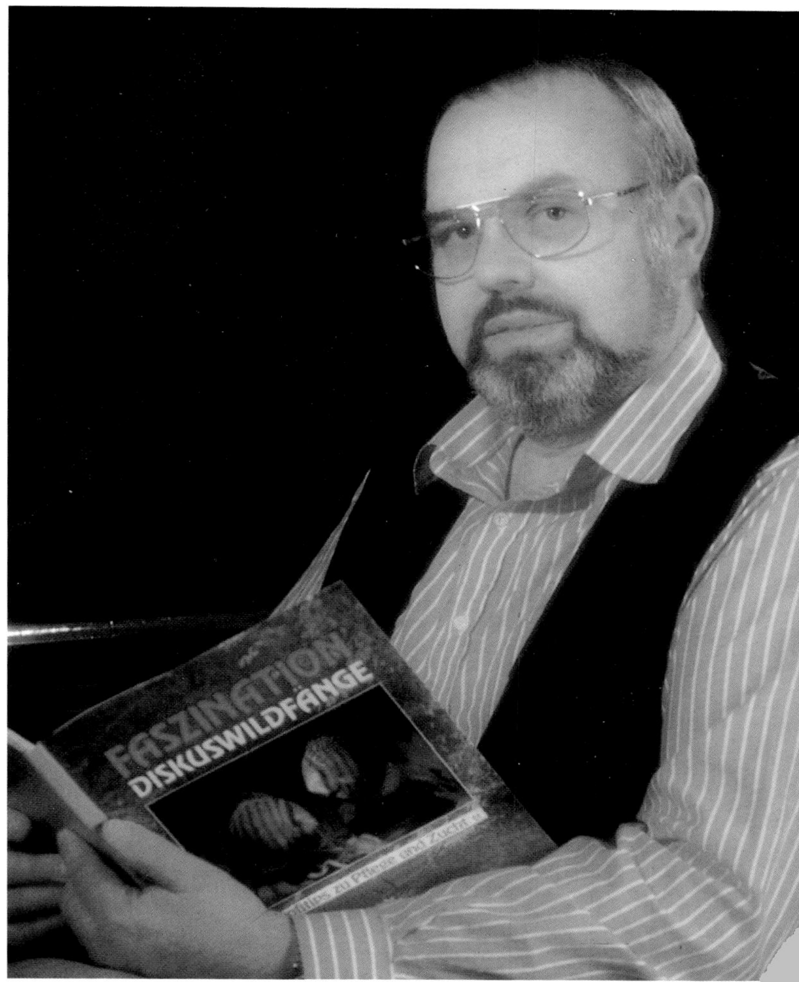

Bernd Degen

Sometimes it´s difficult to find out which discus should be in which color group. Mostly the fantasy names by owners and breeders do not say anything about the color of the discus. But anyway we accepted the meaning of the breeder and put the discus in the color group he decided. So it could be that a more turquoise colored discus is in a group with more reddish discus.
This discus atlas offers now for the first time nearly 300 discus with a clear numbering system. So it´s really easy to communicate about these discus. In the coming second volume the numbers will go on so that always ais guaranteed that every discus lover knows about which discus you want to talk about. If you can supply us any interesting discus

verständlich wäre es gut, auch etwas über den Fisch zu erfahren und deshalb sollten Sie bei einer Einsendung nicht vergessen, einige Informationen einzusenden.
Einen solchen internationalen Diskus-Atlas erfordert die Mithilfe vieler Diskusfreunde weltweit. An dieser Stelle möchten wir noch einmal allen Diskusfreunden danken, welche entweder Aufnahmen ihrer Fische zur Verfügung stellten, oder uns die Möglichkeit gaben, ihre Fische zu fotografieren.
Wir wünschen Ihnen, daß Sie in diesem Diskus-Atlas Ihren Traum-Diskus entdecken werden und später auch die Möglichkeit haben, einmal einen solchen Fisch zu besitzen.

Ihre bede Redaktion

PS: Falls Sie Bildmaterial an uns einsenden wollen, welches für Folgebände des Discus-Atlas geeignet ist, dann schicken Sie dieses direkt an mich:

Bernd Degen
Bühlfelderweg 12
D-94239 Ruhmannsfelden

picture, we would be pleased if you could send it to bede Verlag, Buehlfelderweg 12 in D 94239 Ruhmannsfelden-Germany. Also send informations about the fishes with your pictures or slides.
To publish such a world discus atlas is not so easy and we want to say „Thankyou" to all our discus friends which helped us to take pictures of their discus fishes or which had sent to us pictures and slides.
We also hope that you´ ll find the discus you´re dreaming about for many years in this book. And hopefully you can buy this dreamdiscus sometimes.

Your bede and TFH publishing team

PS: If you want to send us discus pictures or slides for the next Edition of the Discus-Atlas please send them to:

Bernd Degen
Bühlfelderweg 12
D-94239 Ruhmannsfelden Germany

Wie alles begann!

1840 ist die magische Zahl im Leben der Diskusfische. In diesem Jahr wurden sie nämlich entdeckt. Der Wiener Ichthyologe und Systematiker am Wiener Naturhistorischen Museum beschrieb zum erstenmal einen Diskusfisch aus dem Rio Negro Gebiet. Er bezeichnete ihn als „Symphysodon discus. Dieser vor 155 Jahren vergebene Name hat sich bis heute gehalten und dies ist sicherlich verwunderlich, wenn man bedenkt, daß so gut wie jede Fischkarton schon mindestens einmal umbenannt worden ist. Vielleicht ist es ja auch beim Diskus einmal Zeit, etwas genauer auf die vier Wildfangarten einzugehen und eine Namensänderung zu veranlassen.

Für die Aquarianer spielte die Entdeckung des Diskusfisches 1840 noch keine große Rolle, denn erst viel später sollte sich der Diskusfisch zum fast unerreichbaren Götzen der Aquaristik aufschwingen. In den USA war man der Zeit schon immer etwas voraus und so ist es auch nicht verwunderlich, daß die Amerikaner die ersten waren, welche den Diskus einführten. In den USA erzielten die ersten „Pompadour discus" gigantische Preise und sie blieben für den Normalaquarianer unerreichbar. Auch nach Deutschland gelangten einzelne Diskusfische, jedoch waren die Importe zur damaligen Zeit ungleich schwieriger, als dies heute der Fall ist. Viele Fische mußten in Blechkanistern und auf Schiffen nach Europa transportiert werden. Dies hatte zur Folge daß viele auf dem Transport verendeten oder stark geschädigt hier eintrafen. So war es also erst einmal nichts mit den Diskusfischen und einer möglichen Zucht in europäischen Aquarien.

Der zweite Weltkrieg warf dann auch die Aquaristik total aus den Bahnen und erst nachdem diese schlimme Zeit vorüber war und sich das Leben wieder in geordneten Bahnen bewegen konnte, wurden 1958 erstmals wieder Diskuswildfänge nach Europa importiert.

Deutschland entwickelte sich schnell in diesen Jahren zu einer Diskushochburg, denn Deutschland

How it began!

1840 is the year when everything began with discus fishes. In this year they were found in South-America. The austrian ichthyologist from Vienna Naturhistorical Museeum Doctor Johann Jacob Heckel found the first discus in the Rio Negro river system. He called this fish „Symphysodon discus". And 155 years later we still use the same name for this discus. There are four different names for wild discus in use but soon it will be time to change something in the scientific names of discus fishes. But aquarists always use these four names for wild discus: 1. Heckel discus, 2. Brown discus, 3. Blue Discus, 4. Green discus.

For the aquarists was the developping of discus fishes in 1840 not for interest. But many years later the discus fishes began to interest the aquarists and so his success began. In the United States of America the first discus fishes reached fantastic prices. In USA they began to import regulary discus fishes from Brazil. Only a few discus were exported to Germany because in that times it was very difficult to transport tropical fishes around the world. In tin canisters the discus were send to Europe. During transportation many of them died. So breeding discus in Europe wasn´t possible and the discus lovers had to dream on about their drem discus.

During World War II the aquaristic hobby wa nearly impossible to do and only 1958 was the year the first wild discus were exported to Europe again.

Suddenly Germany was the most important country in importing wild discus because the german aquarists always have been very serious in breeding tropical fishes.

Of course in the beginning it was difficult to get the discus fishes you wanted to get and also the prices hav been abolutely high. In the sixties some of the leading discus pioneers in Germany were able to breed larger quantities of discus fishes and from now on it was possible for the regular aquarist to buy smaller discus for reasonable prices.

Brown and blue Discus from Brazil have been the

war ja auch ein klassisches Aquarianerland und so machten sich viele Aquarianer auf die Suche nach Diskusfischen. Der Erwerb war jedoch nicht so einfach, denn wer hatte schon die Möglichkeit, diese teuren Prachtstücke zu erwerben und außerdem gelang ja die Nachzucht noch nicht so gut. Erst nachdem in den 60iger Jahren von einigen Diskusspezialisten regelmäßig Diskusfische nachgezogen werden konnten, war es auch dem Normalaquarianer möglich, zwar unter großem Aufwand, Diskusfische zu erwerben.
Braune und Blaue Diskusfische aus Brasilien waren die Renner und völlig durchgestreifte Wildfänge, die sogenannten „Royal Blue“ brachten die Aquarianer fast um den Verstand. Als dann auch noch Grüne Diskusfische aus dem Rio Tefé und Lago Tefé auf den Markt kamen, war das Glück der Aquarianer komplett. Jetzt konnten sie alle vier Wildfangformen kaufen und auch die Nachzuchterfolge stellten sich ein.
Durch Zuchtauswahl und Kreuzungsversuche entstanden dann die ersten Türkis-Diskus, die jeden Betrachter mit ihrer faszinierenden Türkisfarbe überraschten. Solche Fische hat es in der Natur nie gegeben und jetzt war den Züchtern ein riesiger Sprung nach vorn gelungen. Türkis-Diskus waren der Renner und ein regelrechtes Diskusfieber war ausgebrochen. Neben dem amerikanischen Züchter Jack Wattley waren es vorallem deutsche Züchter wie Dr. Schmidt-Focke oder Pfarrer Schulten, die sich um die Zucht der ersten Türkis-Diskus verdient gemacht hatten.
Im weichen und schwach sauren Wasser des Odenwaldes konnten sich Diskusfische sehr gut entwickeln und problemlos nachzüchten. So erzielte Dr. Schmidt-Focke das unter den Nachkommen eines Wildfangpaares aus dem Rio Purus bei einem Diskusfreund namens Jesiorsky aus Frankfurt etwa 10% der Jungtiere fast flächenhaft grün waren. Diese Fische zeigten interessanterweise auch kaum Längsstreifen, tendierten also schon zu flächigen Diskus. Diese Jungfische wurden an Diskuszüchter wie Pfarrer Neff, Pfarrer Schulten, Klaus Eckert

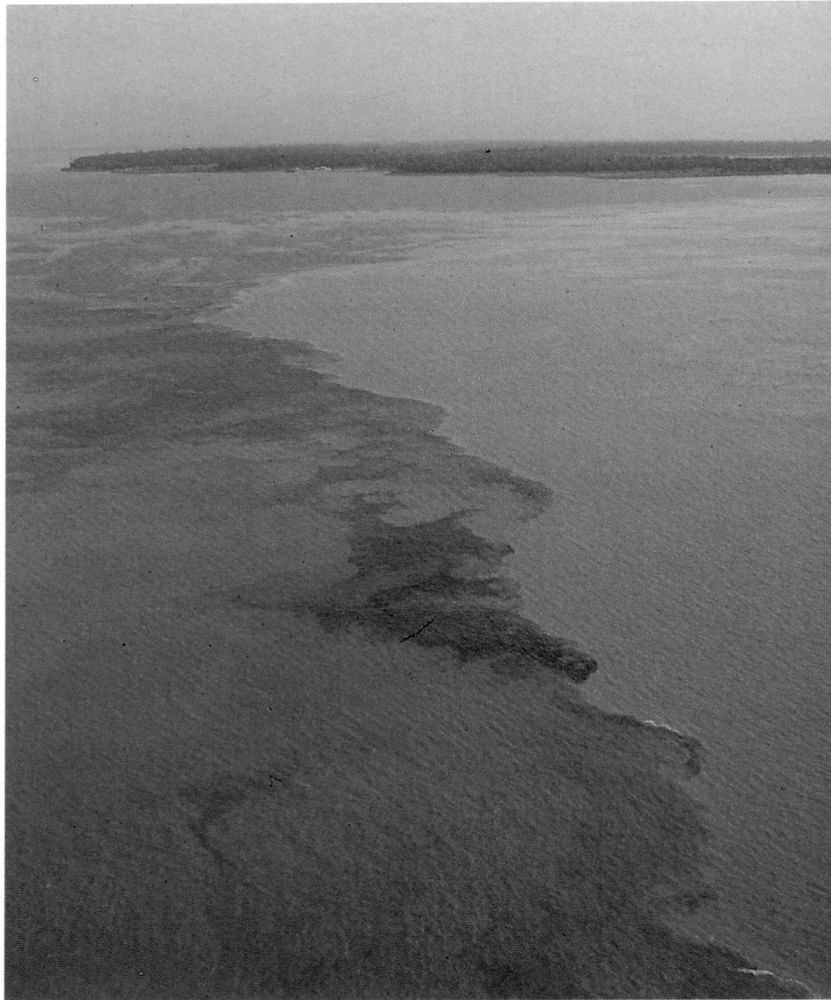

Die Hochzeit der Flüsse-Rio Negro und Solimoes treffen bei Manaus aufeinander.
Meeting of the waters-Rio Negro and Rio Solimoes near Manaus.

bestsellers. Especially the fully striped blue discus which were called „Royal Blue" discus made the discus lovers nuts. When later the wild green discus from Rio Tefé have ben exportetd the aquarists have been surprised again because these wild discus have been so wounderful. Now all four kind of wild discus have been available in special pet shops in Europe.
Inbreeding and linebreeding made surprising colors possible. So soon the first homebred turquoise discus have been created. In USA Mr. Jack Wattley has been a developper of these turquoise strains but als in Germany breeders like Dr. Eduard

Während der Regenzeit sind große Landstriche überflutet.
During the rainy season wide parts are flooded.

und Dr. Schmidt-Focke verteilt, damit diese sich intensiver um diese auffälligen Diskusfische kümmern konnten. Alle hatten wohl Erfolg mit einer Nachzucht, denn das extrem gute Wasser trug hierzu bei. Mit den heute intensiv gefärbten flächigen Diskusfischen waren jedoch die ersten flächigen Nachzuchten nicht zu vergleichen, denn ihre Farbe war doch erheblich blasser. Der erste Schritt in Richtung flächig Blaue Diskusfische war jedoch getan worden. Von Deutschland aus wurden diese Fische weltweit verbreitet und erlangten Weltruhm.

Amazonien- die Heimat der Diskusfische

Mit Amazonien wird immer das Wort Amazonas und damit nicht nur der riesige Fluß Brasiliens, sondern auch die „groß grüne Hölle“ gemeint. Der

Schmidt-Focke, Mr. Jesiorsky, reverend Schulten, reverend Neff and Mr. Klaus Eckert had big success with breeding new discus strains. About 10 % of young green discus bred by Mr. Jesiorsky from Frankfurt showed full body green color and this was surprising. From this stock the breeders could breed interesting color varieties and these discus now showed almost full body green color. This was the first step for high quality discus breeding in Germany.

Worldwide all discus lovers tried hard to get high quality discus fishes from german breeders and even today german discus are well known as high quality discus.

Amazonia- home of discus fishes

Amazonia this always means also Amazon river and

Amazonas ist tatsächlich der größte Fluß der Erde und er transportiert Jahr für Jahr ein Fünftel der gesamten Süsswassermenge dieser Erde in die Weltmeere. Mit anderen Flüssen verglichen ist diese Zahl gigantisch. Doch hinter dem Wort Amazonas verbirgt sich nicht ein einziger Fluß, sondern ein riesiges Flußsystem, welches den Regenwald Amazoniens beherrscht. Ohne dieses Flußsystem wäre hier kein vielfältiges Leben möglich. Pro Sekunde bewegen sich über 200.000 Liter Wasser im Amazonas. Mit seinen knapp 6.500 Kilometern ist er wahrlich ein Riese unter den Flüssen. Viele Nebenflüsse transportieren ihr Wasser in den Hauptfluß, der bei Manaus seinen eigentlichen Namen Amazonas erst erhält. Bei Manaus vermischt sich der Braune Rio Negro mit den Fluten des Solemoes und bei dieser Hochzeit der Flüsse entsteht ein gigantischer Fluß, den wir als Amazonas kennen. In Brasilien besitzt der Amazonas nämlich zuerst den Namen Rio Solemoes und dies bleibt solange so, bis er sich bei Manaus mit dem Rio Negro vereinigt. Das Wasser des Solemoes ist viel heller als das des Rio Negro, denn es enthält sehr viel Schlamm und Schwemmstoffe. Der zusammenfluß, welcher auch Hochzeit der Flüsse genannt wird, ist über viele Kilometer wunderbar zu erkennen, denn die Wassermassen vermischen sich nur langsam.

Während der Amazonas ziemlich gerade von der Quelle bis zur Mündung fließt, zeigen seine Nebenflüsse doch mehr einen schlangengleichen Verlauf. Diese stark gewundenen Flußläufe tragen ständig an einer Uferseite Land ab, welches auf der gegenüberliegenden Seite der Mündung als Schlamm und Sedimente abgelagert wird. Während der Überschwemmungszeit treten die Flüsse so stark über die Ufer, daß weite Seengebiete entstehen. Jetzt haben auch die Diskusfische ihre besten Laichzeit und können für Nachwuchs sorgen. Durch die hohen Wasserstände ist es auch möglich, daß Diskusfische verschiedener Farbvarianten zueinander finden und sich verpaaren, was dann zu Wildfangkreuzungen mit interessanten Zeichnungen führen kann.

the „green hell" of Southamerica. The Amazon is really the largest riversystem in the world. One fifth of the worlds sweetwater is transported by this river into the oceans. But Amazon or Amazonia doesn´t mean only one river. Amazon is a riversystem which dominates the rainforest. Without this riversystem no life would be possible in this region. Every second more than 50 000 gallons of water are transported in the Amazon river. The lenght of more than 4000 miles and the power of its waters make this river to a giant under all rivers in the world. Many of his tributaries transport their waters in the mainstream and nearby th city of Manaus the river gets his name Amazon. Here the Rio Solimoes and the Rio Negro meet and the Rio Amazon is born. This fact is called by the people also

Schöne Wildfänge begeistern den echten Diskusfreund immer wieder.
Wild discus are always fascinating discus lovers.

Sehr bekannt sind die dramatischen Veränderungen der Landschaft durch diese Überschwemmungen während der Regenzeit. Die Regenzeit beginnt etwa im Bereich von Manaus um die Jahreswende im Januar und dauert bis Ende März. Während dieser Regenzeit steigt der Fluß dramatisch an. Die ansteigenden Wassermassen sind gigantisch und ein Wasserstand, der bis zu 15 Meter höher ist, als zum Ende der Trockenzeit im Oktober, verdeutlicht, wie sich die Landschaft hier verändern muß, durch die gewaltigen Wassermassen. Auch die Bewohner an den Flußufern müssen diesem Lebensrythmus Rechnung tragen und ihre Behausungen entsprechend hoch an den Ufern anlegen. Während der Trockenzeit tronen diese Häuser dann hoch über den Flußläufen, während sie in der Regenzeit direkt am Ufer stehen können oder sogar überschwemmt werden.

Hauptfangzeit für Diskusfische ist im Oktober oder November, wobei allerdings auch schon im August und September mit dem Fang begonnen wird.

Die Zeit der Überschwemmungen ist für die Fische ein äußerst wichtiger Zeitpunkt im Jahresablauf, denn jetzt finden sie in den Überschwemmungsgebieten sehr viel Nahrung. So ernähren sich Diskusfische während der Überschwemmungszeit auch von herabfallenden Früchten und Samen der überschwemmten Bäume. Die Fische tragen einen erheblichen Teil zur Verbreitung der Baumsamen bei, denn sie fressen die reifen Früchten und scheiden die unbeschädigten Samen an anderen Stellen wieder aus. Natürlich werden auch zahlreiche Sämlinge durch die Strömung verbreitet und viele Samen sind von der Natur so eingerichtet worden, daß sie mehrere Jahre unter Wasser gut überstehen können. Während der Trockenzeit gelangen sie dann irgendwo an einer passenden Stelle aus dem Wasser und entwickeln sich ungewöhnlich schnell zu einem kleinen Trieb.

Im Amazonasgebiet gibt es eine riesige Anzahl von Süsswasserfischarten. So vermutet man, daß alleine über 3000 Arten in den Flüssen des Amazonassystems leben. Die speziell in Amazonien vor-

„Wedding of the Rivers" or „Mixing of the Waters". For many miles the two rivers with the total different water colors can be seen next to each other. The Amazon river is a straight river with not many curves. But his tributaries are still wild rivers and the river banks along these rivers are always changing. During the rainseason they flood over the land around and many lakes are created by high tide. This is also the time when the fishes can find a lot of food and now they start spawning. The rainseason around Manaus is beginning around January and lasts until end of March. During this time the rivers can reach the highest waterlevel which means more than 15 yard more than during the dry season. The rainforest is totally changing that time. Many trees are floodded this time. Also the life rythm of the animals is changing. Mainseason for catching discus fishes is october and november but also in August and September it´s possible to catch them already.

During the rainseason the discus can find a lot of food in the lakes next to the rivers. They also eat now fruits, vegetables and seeds from the trees in the floodded areas.

In the region around the Amazon river are so many different fish species available. Around 1200 different species of Carachins are found and also more than 1000 species of catfishes live here. Especially new varieties of catfishes are interesting for aquarists.

Many of our tropical aquarium fishes can be seen in the market place of Manaus where local people buy them for food. The old market of Manaus is still a fascinating place and if you ever come to Manaus you have to go there. The market halls look like the old market halls from Paris. The fish and meet market in Manuas is a real tourist spot. Fish is a very important food for people living in the area of the rainforest. This is still the cheapest mainfood for everybody here. If sometimes problems with the fish food would be happen this would be a desaster for the people here.

Already fishfactory ships are cruising along the Ama-

Die Fischfänger leben in Hütten, die direkt am Flußufer aufgebaut wurden. Während der regenzeit reicht das wasser bis an die Häuser heran.
The fishermen live in huts near the river. During the rainy season the water is coming up.

kommenden Arten haben sich an die Lebensräume und Flutzyklen angepasst und vielleicht sollte der Aquarianer einmal darüber nachdenken, seinen Fischen zumindest was die Wassertemperatur und die Wasserzusammensetzung angeht, mehrere Male im Jahr veränderte Bedingungen anzubieten. Sicherlich ist durch solche natürliche Reize auch die Laichbereitschaft heraufzusetzen.

Ständig werden neue Fische in Amazonien entdeckt und so gibt es alleine rund 1200 Arten verschiedener Salmler und auch die Welse bringen es auf über 1000 Arten. Gerade die Neuentdeckungen an interessanten Welsen reißt einfach nicht ab und so bietet Amazonien den Aquarianern immer wieder

zon river and catch thousands of tons of fishes. These swimming factories destroy already a lot of fish life in the rivers. They do not take care enough about the fishes and the breeding seasons. Hopefully they take more care in future.

Very well known from Amazon fishes are the piranhas. Nearly everybody knows a terrific story about them. In many movies you could see them eating up animals or people. In seconds they ate up and only bones have been left. But more dangerous for visitors of the Amazon region are sweetwater stingrays which you cannot see lying in the sand around the shore. They can cause terrible wounds in your legs if you step on them. Piranhas are very

Aquaristische Leckerbissen.
Viele unserer Aquarienfische sind in den Markthallen von Manaus wieder zu sehen. Dort landen sie um von Hausfrauen für den Kochtopf gekauft zu werden. Die alten Markthallen von Manaus sind in berühmten Hallen von Paris nachempfunden worden und befinden sich auch heute noch in einem guten Zustand. Das farbenprächtige Stimmungsbild des Fischmarktes von Manaus begeistert jeden Besucher. Fisch spielt überhaupt eine große Rolle in Amazonien für die Bewohner, denn Fisch ist schließlich das Hauptnahrungsmittel. Ein Mangel an Fisch wäre für die Bewohner Amazoniens eine Katastrophe, denn er ist immer noch der billigste Lieferant von tierischem Eiweiß im Amazonasgebiet. Alle Produkte, welche nicht direkt in oder um Manaus wachsen, bzw. gefunden werden können, müssen über weite Wege in das Zentrum des Dschungels gebracht werden. Diese angelieferte Ware ist immer relativ teuer und somit sind die Bewohner auf die einheimischen Waren angewiesen. Leider beginnt jetzt eine Veränderung in der Fischwirtschaft Amazoniens, die zerstörerische Auswirkungen hat. Es gibt bereits schwimmende Fischfabriken und mit den Schonzeiten für bestimmte Fischarten nimmt man es nicht so genau. Auch haben sich die Fischfangmethoden dramatisch geändert und durch den komerziellen Fang mit langen Netzen wird rücksichtslos abgefischt. So kommt es teilweise schon zu einem Zusammenbruch der Ökosysteme im Amazonasgebiet.
Von den Fischen Amazoniens sind die Piranhas wahrscheinlich die bekanntesten, denn jeder hat schon einmal eine Gruselstory über Piranhas gehört. Bekannt geworden sind diese gierigen Fische durch zahlreiche Gruselfilme, in welchen sie badende Menschen oder Tiere innerhalb von Sekunden bis auf die Knochen abgenagt haben. Piranhas sind jedoch auch ausgezeichnete Speisefische und werden gerne gegessen. Den schlechtesten Ruf unter den Piranhas hat übrigens der schwarze Piranha, der gut 40cm lang werden kann. Viel gefährlicher sind jedoch bei einem Besuch Amazoniens die Sta-

Diskuswildfänge werden für den Transport sortiert.
Wild discus selection for shipping.

fine fishes to eat and so people like to catch them. A piranha in the pan is a great deal because it´s very tasty.
Economically important are also the tropical aquarium fishes in this region. Especially for the caboclos which live here it´s the only possibility to earn some money. They live along the rivers in house boats or in smaller huts and catch fishes for the collectors which transport these fishes to the exportstations in Manaus. Manaus is th absolut center for fish export. Here are the export stations which mostly are big farms with many cement tanks in which the place the fishes until they can export them. Some of these exporters are very specialzed and so especially discus fishes and rare catfishes are important for them. They take care of the discus

chelrochen, die sich im Sand vergraben und bei Berührung ihren Stachelbewährten Schwanz, peitschenartig in das Bein des unachtsamen Menschen schlagen. Diese Stiche hinterlassen schmerzhafte Wunden, die sehr gefährlich sind.
Neben den wichtigen und bekannten Speisefischen Amazoniens, spielen aber auch die unzähligen Aquarienfische eine wirtschaftlich bedeutende Rolle für die Entwicklung dieses Gebietes. So verdienen sich viele Einheimische den Lebensunterhalt für sich und ihre Familien durch das Fangen von Aquarienfischen. Hierbei bedienen sie sich alt hergebrachter Fangmethoden entlang der Flüsse, zum Fischfang fahren. Selbst die professionelleren Zierfischfänger, die mit größeren Booten mehrere Wochen unterwegs sind, fangen noch so schonend ihre Fische, daß keinerlei Gefahr für die Fischwelt Amazoniens besteht.
Manaus ist der Hauptumschlagplatz für den Zierfischversand in alle Welt. Somit ist Manaus auch der Hauptumschlagplatz für den Versand von Diskuswildfängen. In Manaus gibt es ein halbes Dutzend von Exportstationen, die unterschiedlich groß sind. Einige dieser Exporteure haben sich auf Diskusfische spezialisiert und können sehr gute Qualitäten anbieten. Gerade bei Diskusfischen ist es wichtig, daß die Hälterung in den Exportstationen gut organisiert ist. Ist dies der Fall, kommt es kaum zu Ausfällen während der Hälterung in Manaus. Täglich gehen Sendungen per Luftfracht in alle Welt. Die Fische für die einzelnen Bestellungen werden am Vorabend des Versands in Plastikwannen vorsortiert und am Tage des Versands dann in Plastikbeuteln verpackt. Mit Styroporkatons werden sie gegen die Kälte geschützt und so gelangen sie in der Regel in guter Verfassung beim Importeur an. Das Hältern der Diskuswildfänge ist eine Kunst für sich und es bedarf viel Arbeit, die Fische gesund zu erhalten. Ein permanenter Wasserwechsel ist angesagt und so haben sich die meisten Exporteure darauf spezialisiert, ständig Frischwasser in die Hälterungsbecken laufen zu lassen. Um alle Fische optimal zu hältern, ist es notwendig, größe-

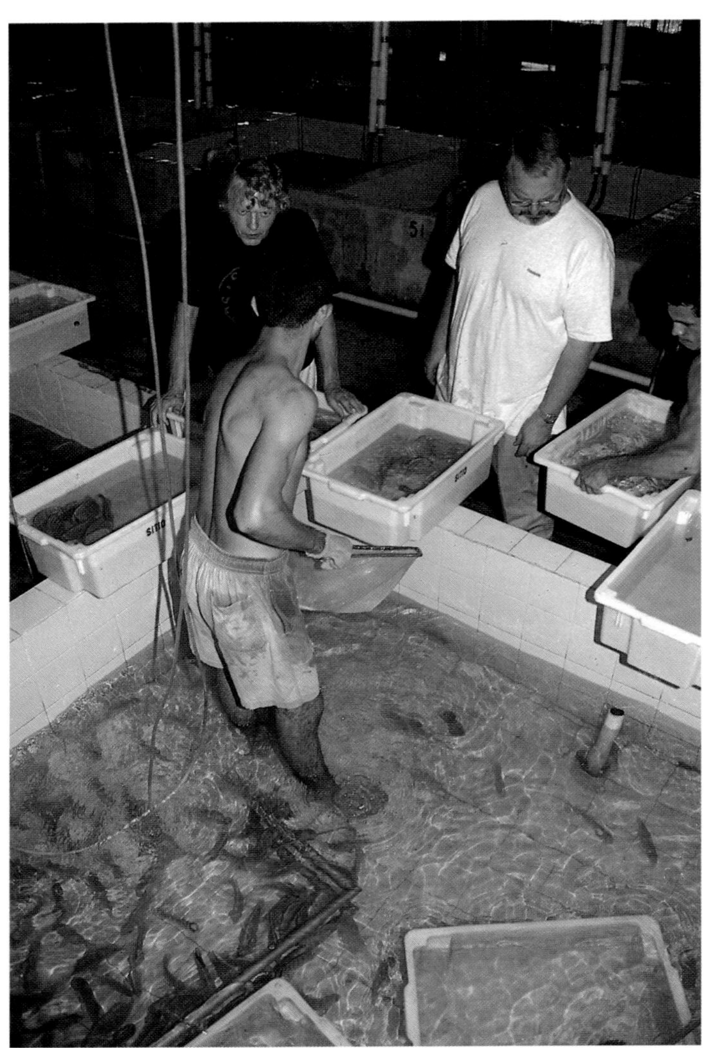

Auswahl von Wildfängen durch Bernd Degen.
Selection of wild discus by Bernd Degen.

and try hard to keep them in good condition. This is easy to understand because discus fishes are high price fishes. By airfreight they send discus fishes in styrofoam boxes all over the world. The night before sending the discus the workers in the farms catch the ordered discus from the cement tanks and count them in palstic boxes. The next morning the discus will be packed in plastic bags with oxygen and than 9 to 12 bags will be put in a styrofam box for transportation.
To keep discus halthy in export farms is agreat job and a lot of work. A permanent water change is necessary to keep the discus in best condition.

Typische Urwaldlandschaft während der Regenzeit.
Typical forest during the rainy season.

Schwimmende Hausboote sind eine Alternative während der Regenzeit.
Swimming houseboats are an alternativity during the rainy season.

re Becken aufzustellen und deshalb haben sich Betonbecken mit mehreren tausend Litern Inhalt und auch Kunststoffbecken bestens bewährt.

Diskuszucht in Asien

Schon vor zwanzig Jahren erkannte man in Südostasien die wirtschaftliche Bedeutung der Diskushochzucht. Doch nicht nur Diskusfische, sondern fast alle anderen Zierfischarten werden in Südostasien heute in großen Mengen nachgezüchtet um die weltweiten Bedürfnisse zu befriedigen. Die Hauptproduktionsländer für Diskusfische sind Thailand, Singapur, Hongkong, Malaysia, die Phillippinen und Taiwan. Die Hauptabnehmerländer für Diskusfische sind neben den europäischen Nationen die USA und Japan.
Anfangs machte man sich in Südostasien wenig Gedanken über die Qualität der Diskusfische und züchtete einfach nur drauf los, um möglichst viele Diskusfische verkaufen zu können. So ruinierten sich die Asiaten schnell ihren Ruf als Diskuszüchter und gerade die deutschen Züchter konnten davon profitieren, denn schon immer galten deutsche Diskusfische als die qualitativ hochwertigsten. Inzwischen hat man aber in Südostasien sehr viele Zuchtfarmen aufgebaut, die zum Teil auch stark auf die Qualität der Fische Wert legen. Jetzt spielen nicht nur die Stückzahlen sondern auch die Qualitäten eine größere Rolle. Farbintensität der Diskusfische ist das Hauptmerkmal neben einer überdurchschnittlich guten Körperproportion. Da gerade der japanische Hobbymarkt Hauptabnehmer für Diskusfische ist, müssen die Züchter immer mehr dem japanischen Geschmack Rechnung tragen. Dies hat zur Folge, daß die Fische immer intensivere Farben haben sollten. So ist man ständig auf der Jagd nach neuen Farbvarianten und deshalb verfällt der Züchter in Südostasien auch immer mehr in das Extreme.
Die Asiaten erkannten schon schnell, daß gerade in Europa sehr gute Diskusfische gezüchtet werden und kauften deshalb große Mengen von Zuchttieren auf, um sich Hochzuchtstämme aufzubau-

Also food is required because sometimes the discus are kept for a few month in the exportfarm. Also infuture we expect to receive wild discus in good condition from Brazil.

Discusbreeding in Southeast Asia

Already 20 years ago the breeders in Southeast Asia found out that discus fishes are important fishes for the market. But not only discus also hundreds of other trospical fish species are bred in Asia now. A worldwide export system has been installed and the main exporters today are: Thailand, Singapore, Hongkong, Malaysia, Taiwan and the Philipines. Import countries of discus fishes from Southeast Asia are mostly the european nations, USA and Japan.
In the beginning the asian breeders didn´t take much care in discus quality. They started breeding and bred what ever was possible. So they ruined their reputation very fast. Especially the german breeders could sell their high quality discus now easier because the quality of asian discus was so low. Always discus made in Germany had a very good reputation. But now there exist many discus farms in Asia which breed also high quality discus fishes. These farms are taking care of quality reasons and sell discus for higher prices but also mass breeding farms are doing business and they offer discus with lower quality for small money.
In serious fishfarms quality is very important. Color and body shape have to be perfect to sell these discus for good prices. Especially the japanese market is buying discus fishes in huge numbers. So the breeders have to fulfill the orders from Japan and if the japanese wholesalers are asking for different color varieties the breeders have to follow their orders. That is the reason why always more and more colorvarieties are bred. Sometimes the breeders have to try to produce extreme discus fishes to sell them.
The breeders in Asia found out very soon that european discus fishes had a high quality standard. They bought european discus to start with high quality

Diskusfische fühlen sich in bepflanzten Aquarien auch sehr wohl.
Discus feel very well also in planted tanks.

en. So wuchs auch schnell die Nachfrage nach asiatischen Diskusfischen und durch den Aufbau so vieler Zuchtfarmen konnte es nicht ausbleiben, daß es auch zu Farbmutationen kommen mußte. So entstand in Malaysia der Geisterdiskus, in Thailand der Pigeon Blood Discus und etwas später in Malaysia wiederum der Schlangenhautdiskus. Alle diese neuen Diskusvarietäten konnten sich tatsächlich als erbfest erweisen und sind heute Bestandteil der internationalen Preislisten bei Diskusfi-

breeding stock. So the discus breeding in better quality in Asia began. In case of so many breeding varieties and crossbreeding somtimes there must be found strange new varieties. So someday in Malaysia they bred the new variety „Ghost Discus" and in Thailand the „Pigeon Blood Discus". Later they bred in Malaysia the new variety „Snake Skin Discus". So innovation mostly came from Asia in the last ten years. Today these discus are international standard.

schen.
Neuzüchtungen bzw. Farbvarianten erzielen anfangs immer hohe Preise und so ist die Jagd der Diskuszüchter nach Neuzüchtungen verständlich.
Worin unterscheidet sich die südostasiatische Diskuszucht von der Diskuszucht in Europa?
Hier in Europa betreiben wir die Diskuszucht in erster Linie als Hobbyzucht und nicht als Broterwerb. Dies ist der wesentliche Unterschied zur südostasiatischen Diskuszuchtanlage. Dort haben die Züchter die Zucht der Diskusfische zu ihrem Beruf gemacht und sie müssen davon leben. Auch wenn sie nur wenige Aquarien besitzen und diese vielleicht in ihrem engen Wohnraum untergebracht haben, ist dies dennoch ihr Haupterwerb, denn die Zucht wird durch die tropischen Temperaturen begünstigt. Eine Beheizung der Aquarien ist im Regelfall überflüssig und somit entfällt schon ein wesentlicher Kostenfaktor und bevorteilt die Asiaten. Auch mit dem Wasser haben sie mehr Glück als wir, denn erstens ist ihr Wasser qualitativ viel besser als unser europäisches Leitungswasser und zum anderen im Verhältnis zu uns geradezu spottbillig. Bei der Zucht von Diskusfischen in Südostasien ist immer wieder festzustellen, daß die Gelege der Diskusfische nicht so stark verpilzen wie dies heute in Europa der Fall ist. Doch nicht nur günstigere Wasserpreise, ideale Temperaturen und preisgünstige Standorte, sondern auch niedrige Lebenshaltungskosten verbunden mit Billiglöhnen, ermöglichen es vielen Mittelbetrieben mit günstigen Kostenfaktoren zu arbeiten. So ist es den Asiaten möglich die Märkte mit Billigangeboten zu überschwemmen. Jetzt darf man aber nicht glauben, daß diese so gezüchteten Diskusfische auch immer billig sein müssen. Oft ist das Gegenteil der Fall und die Züchter lassen sich neue Farbvarianten teuer bezahlen. Gelingt es einem Züchter eine neue Farbvariante zu züchten und einige Würfe soweit großzuziehen, daß diese neue Farbe sichtbar ist, dann wird er einen Handelsnamen für diese Diskusfische kreieren und sie so auf seiner Liste anbieten.

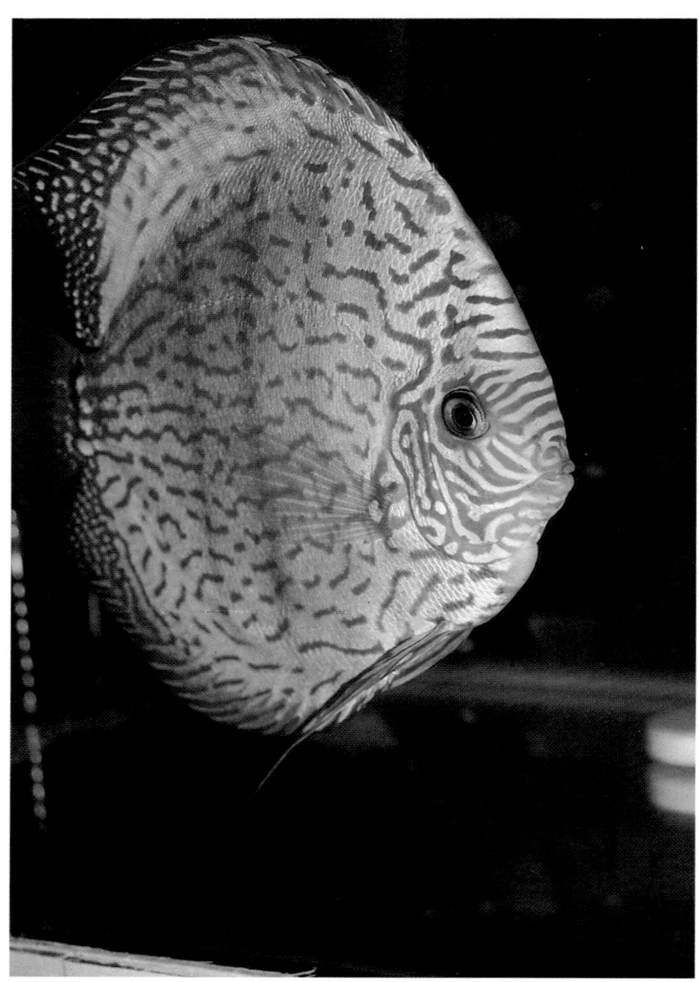
Herrlicher Nachzuchtdiskus aus asiatischer Zucht.
Beautiful discus from asian breeding stock.

New discus varieties are more expensive and so it´s understandable that breeders always want to create new color varieties.
What´s the difference between southeast asian and european discus breeding?
In Europe discus breeding is almost a hobby. In Asia discus breeding is a profession and that means the breeders are living trough breeding. Even if the asian breeders have only a few aquariums which are in the house in the living room they do it to make money to survife. European breeders spent much more money for tanks, technical equipment, food, heating and so on. So they cannot earn that much money from the discus. The asian breeder mostly don´t need heaters and filters. Also the

In Asien finden inzwischen fast regelmäßig Diskusausstellungen statt.
In Asia almost every year are discus shows organized.

Ein wesentlicher Unterschied zur Zucht in Europa ist die Tatsache, daß in Südostasien in Profizuchten kaum gefiltert wird, sondern anstelle einer Wasserfilterung ein täglicher Wasseraustausch vorgenommen wird. Da das Wasser gut und preiswert ist, können täglich bis zu 90% des Aquarienwassers gewechselt werden. Durch diesen enormen Wasserwechsel wachsen die Fische auch sehr gut und normalerweise treten dann auch nur wenige Krankheiten auf. Leider wird dennoch in einigen Ländern sehr gerne bei Krankheitsanzeichen mit Antibiotika vorgebeugt oder behandelt. Dies ist auch der Hauptgrund weshalb viele Krankheitserreger gegen Antibiotika bereits resistent wurden. Im Falle eines Krankheitsausbruches in unseren Aquarien ist es dann äußerst schwierig ein Gegenmittel für diese Krankheit zu finden.
Auch der Fütterung messen die Asiaten einen hohen Stellenwert zu und so verwenden sie sehr viel Lebendfutter. Während in Hongkong hauptsächlich Rote Mückenlarven verfüttert werden, ist das Hauptfutter in Thailand noch immer Tubifex. In Malaysia water quality is much better in Asia than in Europe. European breeders mostly use reverse osmosis to prepare the water. Water is very costy in Europe. The discus eggs develop much better in Asia than in Europe. That should be a water reason. So the asia breeders can sell their discus cheaper than european breeders. But this is not always so. Especially special breeds like „Blue Diamond", „Red Diamond", „Snake Skin", „Marlboro Red", „Tangerine Dream" or „Ocean Green" are expensive. If breeders can create new color varieties they understand to do good marketing for these discus and than they ask for high prices. This is also a reason why you can find so many different discus names on asian pricelists. Most of them are just market names created by breeders and wholesalers.
A big difference in asian and european breeding facilities is that asian professional breeders do not use any filtration they use water exchange. Everyday they change up to 90 % of the water in the tanks. This enormous water exchange guarantees

Zuchtanlage in Südostasien. Die asiatischen Züchter verfügen heute über vorbildliche Zuchtanlagen, die teilweise mit perfekter Technik ausgestattet sind.
Discus breeding room in Asia. Asian breeders keep their fishes in perfect aquariums which are equipped with all usefull technic.

werden Rote Mückenlarven und Shrimps bevorzugt verfüttert, während japanische Diskuszüchter auf sogenannte "Hamburgs" aus Rinderherz schwören. Diese Rinderherzhamburger werden mit Zutaten versehen und im Zoofachgeschäft gefroren angeboten.

Noch ist der Wachstum des Diskusmarktes in Südostasien ungebrochen und immer mehr neue Diskusfarmen schießen empor und versuchen ihre Fische anzubieten. Dies wird auf Dauer dazu führen, daß gerade normale und einfach nachzuzüchtende Türkisvarianten oder Rottürkis-Diskus zu erstaunlich günstigen Preisen angeboten werden. Ob allerdings dann bei diesen Massenzuchten auch noch Wert auf eine überdurchschnittliche Qualität gelegt wird, sei dahingestellt.

a good growth of the young discus and normally diseases doesn´t harm these young discus. In some countries breeders still use to many kinds of antibiotics. This is the reason why some antibiotics can´t fight diseases anymore.

The discus food is very important too. So in Asia they use a lot of live food. In Hongkong mostly live red mosquito larvae are fed. Mainfood in Thailand are still tubifex worms. In Malaysia they prefer red mosquito larvae and shrimps but japanese breeders like to feed „hamburgs" which means chopped beefheart mix with vitamins, mineral and some spinach.

The discus market in Asia is still growing and always new discus farm have been established in the last few years. In the meantime regular tur-

In Asien bemühen sich die Züchter sehr große Diskus mit hoher Beflossung nachzuzüchten.
In Asia breeders always try to breed large discus with high fins.

Versuchen wir in unserer Hobbyzucht den Diskus in seiner schönen Form zu erhalten und erfreuen wir uns an seinem mayestätischen Schwimmverhalten und seiner aufopfernden Brutpflege. Die Massenzucht darf nie im Vordergrund eines Hobbys stehen, denn sonst macht es schon bald keinen Spaß mehr und artet in Arbeit aus.

quoise and redturquoise discus will be offered for low prices. This massbreeding will be a quality problem in future.
Hopefully we can keep and breed discus in future still as ahobby and not to make profit. Discus breeding shouldn´t be work it should be fun!

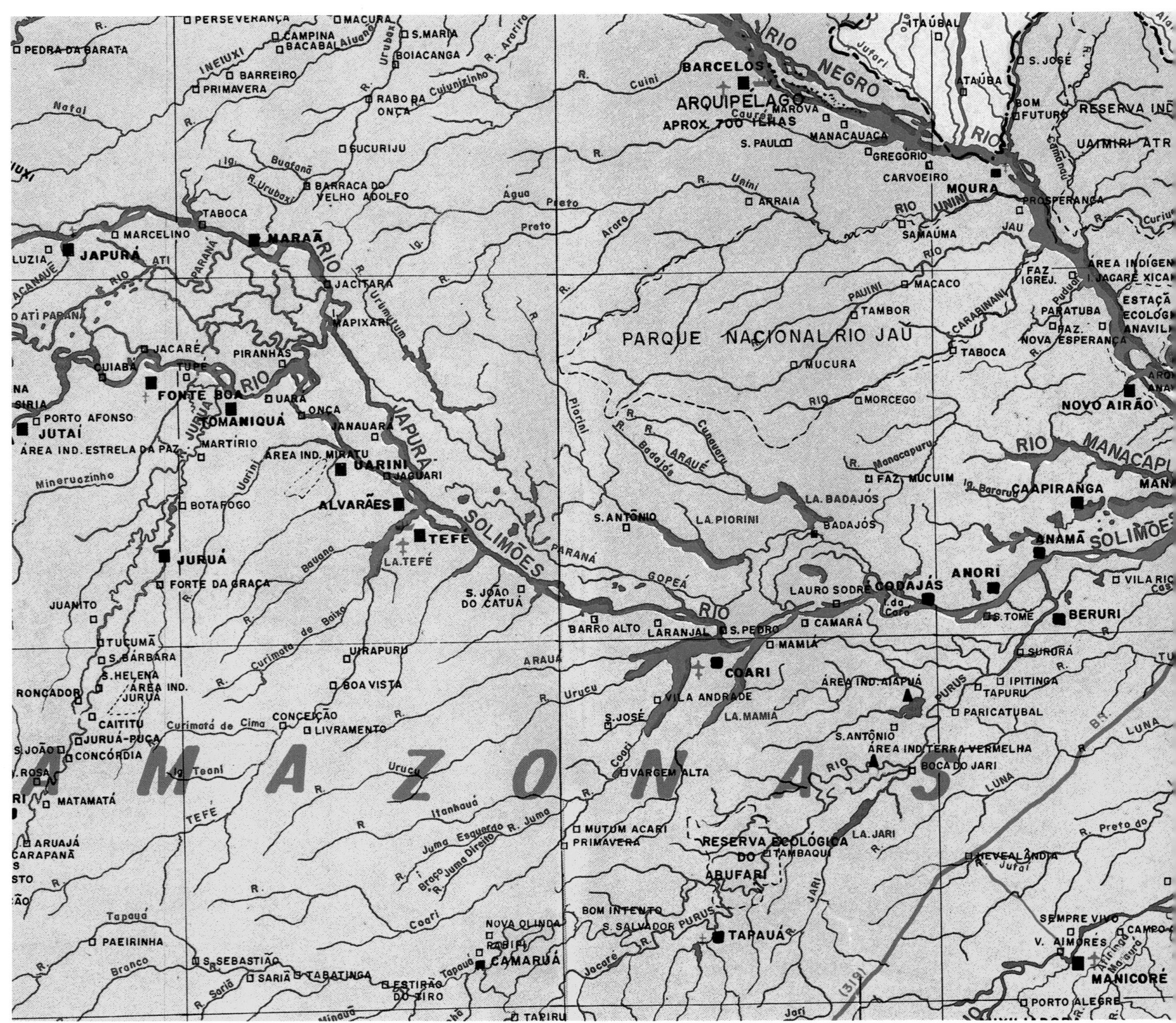

Übersichtskarte der bedeutendsten Flüsse Brasiliens. Für Diskusfreunde werden viele dieser Namen bereits bekannt sein. Jetzt können Sie sich vorstellen, wo genau diese Flüsse fließen.

Das Zentrum für den Diskusexport is nach wie vor noch Manaus, denn hier fließen die beiden mächtigen Ströme Rio Negro und Rio Solimoes zusammen. Im Rio Negro werden die schönsten Heckel Diskus gefangen. Der Rio Manacapuru ist bekannt für seine farbenprächtigen Blauen Diskus. Der Rio Téfe und der Lago Téfe sind dagegen berühmt für ihre prächtigen Grünen Diskus.Die Stadt Santarem, am Amazonas gelegen, ist das zweite Exportzentrum für Zierfische. Von hier kommen die berühmten Braunformen der Alenquer Diskus.

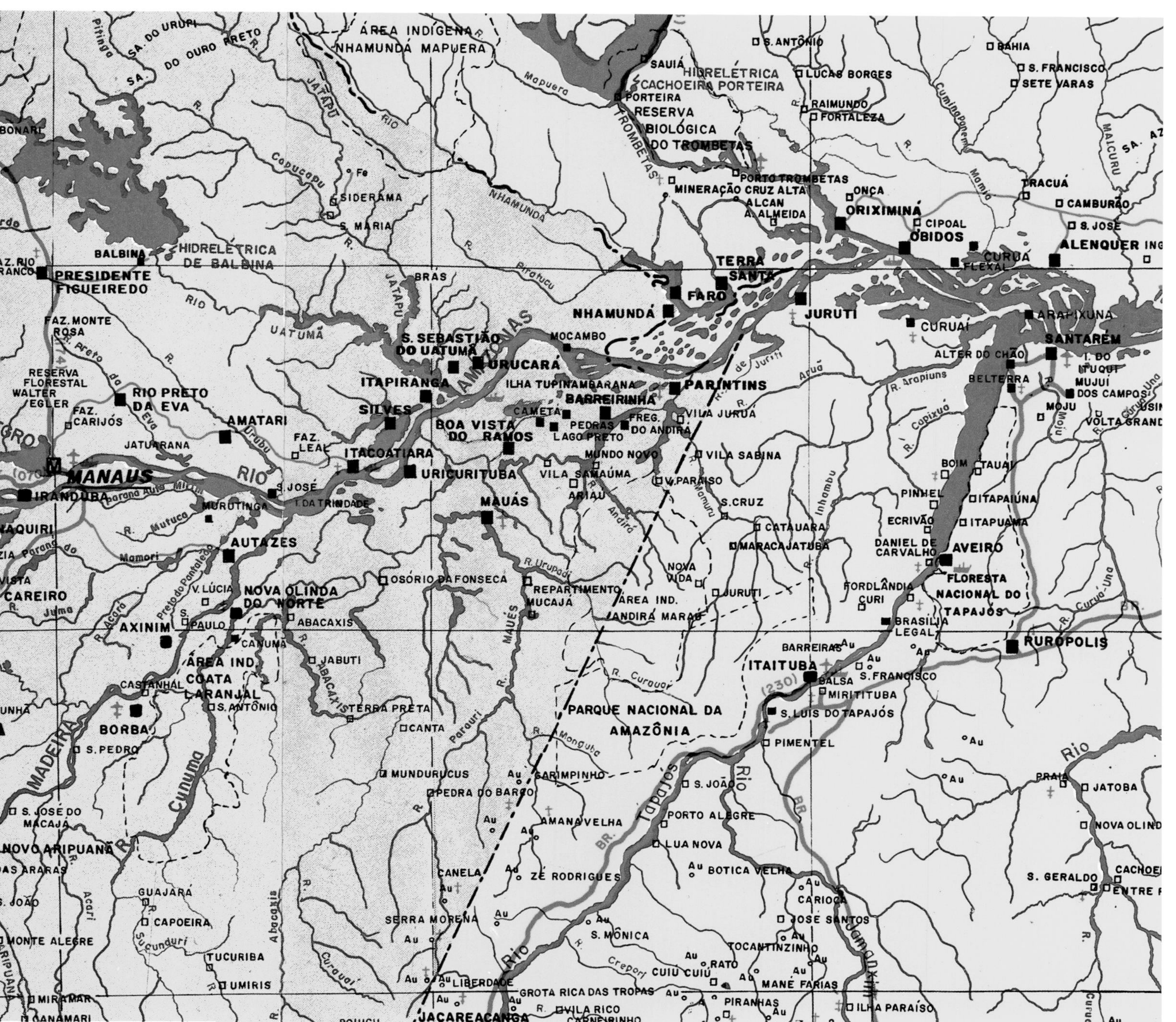

Overview of the most important rivers of Brazil. Many of these river names are very well known for discus lovers. Now you can control where these rivers are located. The center of discus export is still Manaus, because here the two largest rivers, the Rio Negro and the Rio Solimoes meet. In the Rio Negro the most beautiful Heckel discus are caught. The Rio Manacapuru is well known for its colorful blue discus. The Rio Téfe and the Lago Téfe are famous for their green discus. The city of Santarem at the Amazon river is the second most important export center for tropical fishes in Brazil. From here also the red-brown Alenquer discus are exported.

Diskusfische erfolgreich nach Europa zu exportieren, scheiterte in den Anfängen an den Transport- und Verpackungsmöglichkeiten. Inzwischen ist es jedoch kein Problem mehr, mit Jets, die täglich die Hauptstädte Europas anfliegen, Diskusfische mitzuschicken.

Im Jahre 1921 kamen die ersten lebenden Diskusfische nach Deutschland und zwar zur Firma Eimeke in Hamburg. Danach gab es über zehn Jahre einen Stillstand mit dem Import von Diskusfischen und erst 1932 konnten wieder Diskusfische nach Deutschland gelangen. Wenn man sich die damaligen Möglichkeiten vorstellt, wird man verstehen, daß es sehr schwierig war und nur wenige Tiere die lange Reise halbwegs gesund überlebten. Bis zum Beginn des zweiten Weltkrieges erreichten wohl gerade mal 100 Diskusfische lebend Deutschland und dort blieben sie auch, ausschließlich gut betuchten Aquarianern, bzw. Spezialisten vorbehalten. Der Normalaquarianer hatte keine Möglichkeit Diskusfische je zu sehen, bzw. zu besitzen.

Im Verlauf des Aufschwungs nach dem zweiten Weltkrieg stieg das Interesse an Diskusfischen normalerweise sehr schnell wieder an. In dieser Zeit gelang es Dr. Herbert R. Axelrod, große Mengen von Braunen Diskusfischen, in der Nähe von Belem in Brasilien zu fangen und nach USA zu exportieren. Unterstützung fand er dabei von Hans-Willi Schwartz, welcher in Manaus lebte und dort mit exotischen Tieren handelte. Zur gleichen Zeit lebte in Brasilien auch der Entdecker Harald Schultz, welcher auch für das Nationalmuseum in Sao Paulo arbeitete.

So wurde der Braune Diskus Symphysodon aequifasciatus axelrodi, Schultz 1960 entdeckt und beschrieben. Die Namensgebung axelrodi erfolgte zu Ehren von Dr. Herbert Axelrod, der sich um den Export von Diskusfischen sehr verdient gemacht hatte.

Die Grundfärbung von Symphysodon aequifasciatus axelrodi ist hell gelblich bis dunkelbraun und variiert etwas nach Standort der Fische. Überzogen ist ihr Körper mit neun Senkrechtstreifen, wel-

In the beginning it was very difficult to export discus successfully to Europe. Today there are fewer problems because airlines serve all major cities worldwide every day.

In the year 1921 discus were exported to Germany for the first time for the German company Eimeke in Hamburg. But then for a period of ten years discus were not longer imported. In 1932 discus were again imported into Germany. Can you imagine how difficult it was in those days? Many discus did not survive the trip. Until the beginning of World War II only about 100 discus arrived alive in Germany. For that reason only rich aquarists or real specialists were able to obtain any discus.

After World War II the interest in discus started up again. About time Dr. Herbert R. Axelrod was collecting many brown discus near the city of Belem in Brazil. With the help of Hans-Willi Schwartz he was able to export many discus to the United States. Schwartz ran a business dealing with tropical animals in Manaus. At the same time the naturalist/anthropologist Harald Schultz worked for the National Museum of São Paulo.

In 1960 they found the brown discus, eventually named Symphysodon aequifasciatus axelrodi Schultz, 1960. The name axelrodi was used to honor Dr. Herbert Axelrod for his involvement in the collecting and exporting of discus.

The basic color of Symphysodon aequifasciatus axelrodi is from light yellow to dark brown, but this changed depending on the location where the discus were found. Brown discus have nine dark vertical bars discus have. The first bar is usually very strong and crosses also the eye. The last bar in the tail is also darker. The brown discus was the first discus that could be sold in large numbers throughout the world. The brown discus was also the first wild discus that could be bred very easily. So, from 1960 to 1975 brown discus were available in most countries. The aquarists were very impressed with this fish. The brown discus looked especially beautiful in planted tanks. They exhibited some strong blue lines, around the head and

che ja alle Diskusfische besitzen. Der erste Senkrechtstreifen geht direkt durch das Auge und ist meist sehr stark ausgeprägt. Auch die letzte Binde ist etwas stärker ausgeprägt und verläuft aus dem Flossensaum durch die Schwanzwurzel. Der Braune Diskus war der erste Wildfangtyp, welcher seinen Siegeszug um die Welt antreten konnte. Der Braune Diskus war auch der erste Wildfangtyp, welcher etwas einfacher nachzuzüchten war. So war in den 60iger und 70iger Jahren der Braune Diskus, der am meisten verbreitete Wildfangdiskus überhaupt. Man könnte sogar sagen, daß mit ihm das Diskusfieber ausgebrochen ist. Die schönen intensiv braun gefärbten Diskusfische begeistern auch heute noch in Pflanzenaquarien. Im Kopf- und Bauchbereich besitzen die Braunen Diskusfische einige bläuliche Kontraststreifen, die diese Fische farblich sehr interessant machen. Später wurden die Braunen Diskus von den grünen und türkisfarbenen Diskusfischen jedoch immer mehr aus den Liebhaberaquarien verdrängt und in den letzten 15 Jahren waren kaum noch Braune Diskusfische zu erhalten. Erst jetzt erinnert man sich wieder stärker an die schöne Farbform mit den interessanten braunen Grundtönen. Sicherlich wurde dieses Interesse der Aquarianer durch intensiv rotbraun gefärbte Wildfänge aus dem Gebiet von Alenquer wieder geweckt und tatsächlich sind solche rotbraunen Fische ja auch wirklich eine Augenweide.

Heute werden Braune Diskusfische hauptsächlich aus den Gewässern um Santarem und Alenquer, sowie im Rio Tocantins, dem Rio Tapajos und dem Rio Xingu gefangen. Auch das Einkreuzen von Braunen Wildfängen in bestehende Zuchtformen brachte erstaunlich gute Farbergebnisse und sorgte dafür, daß Braune Diskusfische wieder sehr gesucht sind.

in the fins which enhanced their beauty greatly. Later, the green discus were imported and people lost interest in brown discus because the green discus were much more colorful. In the last 15 years it was even difficult to buy brown discus. But everybody is again crazy over the brown discus because today many of the brown discus exhibit some red color. These red-brown discus come from rivers along Santarem and Alenquer. You can also find the best quality red-brown discus in the Rio Tocantins, Rio Tapajos, and the Rio Xingu .

D 1

WBR 1

Symphysodon aequifasciatus axelrodi
BRAUNER DISKUS — **BROWN DISCUS**

Brauner Diskus aus der Gegend von Alenquer, der auch als Roter Diskus bezeichnet wird, obwohl die Körpergrundfärbung mehr braun als rot erscheint. Im Flossensaum sind jedoch rote Farbansätze sichtbar. Sehr schön korrespondiert das kräftig rote Auge mit der braunen Körpergrundfärbung. Seit 1988 werden diese Diskusfische als Alenquer-Diskus gehandelt. Leider ist der Begriff Alenquer-Diskus nur ein willkürlich gewählter Handelsname und es läßt sich nur schwer festlegen, welche Diskusart sich hier hinter diesem Namen verbirgt.

Brown discus from around Alenquer, which is also called the „Red Discus", though the body color seems to be more brown than red. A slight red color can be seen in the fins. The harmony of the red eye and the brown body color is very nice. Since 1988, these discus have been sold as the Alenquer discus. Unfortunately, the name Alenquer is an arbitrary trade-name that gives no hint as to which discus species is hidden behind this name.

PHOTO	Werner Colle
OWNER/BESITZ	Dr. Schmidt-Focke

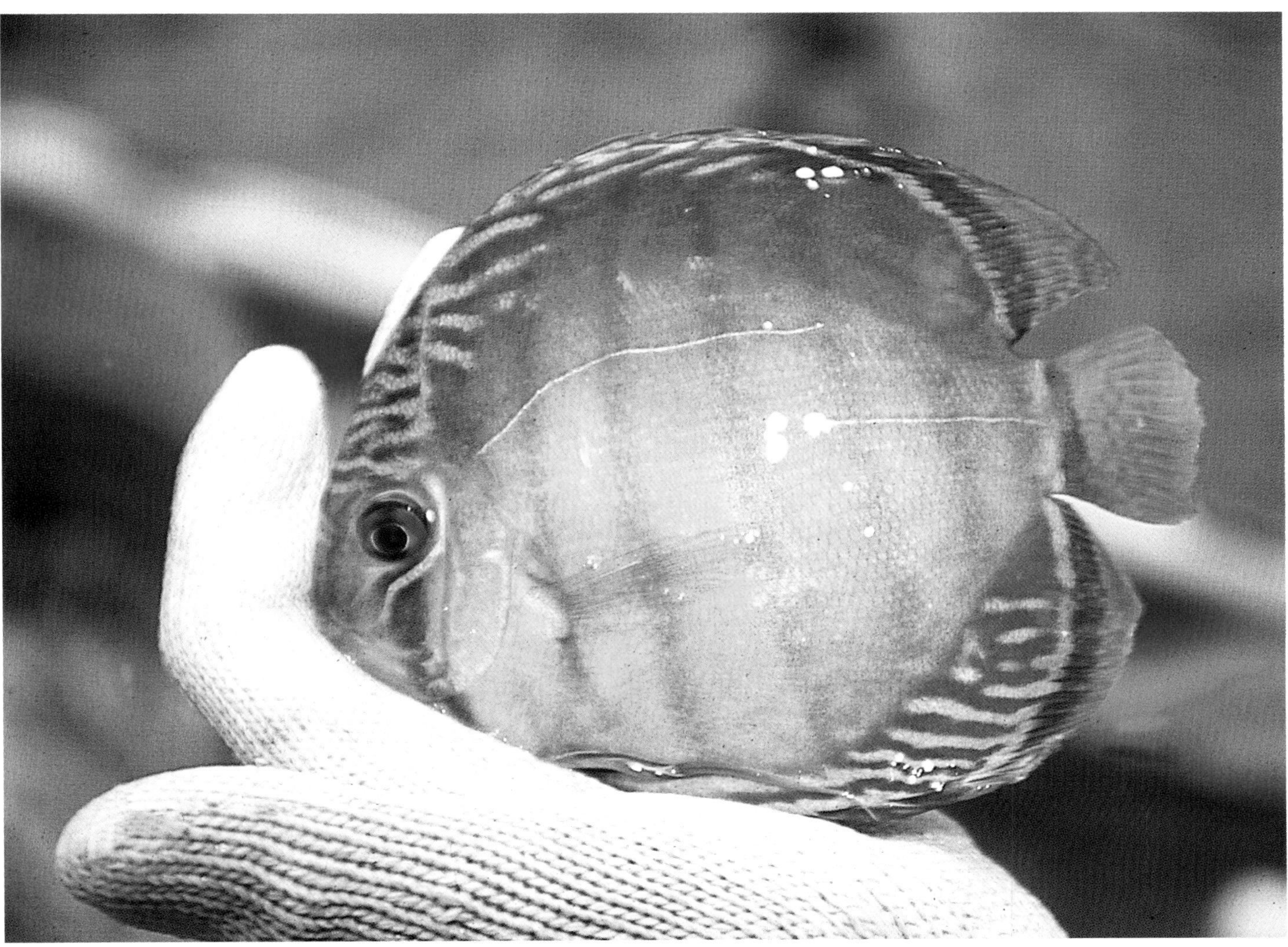

Symphysodon aequifasciatus axelrodi

Brauner Diskus

Brauner Wildfang aus dem Gebiet um Santerem, mit auffallend stark ausgeprägtem fünften Mittelstreifen. Nur wenige Diskusfische aus diesem Fanggebiet besitzen stärker ausgeprägte Mittelstreifen. Hier handelt es sich sicher um eine Laune der Natur, denn eine Kreuzung mit Heckel-Diskus erscheint in diesem Gebiet unmöglich. Diese Diskus besitzen eine gleichmäßig runde Form und eine kräftig braune Grundfärbung. Beachten sie die gleichmäßig runde Form dieses Diskuswildfanges. Die Form der Schwanzflosse hat durch die Hälterung etwas gelitten.

Brown Discus

Brown discus from Santarem with a strong fifth bar. Only a few discus from this region exhibit stronger middle bars. A cross between the heckel discus and the blue discus is not possible in this region far from the Rio Negro. These discus exhibit a very good body shape and a dark brown color. Take a close look at this discus. The tail fin got a little bit damaged.

Photo	Bernd Degen
Besitzer/Owner	Bernd Degen
Exporteur	Turkys Aquarium, Manaus

D 3

WBR 3

Symphysodon aequifasciatus axelrodi
BRAUNER DISKUS — **BROWN DISCUS**

Brauner Diskus aus dem Amazonas. Genaue Herkunft nicht bekannt. Dieser Fisch zeigt eine helle, fast gelbliche Grundfärbung. Sehr hellbraune Diskusfische werden auch im Rio Tocantins gefangen. Denkbar ist aber auch eine Naturkreuzung zwischen Blauen und Braunen Diskusfischen. Von der Körperform ist dieser Fisch makellos, die türkisblauen Streifen sind aber etwas zu verwaschen. Deutlich sichtbar sind die stark ausgeprägten neun Senkrechtstreifen, die aber je nach Stimmungslage mehr oder weniger stark gezeigt werden.

Brown discus from the Amazon. The exact origin is not known. This fish shows a light, almost yellow ground color. Very light brown discus are also found in the Rio Tocantins. But a natural cross between blue and brown discus also could be possible. This fish shows a perfect body shape, whereas the turquoise blue stripes are a little bit too blurred. The nine vertical stripes, which are exhibited more or less intensely depending on mood, are very easy to recognize.

PHOTO	Bernd Degen
OWNER/BESITZ	Bernd Degen
EXPORT	Turkys Aquarium, Manaus

Symphysodon aequifasciatus axelrodi
Brauner Diskus — **Brown Discus**

Herkunft dieses Diskuswildfanges ist nicht bekannt. Die gesamte Körperfärbung ist sehr hell und deshalb bildet die Rotfärbung in den Flossen einen schönen Kontrast. Wie bei vielen Braunen Diskusfischen ist die türkisblaue Linierung nur schwach ausgeprägt. Dieser Diskus hat sich im Aquarium bereits bestens eingelebt und dominiert dort einen Schwarm von ausgewachsenen Diskusfischen. Dieses Verhalten deutet meist auf Männchen hin, ist jedoch kein 100%iges Geschlechtsbestimmungsmerkmal.

The origin of this wild discus is unknown. The entire body color is very light and therefore provides a very good contrast to the red color of the fins. Like many other brown discus, the turquoise blue lines are very weak. This discus is dominating a whole group of adult discus in its tank. This behavior points to the possibility that it is a male but it is not 100% sure indication sex.

Photo	F. Bodenmüller
Besitzer/Owner	F. Bodenmüller

D 5

WBR 5

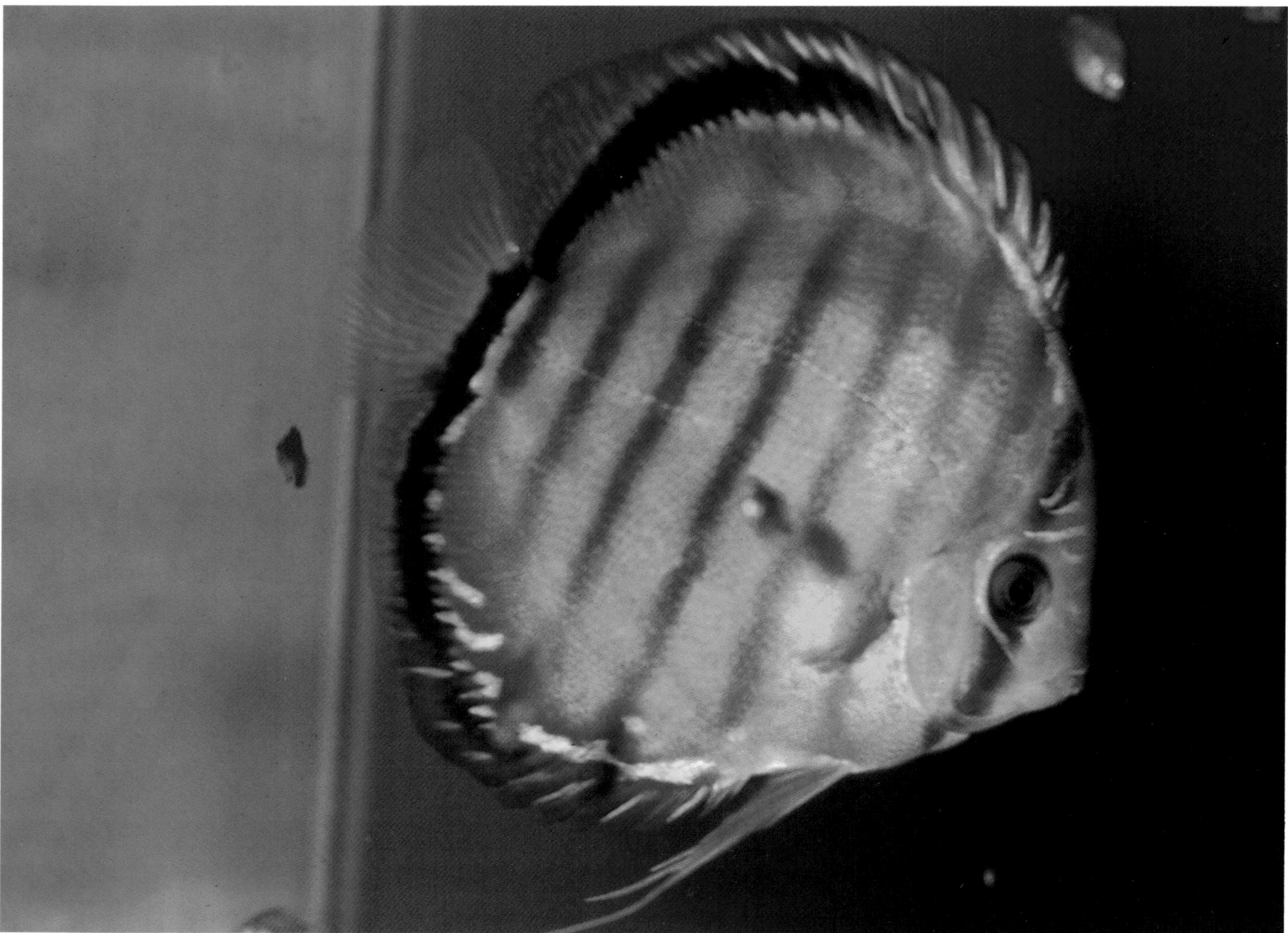

Symphysodon aequifasciatus axelrodi
BRAUNER DISKUS

Alenquer-Diskusweibchen mit Jungfischen. Dieses Alenquer-Weibchen zeigt eine leicht rotbraune Körperfarbe und nur wenige türkisblaue Streifen. Eigentlich handelt es sich hier um den typischen Braunen Diskus. Bei entsprechender Fütterung mit carotinoidhaltigem Futter kann die Rotfärbung entsprechend verbessert werden. Während des Führens von Jungfischen am Körper, wird die Farbe der Elterntiere durch das Hautsekret sehr stark beeinflußt. Die Diskus erscheinen dann deutlich dunkler in ihrer Färbung.

BROWN DISCUS

Alenquer female with a group of her youngsters. This female exhibits a light red brown body color with very few turquoise blue stripes. This is a typical genuine brown discus. Feeding with carotinoidized food may improve the red color. During the time while young fish are led the body color is very influenced by the skinmucus. This leads to a darker color.

PHOTO Hub. Kleykers
BESITZER/OWNER Hub. Kleykers

Symphysodon aequifasciatus axelrodi

BRAUNER DISKUS

Typischer Brauner Diskus mit schwacher Türkisfärbung im Kopfbereich. Die Braune Grundfarbe wirkt gelblich verwaschen, was immer wieder vorkommen kann. Obwohl die Körpergrundfarbe nicht sonderlich attraktiv ist, besitzt der Diskus dennoch eine stark ausgeprägte Rotfärbung im Flossensaum. Auch die Bauchflossen sind intensiv rot gefärbt.

BROWN DISCUS

Typical brown discus with a poor turquoise color in the head. The brown ground color seems to be slightly mixed with yellow. Though its ground color is not very attractive this discus has very districtly colored red fins.

PHOTO	F. Bodenmüller
BESITZER/OWNER	F. Bodenmüller

D 7

WBR 7

Symphysodon aequifasciatus axelrodi
BRAUNER DISKUS — **BROWN DISCUS**

Brauner Diskus aus dem Gebiet von Santerem mit sehr schöner Rotzeichnung in der Afterflosse. Auch die Brustflossen sind kräftig rot gefärbt, was in Verbindung mit der braunen Körperfarbe sehr attraktiv aussieht. In einem Pflanzenaquarium ist ein solcher Fisch sicher eine Augenweide. Der Fänger in der Exportstation benutzt gestrickte Handschuhe, um Verletzungen durch die spitzen Flossenstrahlen der Diskusfische zu verhindern.. Durch den feinen Wollhandschuh kommt es auch nicht zu Verletzungen beim Herausfangen der Fische.

Brown discus from around Santarem with very beautiful red marking in the analfin. The pectoral fins are very red, which is very attractive in combination with the brown body color. In a planted aquarium this fish surely looks gorgeous. The workers in the export station use knitted gloves to avoid damaging the fin rays of the discus.

PHOTO	Bernd Degen
BESITZER/OWNER	Bernd Degen
EXPORTEUR	Turkys Aquarium, Manaus

Symphysodon aequifasciatus axelrodi

Brauner Diskus

Brauner Diskus von unbekannter Herkunft, wurde von der Exportstation als „Red Maron“ auf der Preisliste bezeichnet. Dieser Fisch weist einige Streifenfehler auf, was auch bei Wildfängen immer wieder einmal vorkommen kann. Bei Aquarienbeleuchtung intensivieren sich die roten Körperpartien. Unter „Red Maron“ werden die rot-braunen Eßkastanien verstanden, welche ja auch bei uns in Europa bekannt sind. Hier wurde einfach ein Pseudonym für eine Diskusvariante gesucht und gefunden.

Brown Discus

This brown discus of unknown origin was called „Red Maron“ by the exporters. This fish exhibits some anomalies in its stripes, which is sometimes possible with wild discus. In a lighted tank the red marking get more intens. We know the chestnuts that we eat in winter as „Red Maron“. In this case they were simply looking for a spectacular name.

Photo	Bernd Degen
Besitzer/Owner	Bernd Degen
Exporteur	Turkys Aquarium, Manaus

D 9

WBR 9

Symphysodon aequifasciatus axelrodi

BRAUNER DISKUS | **BROWN DISCUS**

Diskusfische dieser Art erhielt Dr. Schmidt-Focke bereits 1988, allerdings waren die Herkunftsangaben ungenau. Vermutet wurde, daß diese Diskus mit den kräftigen Mittelstreifen, aus dem Gebiet des Rio Icá stammen. Bei einer kräftigen Braunfärbung besitzen diese Diskus nur wenige türkisblaue Linien. Der fünfte Mittelstreifen kann bei diesen Diskusfischen verstärkt hervortreten. Es wurde vermutet, daß es sich dann um besonders dominante Tiere handelt. Allerdings scheint dies mehr eine Standortvariante von Diskusfischen zu sein.

Dr. Schmidt-Focke received discus of this type in 1988. But the exact origin was unknown. It was said that these discus with the strong middle stripe were from around the Rio Icá. They have a very dark brown body color and very few turquoise blue lines. The fifth (middle) stripe is emphasized. It was first thought that these fish were more dominant, but now it seems that they are just a local variety.

PHOTO Bernd Degen
BESITZER/OWNER Dr. Schmidt-Focke

WBR 10

Symphysodon aequifasciatus axelrodi

BRAUNER DISKUS | **BROWN DISCUS**

Ähnlicher Wildfang wie WBR 9. Laut Aussage von Dr. Schmidt-Focke besitzen die Männchen etwas mehr Türkisfärbung als die Weibchen. Somit könnte das hier gezeigte Tier ein Männchen sein. Der Mittelstreifen ist schon etwas schwächer ausgeprägt, aber dennoch sehr deutlich zu erkennen. Auch bei den Alenquer-Diskus wird behauptet, daß die Männchen einen größeren Anteil an Türkisstreifen besitzen als die Weibchen. Ob dies jedoch immer ein verbindliches Geschlechtsmerkmal sein kann, muß dahingestellt bleiben.

Similar to the wild discus WBR 9. According to Dr. Schmidt-Focke, the male exhibits a little bit more turquoise color than the female. So the fish shown could be a male. The middle bar is a little bit weaker but still emphasized. Also it is said that the Alenquer discus males have more turquoise color than the females. But this is not a definitive sex feature.

PHOTO	Bernd Degen
BESITZER/OWNER	Dr. Schmidt-Focke

D 11

WBR 11

Symphysodon aequifasciatus axelrodi

Brauner Diskus

Seit 1994 werden verstärkt Braune Diskus mit ausgeprägtem fünftem Mittelstreifen exportiert. Allerdings ist nicht genau feststellbar, wo diese Fische gefangen wurden. Alle Diskus haben eine kräftige Braunfärbung und zeigen nur wenige Türkislinien im Flossensaum. Alle besitzen ein kräftig rot gefärbtes Auge. Die Handelsbezeichnung bei Turkys Aquarium ist meist „Red Maron“. Mit „Red Maron“ wird wieder auf die rot-braune Färbung der Fische hingewiesen und versucht einen neuen Handelsnamen für den Markt vorzubereiten.

Brown Discus

Since 1994, the export of brown discus with an emphasized middle bar has increased constantly. But it is still not exactly known where these fish were caught. All discus have a very strong brown color with few turquoise marking in the fins. Some of them have a strongly red colored eye. In the export station they are mostly called „Red Maron“.

Photo	Bernd Degen
Besitzer/Owner	Bernd Degen
Exporteur	Turkys Aquarium, Manaus

Symphysodon aequifasciatus axelrodi

Brauner Diskus

Sehr schöner, intensiv rot gefärbter Wildfang mit ausgeprägtem Mittelstreifen. Hier handelt es sich um einen Ausnahmediskus, den Dr. Schmidt-Focke für Zuchtzwecke erhielt. Ohne verstärkten Mittelstreifen wurden solche Diskus auch als Alenquer-Diskus gehandelt. Hinzuweisen ist darauf, daß dieser Diskus nicht farbmanipuliert ist. Auffallend bei diesem Diskus ist auch die extrem hohe Körperform, was beweist, daß auch unter Wildfängen eine solch hohe Körperform möglich ist. In Südostasien gibt es verstärkt Zuchtbemühungen die sogenannten „Hi-body" nachzuzüchten.

Brown Discus

This wild brown discus exhibits a very good red color and an intens middle bar. This is a very special discus that Dr. Schmidt-Focke is using for breeding. Without the stronger middle bar these discus would be sold as Alenquer discus. The red color is natural and no hormones have been used. Also, the high body form is quite unusual for wild discus. In Asia breeders try hard to breed „Hi-body" discus.

Photo	Bernd Degen
Besitzer/Owner	Dr. Schmidt-Focke

D 13

WBR 13

Symphysodon aequifasciatus axelrodi
BRAUNER DISKUS

Bereits in den 70iger Jahren wurden sehr schöne braune Diskuswildfänge importiert, so auch dieser auffallend schön gezeichnete Diskus. Besonders im Afterflossenbereich ist dieser Fisch intensiv türkisblau und rot liniert. Die Braunfärbung kann als harmonisch bezeichnet werden. Damals hatten die schönen braunen Diskuswildfänge einen hohen Stellenwert bei Aquarianern, der sich aber mit Erscheinen der kräftig türkis-blau gefärbten Nachzuchten schnell abbaute. Danach waren Braune Diskus für lange Zeit aus den Liebhaberaquarien verschwunden.

BROWN DISCUS

In the beginning of the seventies beautiful brown discus were already being exported from Brazil. This discus also was exported to Germany. Especially the fins exhibit very good turquoise and red lines. In those times these wild discus were highprized and discus breeders prefered to buy them. But for the last 20 years only a few brown discus were exported because people did not want them.

PHOTO P. Buschhoff
BESITZER/OWNER Diskus Center Royal Blecha

Symphysodon aequifasciatus axelrodi

Brauner Diskus

Oft ist die Unterscheidung zwischen einem gut gefärbten Braunen Diskus und einem Blauen Diskus fast unmöglich und sicherlich wird hier eine Revision der Unterarten notwendig werden. Dieser Braune Diskus zeigt bereits kräftige blaue Farbansätze und auch im Kopfbereich ist er stark blau gefärbt. Dennoch sollte er vom Erscheinungsbild her noch als Brauner Diskus eingeordnet werden. Gerade in einem Pflanzenaquarium kommen Diskuswildfänge mit ihren intensiv braungründigen Farben sehr gut zur Geltung.

Brown Discus

Most of the time the difference between a strongly colored brown discus and a blue discus is very small and hard to see. This brown discus exhibits a lot of blue color and so many people would think that this is a blue discus. But this is a true brown discus which will exhibit their best colors in planted tanks. Some day the scientific names might have to be changed and the classification has to be more exact.

Photo	P. Buschhoff
Besitzer/Owner	Frank Hilliger

D 15

WBR 15

Symphysodon aequifasciatus axelrodi

Brauner Diskus — **Brown Discus**

Auch bei diesem Braunen Diskus ist die Grundfärbung etwas verwaschen und geht in Richtung blau. Auch die Schwarzfärbung im Flossensaum, deutet schon auf eine Verwandschaft mit dem Blauen Diskus hin. Die Unterscheidung zwischen braunen und blauen Diskusfischen fällt oft sehr schwer und wenn nicht die Herkunft bekannt ist, ist es besonders schwierig eine Klassifizierung vorzunehemen. Für den Liebhaber ist jedoch der Gesamteindruck und die Färbung wichtiger als eine Zuordnung in eine Unterart.

This brown discus exhibits a lot of blue color and the brown color is not so clear. The black band in the fins also indicates that there could be wild blue discus blood in this fish. The differences between blue and brown discus are sometimes difficult to detect and if you don´t know where the fish came from you can´t properly classify this discus. But for hobbyists it is more important that the fish has good color than for them to know the exact name.

Photo P. Buschhoff
Besitzer/Owner M. Zimmermann

Symphysodon aequifasciatus axelrodi

Brauner Diskus

Typischer Alenquer-Diskus. Hier handelt es sich um ein Weibchen, mit der für die Handelsbezeichnung Alenquer-Diskus typischen Braunfärbung. Die Weibchen besitzen nur im Kopf- und Flossenbereich einige wenige türkisblaue Streifen. Oft ist die Körpergrundfärbung stark rotbraun ausgeprägt, was diesem Alenquer-Diskus, auch die Zusatzbezeichnung Roter Diskus eingebracht hat. Die Männchen besitzen oft eine stärkere Körperstreifung und können dann als Blaue Diskus eingeordnet werden.

Brown Discus

Typical Alenquer discus. This is a female that exhibits the typical red brown color of the Alenquer discus. Anyway, Alenquer is mostly a trade name. This female exhibits only a few blue lines on the head and in the fins. The basic coloration is mostly red brown, which is why it is called a red Alenquer. The males exhibit more body lines and look more like blue discus.

Photo	Bernd Degen
Besitzer/Owner	Bernd Degen

Im Jahre 1903 erwähnte Ichthylologe Jacques Pellegrin Symphysodon discus. Er wies bei sechs gefangenen Diskusexemplaren darauf hin, daß sich drei Exemplare aus Manaus, welche im Rio Negro gefangen wurden, deutlich von den zwei Diskusfischen aus dem Tefé und dem Diskus aus der Gegend von Santarem unterschieden. Es handelte sich also hier um zwei unterschiedliche Diskustypen, von denen wie bekannt, die Rio-Negro-Diskus einen besonders kräftigen fünften Senkrechtstreifen besitzen. Zusätzlich haben Rio-Negro-Diskus über dem gesamten Körper eine feine Linierung, die je nach Standort zwischen braun-blau und türkis variieren kann. Die Fische aus den Fanggebieten von Tefé und Santarem zeigten die gleichmäßig auftretenden Senkrechtstreifen und besaßen auch keine parallel verlaufenden Längslinien über dem gesamten Körper. Die Fische, die im Lago Tefé gefangen wurden, wurden später als Grüne Diskus, *Symphysodon aequifasciatus aequifasciatus* eingeordnet.

Bei den Grünen Diskus treten außerhalb der Laichzeit alle neun Senkrechtstreifen gleich stark oder weniger stark hervor. Ihre Rücken- Afterflossen sind dunkel und schwarz gefärbt und besitzen einen deutlichen, schwarzen Flossensaum. Gerade dieser schwarze Flossensaum ist für Grüne Diskusfische sehr typisch. Im Kopf- und Rückenbereich, sowie in der Bauchpartie treten je nach Standort abwechselnd grüne Querstreifen auf, die dem Fisch einen türkisgrünen Gesamteindruck verleihen. Die im Lago Tefé gefangenen Diskusfische, zeichnen sich durch stark auftretende rote Punkte auf der Bauchregion aus. Diese roten Punkte haben dazu geführt, daß solche Tefé-Diskus sehr beliebt wurden. Sehr gut gezeichnete Tefé-Diskus mit unzähligen, kräftig roten Punkten erzielen Spitzenpreise und sind vor allem bei Züchtern sehr begehrt, da diese Diskus sehr gut geeignet sind, um sie mit Nachzuchttieren zu verpaaren, um interessante Nachzuchten mit roten Punkten herauszuzüchten. Grüne Diskus aus dem Rio Tefé zeigen diese Punktierung nicht mehr, haben dafür aber mehr türkisfarbene Linien im Kopf- und Rückenflossenbereich. Manche dieser Grünen Diskus sind sogar über den ganzen Körper mit grünen Linien überzogen und erhalten den Handelsnamen „Royal Green".

In 1903 the ichthylogist Jacques Pellegrin reported about *Symphysodon* discus. He caught found out that from six discus which they caught three of them have been from Rio Negro near by Manaus. These three discus looked totally different from two discus from Tefé and the one discus caught around Santarem. They found out that there were two different discus types because the Rio Negro discus always showed a strong fifth black bar. Also discus from Rio Negro are covered with brown blue or turquoise body lines. The discus from Tefé and Santarem didn´t show so many colorful body lines and the fifth bar was as strong as the other eight bars. So the discus from Tefé have been classified as green discus- *Symphysodon aequifasciatus aequifasciatus.*

During the breeding season the green discus show all nine body bars and the fins show a stronger black color. Especially this black color in the fins is typical for green discus. Some green body lines are available depending on location where the discus live. Only around the head part they show more or less some light brown color. This light brown color is a beautiful contrast with the green body color. These discus fishes show more green color and this is the reason why they have been called green discus.

Green discus coming from Lago Tefé show some or many red spots. These red spots made the Tefé discus very famous and so everybody wants Tefé discus with many strong red spots. These discus are interesting for serious breeders which try hard to cross them into homebred discus lines. So sometimes it´s possible to get for example red turquoise discus with many red spots. In Asia they call these discus "Red Diamond" discus.

Green discus from Rio Tefé doesn´t show red spots but mostly they show more turquoise color and lines. If they show fullbody lines they are sold as "Royal Green" discus.

Symphysodon aequifasciatus aequifasciatus

GRÜNER DISKUS

Ebenfalls typischer „Royal Green" Diskus aus dem Rio Tefé mit sehr schöner, breiter Türkisstreifung, die besonders im Kopfbereich sehr geradlinig in den Rückenbereich verläuft. Auch das schwarze Flossensaumband ist hier wieder deutlich ausgeprägt. Die braun-grüne Grundfärbung ist typischerweise besonders in der vorderen Körperhälfte stärker auftretend. Auch hier wieder das typische schwarze Band durch das Auge.

GREEN DISCUS

A typical „Royal Green" discus from Rio Tefé with broad turquoise stripes especially around the head and in the fins. The brown green coloration is typically strong in the front of the body. Look at the strong black band witch you can see in the head.

PHOTO	Photostudio Leisten
BESITZER/OWNER	Franz Greven

D 18

WGR 2

Symphysodon aequifasciatus aequifasciatus

GRÜNER DISKUS | **GREEN DISCUS**

Fast pastell hellbraun ist die Grundfärbung dieses Diskusfisches, der nur wenig Körperzeichnung besitzt, aber fast flächig braun-grün ist. Die Körperform ist gleichmäßig rund und makellos. Die goldgelbe Basisfarbe ist bei diesem Diskus, im Gegensatz zu vielen anderen Grünen Diskus, über den ganzen Körper fast gleichmäßig verteilt.

Light brown is the basic coloration of this discus which shows only some color markings. The body shape is almost round and very good. The golden yellow basic coloration is spread over the whole body.

PHOTO Bernd Degen
EXPORTEUR Turkys Aquarium, Manaus

Symphysodon aequifasciatus aequifasciatus

Grüner Diskus

Von beachtlicher Körpergröße ist dieser Grüne Diskus. Die Körpergröße maß 20 cm und stellt somit die absolute Obergrenze für Wildfänge dar. Die imposante Kopfform wird durch das leuchtend rote Auge kräftig unterstützt. Die goldgelbe Basisfarbe tritt, wie meist, nur im Brustbereich, deutlich hervor und kontrastiert sehr schön mit der zartgrünen Grundfärbung der restlichen Körperpartie. In den Flossensäumen verstärkt sich die grüne Farbe und geht schon stark in Richtung türkis.

Green Discus

The body size of this inches green discus is enormous. This size is over 8 inces and so he was one of the largest discus I had ever seen. Look at the headform and the red eye. The yellow golden basic coloration ist only seen in the front part. The fins show a light green color. From these wild discus you can get very good results if you cross them with turquoise discus.

Photo	Bernd Degen
Besitzer/Owner	Bernd Degen
Exporteur	Turkys Aquarium, Manaus

D 20

WGR 4

Symphysodon aequifasciatus aequifasciatus

GRÜNER DISKUS

Hier handelt es sich um den typischen „einfachen" Grünen Diskus, wie er in großen Mengen exportiert wird. Das erste Körperdrittel ist meist von goldgelber bis hellbrauner Grundfärbung und im mittleren bis hinteren Körperbereich dominiert dann eine fast flächige grün-braune Färbung. Im Kopfbereich treten Türkislinien auf und im Afterflossenbereich ist meist eine mehr oder weniger stark ausgeprägte Türkiszeichnung, die durch wenige braun-rote Linien unterbrochen wird, zu erkennen. Typisch ist auch das schwarze Band im Flossensaum.

GREEN DISCUS

This is a typical wild green discus how they export them in huge numbers every year from Brazil. Mostly the front part shows a light brown and yellow basic coloration but in the back part of the fish you can see more or less a green brown color. In head and fins is some turquoise coloration. Very typical is the black band around the fins.

PHOTO Bernd Degen
BESITZER/OWNER Turkys Aquarium, Manaus

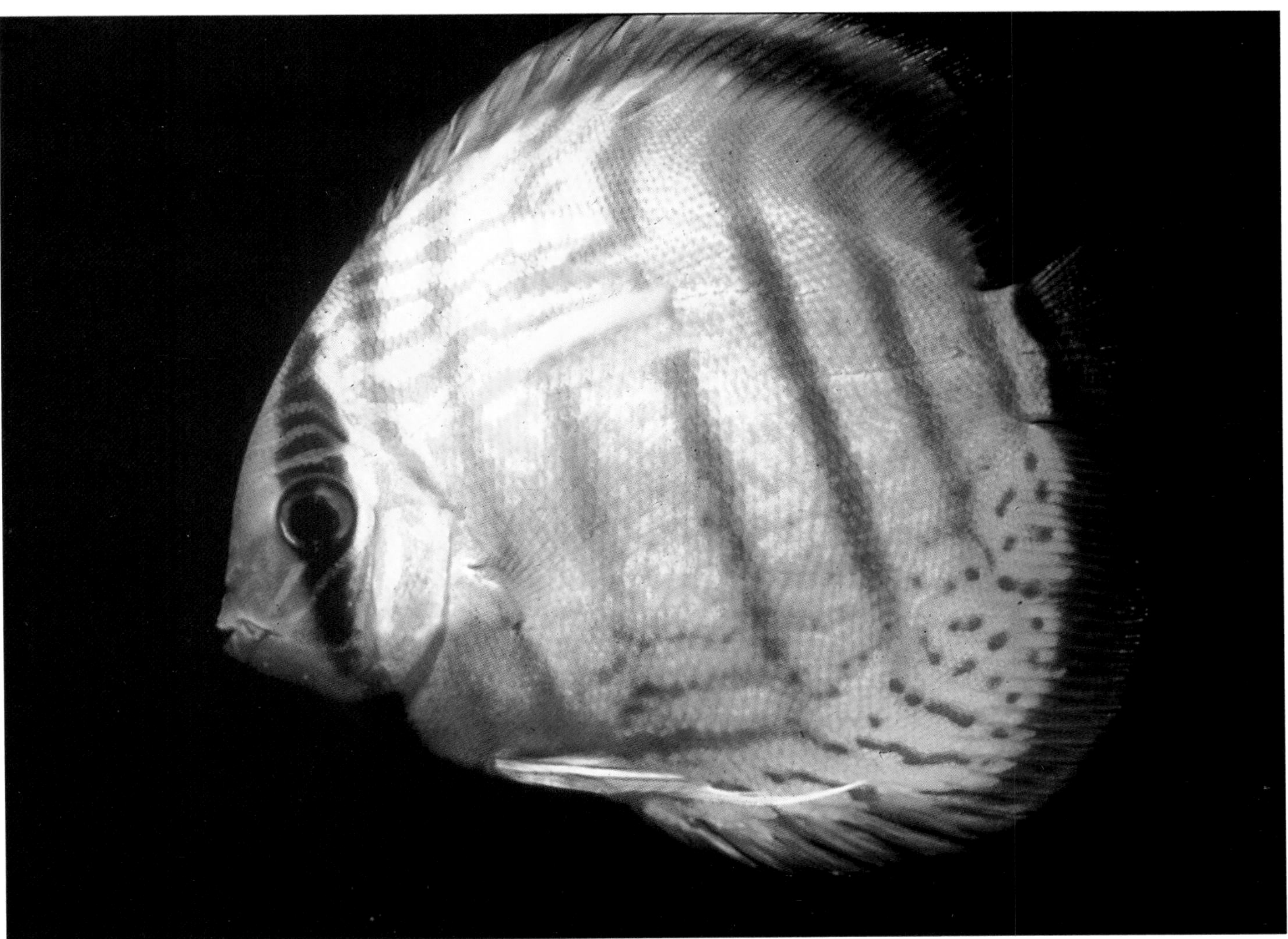

Symphysodon aequifasciatus aequifasciatus

Grüner Diskus

Green Discus

Bei diesem Grünen Diskuswildfang ist die Grundfärbung wesentlich intensiver als bei WGR 4 und aus solchen Diskusfischen gelang die Nachzucht von den heutigen Türkis-Diskusformen. Sehr kräftig ist die türkisblaue Farbe, besonders in den Flossenrändern. Auf dem Körper sind unterbrochene Türkislinierungen zu erkennen und im Bauchbereich tritt wieder die typische gelbbraune Färbung auf.

The basic coloration of this discus is more intensive than at WGR 4 and this discus have been the breeding stock 30 years ago for turquoise discus. The turquoise coloration in the fins is very strong. On the body are many broken turquoise lines to see. On the lower body part is still some yellow brown basic coloration.

Photo Fumitosh Mori, Japan

D 22

WGR 6

Symphysodon aequifasciatus aequifasciatus

GRÜNER DISKUS — **GREEN DISCUS**

Diskus Wildfänge aus dem Lago Tefé zeigen die typische Zeichnung mit roten Punkten im Bauchbereich. Diese roten Punkte sind je nach Fisch mehr oder weniger stark ausgeprägt. Im Kopfbereich sind einige Türkislinien zu erkennen und im Bauchbereich tritt wieder die typische hellbraune Färbung auf, die aber bei diesem Fisch nur wenig Platz einnimmt, denn der Körper ist fast völlig flächig hellgrün überzogen. Sehr schön ist die Rotfärbung des Flossensaumes besonders in der Rückenflosse. Auch von der Körperform ist dieser Diskus wirklich perfekt.

Wild discus from Lago Tefé show the typical red spots on the body. From fish to fish the numbers of red spots vary. Some turquoise lines are shown in the head region. This discus shows only light brown coloration because the green color is stronger. Beautyful is the red color in the fins and also the body shape is very perfect.

PHOTO	Bernd Degen
BESITZER/OWNER	Bernd Degen
EXPORTEUR	Turkys Aquarium, Manaus

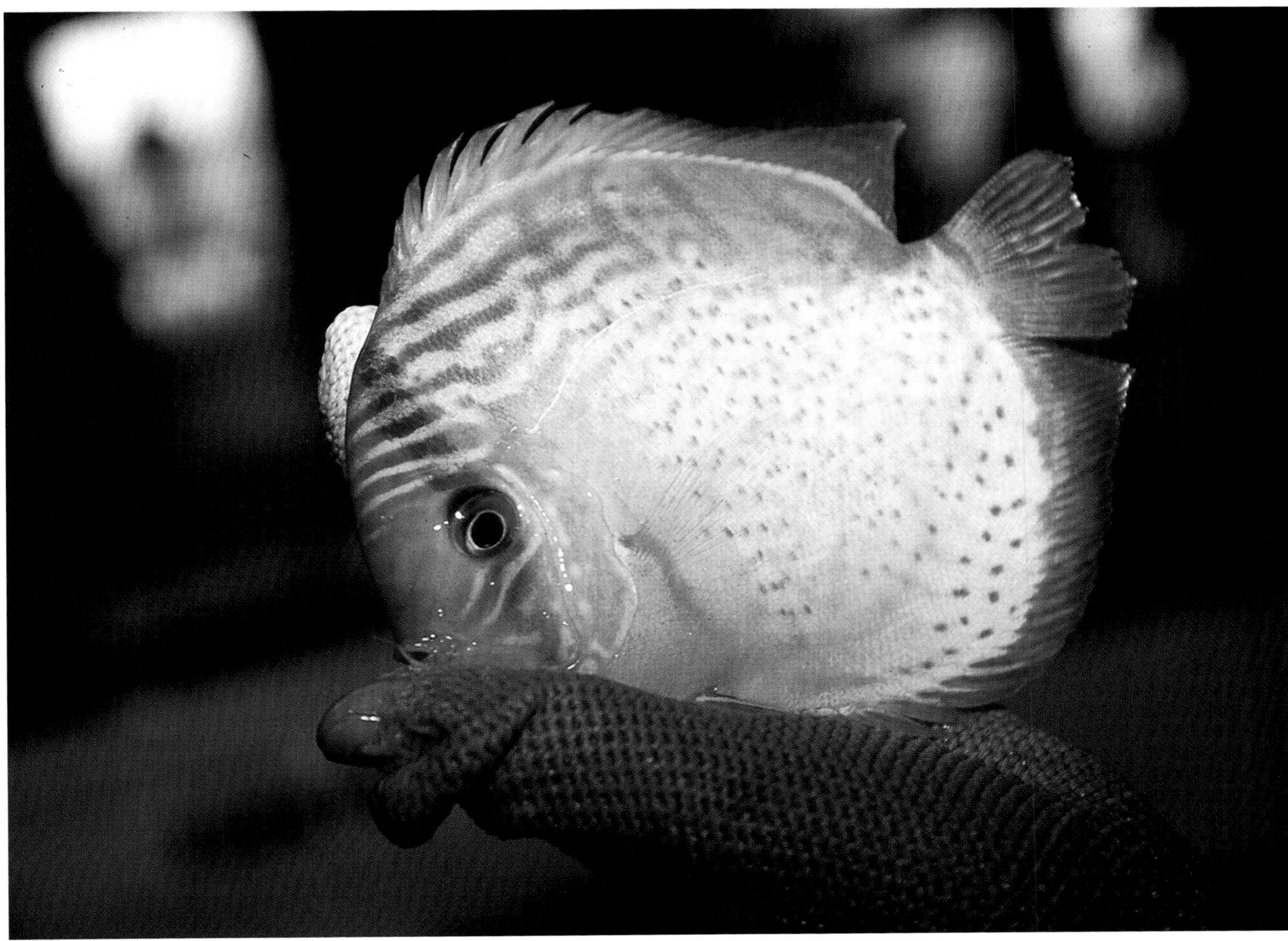

Symphysodon aequifasciatus aequifasciatus

Grüner Diskus

Green Discus

Besonders groß ist dieser Tefé Diskus aus dem Lago Tefé, der 20 cm Körpergröße erreichte. Hier ist die goldbraune Färbung im vorderen Körperdrittel sehr auffällig und auch die Punktierung, besonders in der Afterflosse, ist sehr schön und intensiv. Der schwarze Senkrechtstreifen durch das Auge ist ebenfalls sehr stark ausgeprägt und verleiht diesem Diskus ein markantes Aussehen.

This Tefé discus from Lago Tefé is really oversized because the size is around 8 inches. The gold brown coloration is very impressive and also the red spots give this discus beauty. The typical black band in the head region is also very strong and makes this fish very interesting.

Photo	Bernd Degen
Besitzer/Owner	Bernd Degen
Exporteur	Turkys Aquarium, Manaus

D 24

WGR 8

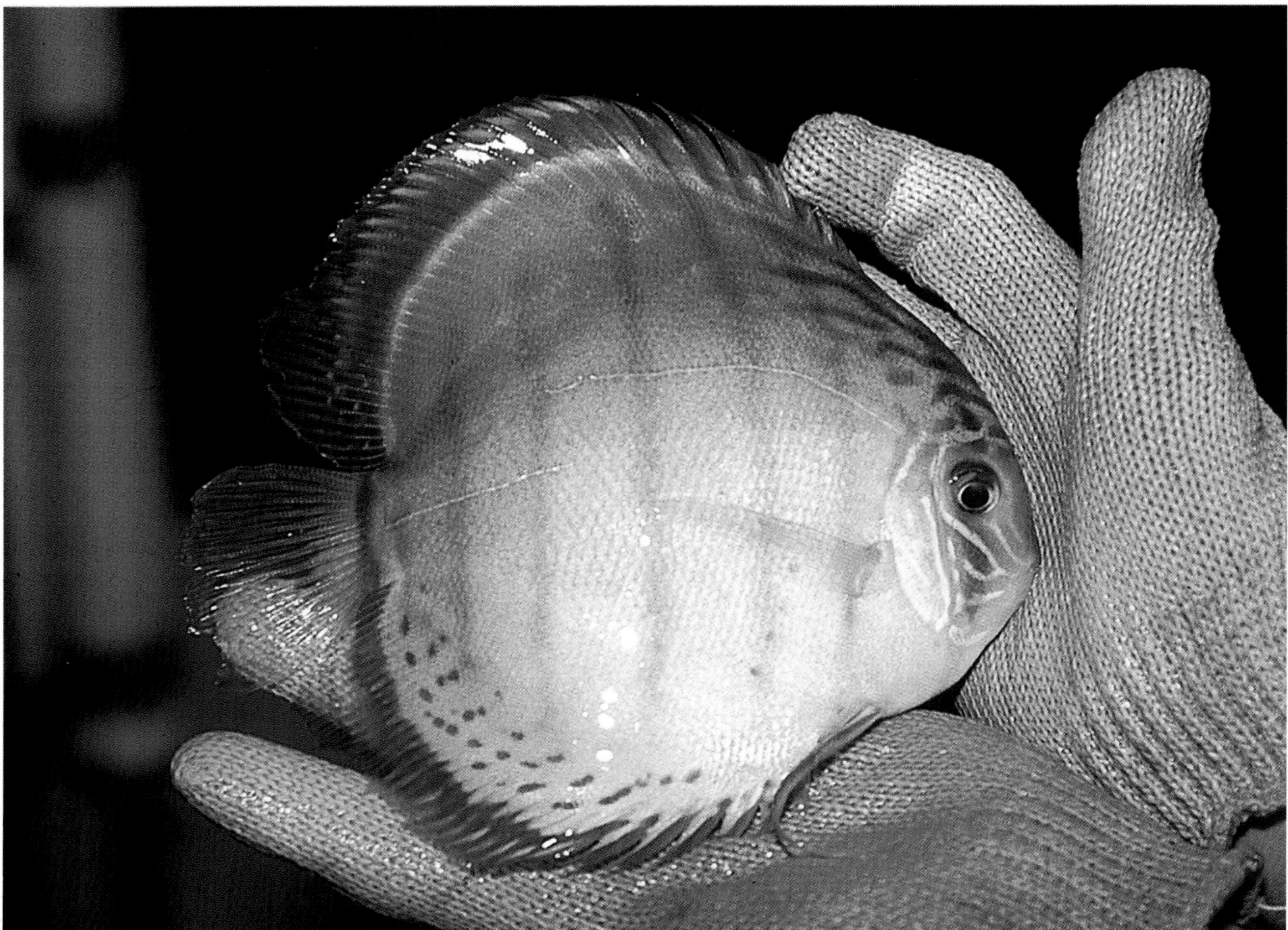

Symphysodon aequifasciatus aequifasciatus

Grüner Diskus

Fast flächig türkis-grün ist der Körper dieses Tefé Wildfanges, der allerdings nur wenige rote Punkte in der Afterflosse aufweisen kann. Der schwarze Rand im Flossensaum ist hier sehr auffällig und auch die Körperform kann als gut bezeichnet werden.

Green Discus

Nearly full body turquoise is this wild Tefé which shows only some red spots. The black band in the fins is very good to see and also the body shape is perfect. Every year thousands of green discus are exported from Manaus.

Photo	Bernd Degen
Exporteur	Turkys Aquarium, Manaus

Symphysodon aequifasciatus aequifasciatus

Grüner Diskus

Im Aquarium wird die Schönheit der Tefé Diskus und aller anderen Wildfänge noch verstärkt, wenn diese mit Pflanzen zusammen gepflegt werden. Das kräftige Grün der Wasserpflanzen kontrastiert sehr gut mit den Farben der Diskusfische. Daß sich dieser Wildfang wohlfühlt, erscheint klar zu sein, denn die Türkisfarben erscheinen besonders brillant. Die Farben der Afterflosse und die Türkisfärbung im Kopf-Rückenbereich ist schon beachtlich. Dieser Diskus zeigt wieder mehr einen fast flächigen braunen Körper, ist aber selbstverständlich ein Grüner Diskus.

Green Discus

In the aquarium the beauty of wild discus can be shown much more if they are kept together with living plants. The green color of water plants is a good combination with the colors of discus fishes. This discus is healthy because he shows his full color. This discus shows some brown coloration but it is anyway a green discus.

Photo Bernd Degen

D 26

WGR 10

Symphysodon aequifasciatus aequifasciatus

GRÜNER DISKUS | **GREEN DISCUS**

Die zarte Grün- Gelbfärbung dieses Diskus weicht wieder etwas von der Norm ab, verleiht ihm aber ein sehr schönes Aussehen. Es handelt sich um einen Wildfang aus dem Lago Tefé und zu den typischen Kopflinien kommen auch wieder die hier zwar nicht so deutlichen, roten Körperpunkte. Die Körperform ist sehr gleichmäßig rund und der Fisch zeigt ein schönes Erscheinungsbild. In Verbindung mit dem roten Auge harmonieren die pastellartigen Grundfarben perfekt.

The light green yellow coloration of this discus is not so regular but very impressive. This is a wild discus from Lago Tefé and the typical head markings a not so clear and also the red spots cannot be seen so well. The body shape is very round and perfect. This is really a beautyful discus. The red eye is a good contrast with the light body colors.

PHOTO Bernd Degen
BESITZER/OWNER Bernd Degen

WGR 11

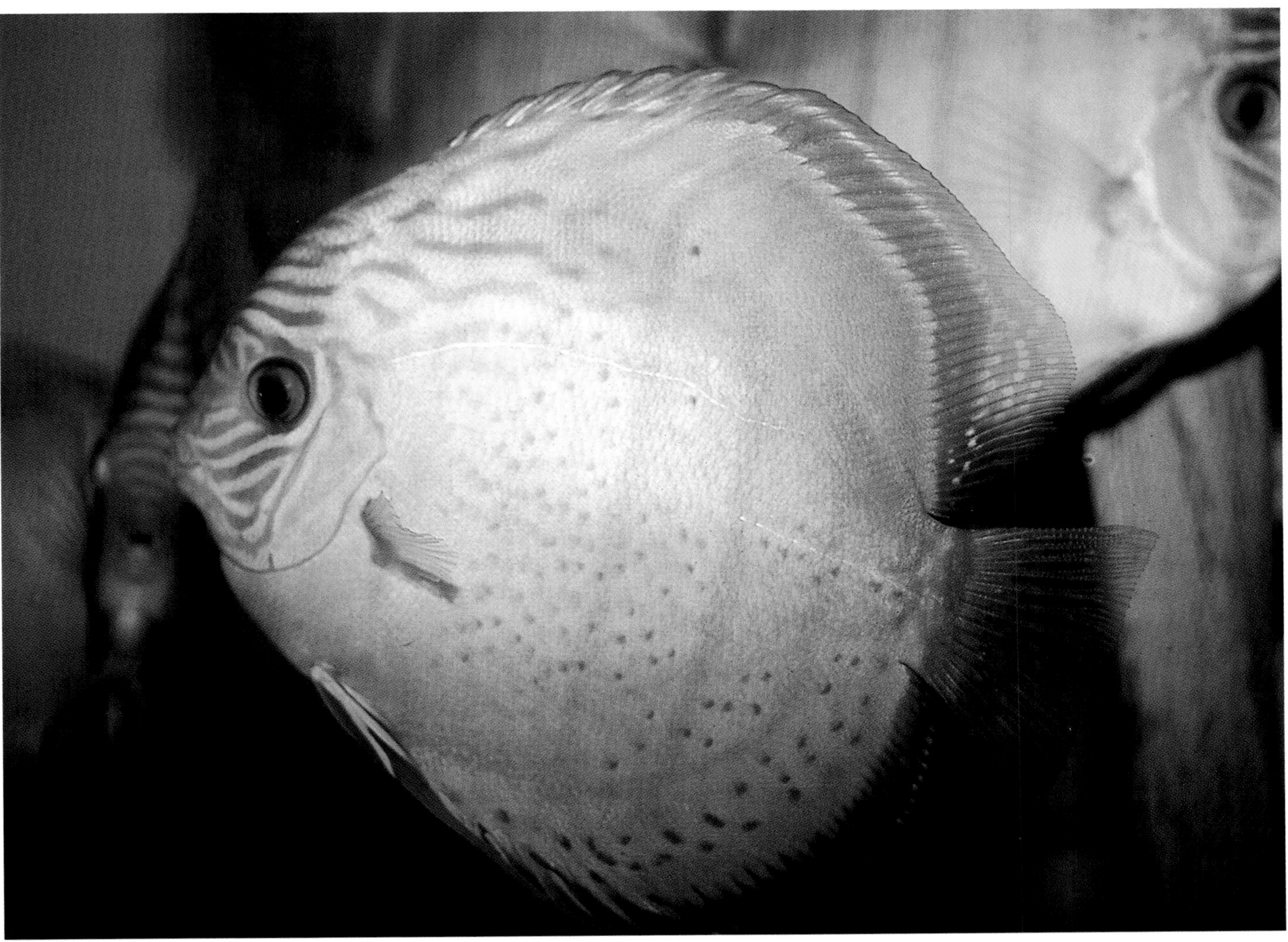

Symphysodon aequifasciatus aequifasciatus

Grüner Diskus

Ähnlich WGR 10 ist dieser Diskus gezeichnet, allerdings besitzt er mehr Grünanteile in der Grundfärbung und mit solchen Wildfängen lassen sich interessante Rückkreuzungen mit Türkis-Diskus machen. So kann das Erbgut der Wildfänge ohne Farbverlust in eine Zuchtlinie von Türkis-Diskus eingekreuzt werden. Bei entsprechender Futtergabe mit carotinoidhaltigem Futter werden die Punkte sicherlich noch intensiver in ihrem Erscheinungsbild.

Green Discus

Like WGR 10 are the markings of this discus but he shows more green color and so this fish would be a good partner for a turquoise discus to get perfect color results. Sometimes it´s helpful to inbreed wild discus in homebred discus lines. The red spots can be more activated with food which contains more carotinoid.

Photo	Bernd Degen
Besitzer/Owner	Bernd Degen

D 28

WGR 12

Symphysodon aequifasciatus aequifasciatus
Grüner Diskus

Green Discus

Fast flächig grün ist die Körpergrundfarbe dieses Wildfanges, der ebenfalls zu den Tefé Diskus eingeordnet werden kann. Nur noch wenig Braun ist im Bereich der Brustflosse zu erkennen. Der schwarze Saum im Flossenrand ist wieder typisch. Nach entsprechender Eingewöhnungsdauer gelingt mit diesen Diskus die Nachzucht im Aquarium.

Nearly fullbody green is the basic coloration of this wild discus which is also a Tefé discus. Only in the lower body part is some brown color to see. The black band around the fins is also typical for green discus. After a few months in the aquarium you can breed with this discus.

Photo	Werner Colle
Besitzer/Owner	Werner Colle

Symphysodon aequifasciatus aequifasciatus

Grüner Diskus

Daß dieser Tefé Diskus schon etwas älter ist, bemerkt man am größeren Auge. Dennoch ist dieser Diskus keineswegs alt und kann immer noch problemlos zur Zucht verwendet werden. Sein Erscheinungsbild ist sehr imposant, denn die kreisrunde Körperform wird durch eine gute Färbung unterstützt. Besonders in der Afterflosse tritt die Türkisfärbung stark auf. In der Körpermitte besitzt er eine interessante Punktierung.

Green Discus

You can see this Tefé discus is older because the size of the eyes is much bigger. But anyway it would be possible to breed with this discus. His body shape is still perfect and the coloration is quite good. Especially in the fins is a good turquoise coloration. Very interesting are the spots.

Photo	Bernd Degen

D 30

WGR 14

Symphysodon aequifasciatus aequifasciatus

Grüner Diskus

Green Discus

Ist das gesamte farbliche Erscheinungsbild von Grünen Wildfängen wesentlich intensiver, sowie bei diesem Diskus, dann wird meist seine Herkunft dem Lago Coari zugeordnet. Ob diese Herkunftsbezeichnung allerdings immer richtig ist, sei dahingestellt. Die Bezeichnung Lago Coari Diskus hat sich inzwischen als Handelsname für besonders attraktive Grüne Wildfänge durchgesetzt.

Very strong is the coloration of this green discus and such discus are mostly called „Lago Coari“ discus. Lago Coari is more or less a marketing name for green discus with strong colors and a lot of red spots. These discus are high priced.

Photo Bernd Degen
Besitzer/Owner Bernd Degen

Symphysodon aequifasciatus aequifasciatus

GRÜNER DISKUS

GREEN DISCUS

Als „Royal Green“ bezeichnen die Diskusliebhaber in Taiwan diesen Diskus, der diese Namensbezeichnung erhalten hat, da der gesamte Körper mit durchgehenden Linien überzogen ist. Die Linierung besteht aus breiten, türkis-grünen Linien und schmalen rotbraunen Linien. Interessant ist hier die braunflächige Zeichnung im Kopf- und Kiemenbereich.

Not only in Taiwan the discus breeders call these discus „Royal Green“. Worldwide full striped turquoise discus are called royal green discus because the coloration is very impressive. The price for these discus is very high.

PHOTO N. Chiang, Fish magazine Taiwan

D 32

WGR 16

Symphysodon aequifasciatus aequifasciatus

GRÜNER DISKUS — **GREEN DISCUS**

Besonders auffälliger Vertreter der sogenannten Coari-Diskus. Im Rückenbereich flammende Streifenzeichnung. Der restliche Körper ist mit roten Linien und Punkten übersät. Sehr schön sind auch die Flossensäume gezeichnet, denn deren Rot ist auch auffallend. Hinter den Kiemen besitzt dieser Diskus eine kräftige Braunfärbung, die einen guten Kontrast zu dem Türkis-grün bildet.

This is also a socalled „Coari Discus". Only in the upper body part you can see turquoise lines. Nearly the whole body is full of red spots and small red lines. Around the gills you can see an interesting brown coloration. So the brown head part is a great contrast to the turquoise coloration.

PHOTO Hub Kleykers
BESITZER/OWNER Hub Kleykers

Symphysodon aequifasciatus aequifasciatus

Grüner Diskus

Voll durchgezeichneter Spitzenwildfang mit sehr guter Färbung. Der gesamte Körper ist mit türkis- und rotbraunen Linen überzogen und im Afterflossenbereich sind einige rote Punkte sichtbar. Auch hier könnte die Handelsbezeichnung „Royal Green" verwendet werden. Einen guten Kontrast bildet auch das schwarze Band im Flossensaum.

Green Discus

Very good wild discus with perfect color. The whole body shows turquoise and red-brown lines and some red spots. This discus can be sold as „Royal Green". A strong contrast is the black band in the fins.

Photo	Werner Colle
Besitzer/Owner	Werner Colle

D 34

WGR 18

Symphysodon aequifasciatus aequifasciatus

GRÜNER DISKUS

GREEN DISCUS

Sehr interessant ist die Zeichnung dieses Wildfanges, bei welchem die Braunfärbung im vorderen Körperdrittel sehr gut mit der Türkiszeichnung in der restlichen Körperpartie harmoniert. Auch die Punktierung ist sehr intensiv und auffällig. Die Körperform ist gleichmäßig rund, und das schwarze Band im Flossensaum ist besonders in der Rückenflosse sehr auffällig und schön.

A very good combination of colors shows this discus. The brown color in the front of the body is a good contrast with the turquoise color. These discus shows a lot of strong red spots. The body shape is round and this younger discus will get more body volume in future.

PHOTO Bernd Degen
BESITZER/OWNER Hub Kleykers

WGR 19

Symphysodon aequifasciatus aequifasciatus

Grüner Diskus

Sehr interessante Wildfangvariante mit intensiver Braunfärbung und deutlicher Punktierung im Bauchbereich. Die kräftigen Türkislinien oberhalb des Auges geben einen guten Kontrast zu der braunen Grundfarbe. Das schwarze Band in der Rückenflosse ist wieder typisch für die Grünen Wildfänge. Sehr hochflossiger Diskus mit hoher Körperform.

Green Discus

Interesting wild discus with mostly brown body color but many red spots and strong turquoise coloration in the fins. The black band in the fins is typical for wild green discus. This is a high fin and high body discus and perfect for inbreeding to receive these body marks.

Photo	Bernd Degen
Besitzer/Owner	Hub Kleykers

D 36

WGR 20

Symphysodon aequifasciatus aequifasciatus

GRÜNER DISKUS | **GREEN DISCUS**

Bei diesem typischen Tefé Diskus ist die rote Punktierung nicht so deutlich ausgeprägt, jedoch ist dieser Fisch farblich durchaus sehr interessant, denn das schwarze Band im Flossensaum ist schon sehr auffällig und unterbricht die Rotfärbung der Flossenspitzen und den Übergang in die türkise Körperfärbung. Sehr schön ausgeprägte Bauchflossen.

Typical Tefé discus with many spots but the spots do not have such a good color. But anyway this discus is very interesting and together with good food and perfect water condition he will show much more color in the aquarium. The black band in the fins is a very strong mark for this fish.

PHOTO Bernd Degen
BESITZER/OWNER Hub. Kleykers

Symphysodon aequifasciatus aequifasciatus

Grüner Diskus

Green Discus

Perfekter Wildfangdiskus des Typs „Royal Green" mit sehr auffälliger Zeichnung. Die Türkisfärbung in der Afterflosse ist sehr auffällig. Die breite Türkislinierung wird von feinen, rot-braunen Streifen unterbrochen. Typische hellbraune Färbung im Bereich der Bauchregion.

Perfect wild „Royal Green" with strong coloration. The turquoise color in the fins is impressive. The broad turquoise lines are interrupted by red brown lines which are very fine. Typical light brown coloration around the head.

Photo	Bernd Degen

D 38

WGR 22

Symphysodon aequifasciatus aequifasciatus

GRÜNER DISKUS

Sehr schön gezeichneter typischer Tefé-Diskus. Diese grünen Diskusfische aus dem Gebiet von Tefé, zählen zu den begehrtesten Wildfängen, wenn ihr Körper, so wie hier, mit rotbraunen Punkten übersät ist. Je nach Fütterung können diese rotbraunen Punkte in ihrer Farbe verstärkt werden. Auffallend bei diesem Diskus ist die sehr schön ausgeprägte Beflossung mit roten Flossensäumen und das intensiv rot gefärbte Auge.

GREEN DISCUS

Beautiful Tefé discus. Wild green discus from Tefé are the most sought after discus from Brazil. But this quality fish is quite rare. This discus is feeling very well in the planted tank. He shows perfect fins with strong red color and an intensive red eye.

PHOTO	N. Kowalsky
BESITZER/OWNER	N. Kowalsky

Symphysodon aequifasciatus aequifasciatus

Grüner Diskus

Sehr schön gezeichneter Wildfang aus dem Tefé Gebiet mit besonders intensiv rot ausgebildeter Punktierung auf der Körpermitte und in der Afterflosse. Das für Grüne Diskus typische schwarze Band in den Flossensäumen ist hier sehr gut zu erkennen. Auch die stärker ausgeprägte Augenbinde ist für diese Diskusart typisch. In Hong Kong werden solche Tefé Wildfänge mit roten Punkten sehr gerne zum Einkreuzen verwendet.

Green Discus

Beautiful wild discus from Tefé with red spots on body and fins. Strong black band and very strong eye band. The breeders of Hong Kong like to inbreed these wild Tefé discus with red spots to create „Red Diamond" discus. This breeding line is rare and costly.

Photo Ma Yiu Chong, Hong Kong

D 40

WGR 24

Symphysodon aequifasciatus aequifasciatus

GRÜNER DISKUS | **GREEN DISCUS**

Ebenfalls in Hong Kong wurde dieser Tefé Diskus gepflegt und aufgrund der guten Pflege zeigt er auch seine gesamte Farbenpracht. Hier ist besonders die braune Grundfarbe auffallend, die sonst mehr ins grüne geht. Auch ist die Punktierung und Körperzeichnung anders als bei den typischeren Tefé Wildfang WGR 23.

This Tefé discus was also used in Hong Kong for crossing in local discus lines. The color is very strong and the basic brown color of this fish is very strange. Mostly they show more green color. Also the spots and body coloration is more different than normal. Usually they look more like WGR 23.

BESITZER/OWNER Lee Hoi, Hong Kong

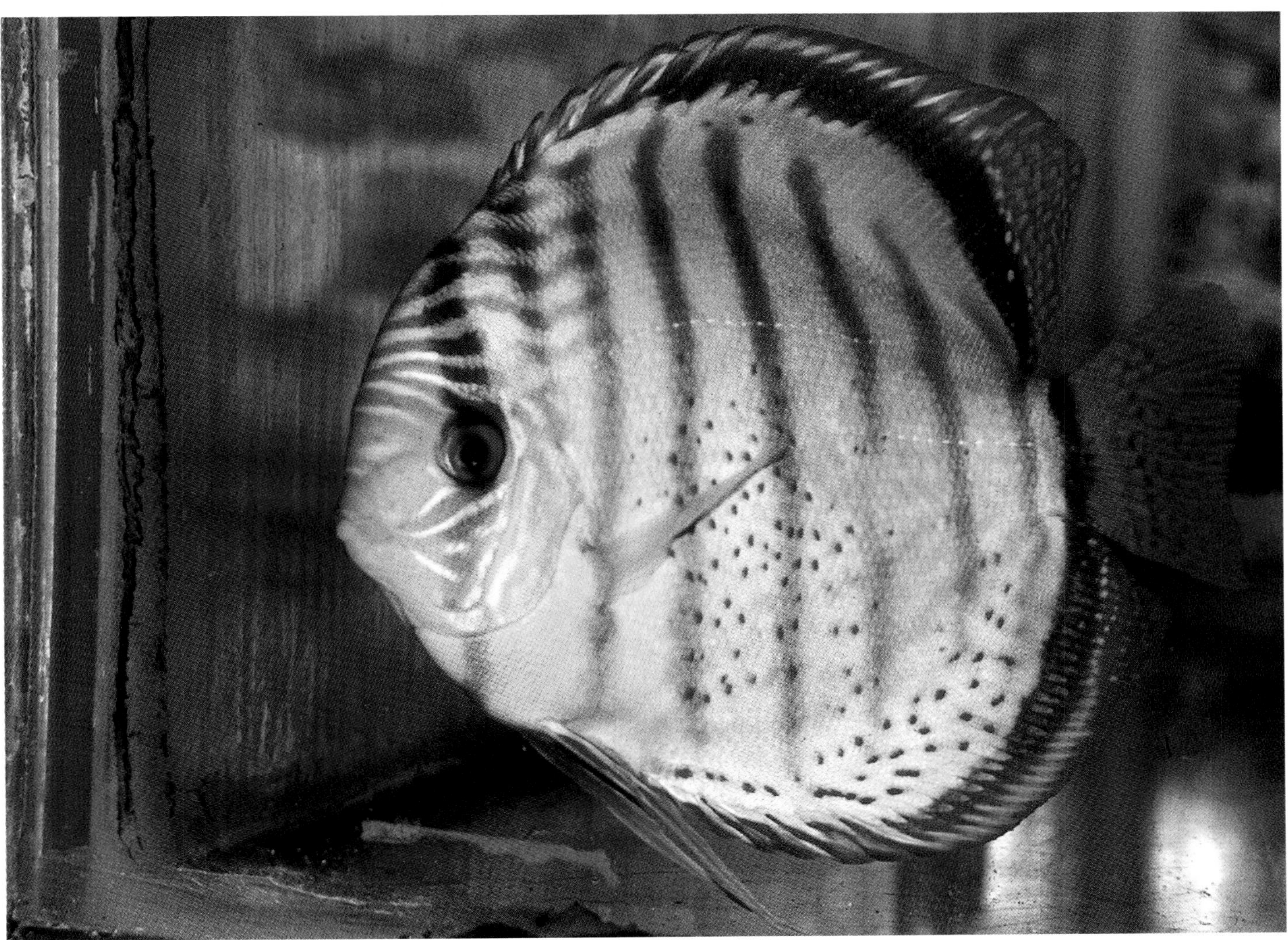

Symphysodon aequifasciatus aequifasciatus

Grüner Diskus

Tefé Wildfang aus dem Lago Tefé, mit sehr schöner Körperform und gleichmäßiger, zarter Grünfärbung über den ganzen Körper verteilt. Nur im Bauchbereich die typische Hellbraunfärbung. In der unteren Körperhälfte besitzt dieser Diskus die typischen roten Punkte, die hier deutlich zu sehen sind. Das schwarze Band im gesamten Flossensaum rundet den Gesamteindruck gut ab.

Green Discus

Wild Tefé discus from Lago Tefé with beautiful body shape and fantastic light green color over the whole body. Only the lower part around the head shows the typical light brown color. The red spots are strong and the black band in the fins is impressive.

Photo	Werner Colle
Besitzer/Owner	Werner Colle

D 42

WGR 26

Symphysodon aequifasciatus aequifasciatus

Grüner Diskus

Green Discus

Tefé Wildfang mit sehr schöner, gleichmäßiger Körperform und starker Punktierung auf der türkisfarbenen Körperhälfte. Im vorderen Drittel zeigt dieser Diskus verstärkt die hellbraune Grundfärbung, die diese Tefé Diskus im vorderen Körperbereich in der Regel besitzen. Auffallend schön rot gefärbt ist das Auge. Im Rückenbereich die typische Türkislinierung.

Wild Tefé discus with perfect round body shape and many spots on the turquoise colored body. In the front around the head more light brown coloration which is typical for Tefé discus. Beautiful is the red eye and the turquoise lines on the body.

Photo W. Colle
Besitzer/Owner W. Colle

Symphysodon aequifasciatus aequifasciatus

GRÜNER DISKUS

Typischer Grüner Wildfang aus dem Rio Tefé. Dieser Diskus weist im Gegensatz zu den Fischen aus dem Lago Tefé keine roten Körperpunkte auf. Durch die sehr schöne, breite türkise Linierung im Rücken- und Kopfbereich werden solche Diskusfische auch gerne als „Royal Green" Diskus gehandelt. Der für Grüne Diskus typische schwarzgebänderte Flossensaum ist hier gut zu erkennen. Auch der Senkrechtstreifen durch das Auge ist besonders gut ausgeprägt.

GREEN DISCUS

Typical green discus from Rio Tefé. This discus shows no red spots like discus from Lago Tefé. If green discus show many turquoise lines which cover almost the whole body they are sold as „Royal Green" discus. The 9 black bands which all discus have are shown here very clear. Also the black band in the fins is strong.

PHOTO	Bernd Degen
IMPORTEUR	Transfish, Herr Werner

Der Heckel-Diskus wurde nach seinem Entdecker Johann Jacob Heckel, einem Wiener Ichthyologen, benannt. Heckel war ein berühmter Systematiker am Wiener Naturhistorischen Museum und er beschrieb 1840 den ersten Diskusfisch. Der beschriebene Fisch stammte aus dem Rio Negro-Gebiet und wurde als „Symphysodon discus" beschrieben. Bereits um 1930 wurden in den USA die ersten Heckel-Wildfänge eingeführt und man versuchte schon zu dieser Zeit, Heckel-Diskus zur Nachzucht zu bewegen.
Nach Europa kamen die ersten Heckel-Diskus etwa um das Jahr 1958. In den 60iger Jahren erschienen auch erste Heckel-Diskus in deutschen Liebhaberaquarien. Die Nachzucht von Heckel-Diskus ist bis heute sehr schwierig geblieben und gelingt immer wieder nur vereinzelt. Symphysodon discus Heckel wird meist im Rio Negro-Flußgebiet und der Mündung des Rio Branco gefangen.
Erkennen kann man den Heckel-Diskus sehr leicht an seiner markant ausgeprägten, dunkel gefärbten Querbinde in der Körpermitte. Jeder Diskus besitzt neun solcher Querbinden. Bei den anderen Diskusarten ist dies nicht der Fall und deshalb unterscheiden sie sich sehr schnell vom Heckel-Diskus. Auch die erste Querbinde, die durch das Auge verläuft, sowie die letzte Querbinde, die im Schwanzwurzelbereich ist, ist besonders stark ausgeprägt und verleiht dem Heckel-Diskus ein eigenwilliges Aussehen. Diese Querbinden sind aber nicht immer gleich gut sichtbar und können je nach Stimmungslage in ihrer Intensität variieren. Es gibt auch Heckelarten, wo diese Querbinden kaum ausgeprägt sind. Da Heckel-Diskus meist mit parallel verlaufenden waagerechten Linien voll durchgezeichnet sind, sind diese Fische, die den Heckelstreifen nur andeutungsweise zeigen, besonders attraktiv. Die Grundfarbe von Heckel-Diskus variiert von hellbraun über dunkelbraun bis hin zu einem Rotbraun. Überdeckt wird die Grundfarbe teils sehr stark von türkisblauen oder zart grünen Streifen. Bei genauer Betrachtung gefällt ein Heckel-Diskus schon und anfangs hat die Liebhaber eben nur der starke Mit-

Heckel discus have been named after its founder Johann Jacob Heckel, an ichthyologist from Vienna. Heckel was the famous ichthyologist from Vienna´s „Naturhistorischen Museum" who described the first discus in 1840. This discus was caught in the Rio Negro and was named Symphysodon discus. Around 1930 the first Heckel discus were exported to the United States. A that time American breeders tried to breed the Heckel discus but without success. The american hobbyists called these discus „Pompadour fish". In the beginning they were very expensive.
In 1958 Heckel discus were exported to Germany for the first time. So you can see that the discus hobby is quite young in Germany. In the sixties the German hobbyists had the money to buy more Heckel discus. To breed Heckel discus is still very difficult and only a few breeders can breed them. Symphysodon discus Heckel comes from the Rio Negro and the Rio Branco. It´s very easy to recognize Heckel discus because the fifth (middle) bar is always very broad and dark colored. Every discus has nine body bars but the Heckel discus always exhibit a stronger fifth bar. All the other discus varieties normally do not exhibit any stronger bars (they are all of equal strength). Also the first bar, which crosses the eye, and the last bar, which crosses the tail, are stronger on Heckel discus. The color varies depending on whether they feel well or if they are scared. Heckel discus with light colored bars are more attractive. The basic color of Heckel discus varies from light brown to red brown. Many turquoise or light green lines cover the whole body. A Heckel discus is a very impressive fish but in the beginning discus lovers didn´t like them because the fifth body bar was so strong and dark. Heckel discus have always been something special. To keep them in the aquarium is more difficult because they really need soft, acid water. Heckel discus live in the black waters of the Rio Negro and so in the aquarium you have to provide water similar to the waters of the Rio Negro and the Rio Branco. The pH of these rivers is very acid and

telstreifen gestört. Der Heckel-Diskus konnte sich mengenmäßig nie so gut durchsetzen, wie seine Artgenossen, was aber sicherlich auch daran lag, daß Heckel-Diskus einfach etwas schwieriger zu hältern sind, als andere Diskusfische.
Da Heckel-Diskus im Schwarzwasser des Rio Negro leben, muß dieser Tatsache bei einer Aquarienhaltung ebenfalls Rechnung getragen werden. Die Wasserwerte im Rio Negro und Rio Branco sind als extrem zu bezeichnen. So bewegt sich der pH-Wert meist zwischen 3,2 und 4,5, was extrem sauer ist. Nur in seltenen Fällen steigt der Leitwert während der Überschwemmungszeit einmal bis auf knapp über 5,0 pH an. Der Leitwert dieses Wassers ist ebenfalls gering. Das Wasser besitzt einen hohen Gehalt an zersetztem pflanzlichem Material, welches die Leitwerte jedoch nicht verändert. Durch diese zersetzten Pflanzenteile reagiert das Wasser stark sauer und daraus resultiert auch der niedrige pH-Wert. Da die Aquarianer anfangs nur wenig über die Heimatgewässer der Diskusfische wußten, war es sehr schwierig, die Heckel-Diskus richtig im Aquarium zu pflegen. So wurden sie schnell als schwierige Pfleglinge abgestempelt. Heute ist es mit moderner Aquarientechnik kein Problem mehr, Heckel-Diskus im Aquarium erfolgreich zu hältern. Durch moderne Technik und Wasseraufbereitungsmöglichkeiten ist es sehr einfach, das Wasser fischgerecht aufzubereiten.
1981 beschrieb der amerikanische Zierfischspezialist Dr. Burgess eine Heckel-Diskus-Unterart. Diese Unterart wurde zu Ehren des bekannten Diskuspioniers aus Manaus, Willi Schwartz benannt. Die Beschreibung dieser Unterart von Symphysodon discus willischwartzi, Burgess 1981 ging auf eine höhere Anzahl von Schuppenreihen zwischen Hinterkopf und Caudalbasis zurück.
So entdeckte Dr. Herbert Axelrod Blaukopf-Heckel, die von den einheimischen „Cabeca azul discus" genannt wurden. Diese Heckel-Variante entdeckte er im Rio Jau und sie sind sehr gefragt, denn durch ihre auffallend blau gefärbten Köpfe, tragen sie den Namen Blaukopf-Heckel zurecht.

mostly between 3.2 and 4.5. Only during the rainy season does the pH rise to around 5.0. The black water contains a lot of plant material, but this material doesn´t bring the conductivity up.
In the beginning the hobbyists didn´t know much about the water quality in Brazil. So it was difficult to keep Heckel discus under proper conditions in home aquaria. This was the reason why everybody thought Heckel discus were difficult to keep. Today we know a lot more about the water quality and we have high tech aquarium equipment available so that it´s no longer a problem to keep Heckel discus successfully.
No mosquito larvae can live in the Rio Negro because the water is so acid. The discus have to eat fruits and seeds.
It´s still very difficult to breed Heckel discus and only aquarists with a high interest in breeding them will have success.
In 1981 the American ichthyologist Dr. Warren E. Burgess described a new Heckel variety. He named this discus Symphysodon discus willischwartzi Burgess, 1981 in honor of Willi Schwartz, a famous discus collector from Manaus. Burgess found different numbers of scales on this discus but with the Heckel pattern.
The american discus specialist Dr. Herbert R. Axelrod found a blue head Heckel, which was called „Cabeca azul discus". This discus was found in the Rio Jau and everybody was interested in getting such beautiful discus with blue heads. The exporters in Manaus can offer blue head discus but because of the different water conditions many of them die in Manaus.

D 44

WH 1

Symphysodon discus

Heckel Diskus

Die Färbung dieses jungen Wildfangdiskus geht stark ins Blaue. Die typischen Heckel-Senkrechtstreifen sind nicht so stark ausgeprägt. Diese Variante mit schwächer betontem Heckelstreifen, aber stark gefärbter Linierung, ist sehr beliebt. Herkunft: Nebenflüsse des Rio Negro.

Heckel Discus

This young Heckel shows a very good blue color but it typical Heckel bars are not very dark. You can see a bar only passing through the eye. This variety, where you can´t see the Heckel bars so clearly, is very popular. These are coming from tributaries of the Rio Negro.

Photo Bernd Degen
Besitzer/Owner Bernd Degen

Symphysodon discus

HECKEL DISKUS

Bei diesem Heckel Diskus ist die Körperzeichnung im hinteren Körperdrittel nicht vollständig. Es ist durchaus möglich, daß es sich hier um eine Naturkreuzung handelt. Interessant ist die hellbraune Körpergrundfärbung, die bei Heckel Diskus sehr selten ist. Der typische Heckelstreifen ist nur schwach ausgebildet.

HECKEL DISCUS

The posterior third of this Heckel does not exhibit any colored lines. Maybe this is a natura Hybrid. The light brown basic color, which is quite rare on Heckel discus, is very interesting. The Heckel bars are also very light and hard to see.

PHOTO Bernd Degen

D 46

WH 3

Symphysodon discus

Heckel Diskus

Auffallend sind bei diesem Heckel Diskus die gleichmäßigen Horizontalstreifen, die sich über den ganzen Körper verteilen. Besonders im Kopf- und Bauchflossenbereich, fällt die kräftige Türkisfärbung auf. Deutlich zu erkennen ist die intensiven Augenbinde, wobei der fünfte Mittelstreifen nur schwach zu erkennen ist.

Heckel Discus

The entire body is covered with turquoise lines, which are stronger on the head and fins. The fifth bar is not visible but the bars through the eye and tail are very clear.

Photo	A. Fahrer
Besitzer/Owner	A. Fahrer

Symphysodon discus

Heckel Diskus

Typischer Heckel Diskus Wildfang mit intensiver, brauner Färbung und sehr feinen türkisblauen Körperstreifen. Die drei typischen Heckelstreifen über dem Auge, in der Körpermitte und in der Schwanzwurzel sind deutlich zu sehen. Auch das dunkle Auge ist typisch für diese Heckelvariante, die im Rio Negro gefangen wird.

Heckel Discus

Typical wild Heckel discus with a stronger brown basic color and turquoise lines. Here you can see clearly the first, fifth, and ninth Heckel bars. The dark eye is also typical for this discus variety which was caught in the Rio Negro.

Photo	A. Fahrer
Besitzer/Owner	A. Fahrer

D 48

WH 5

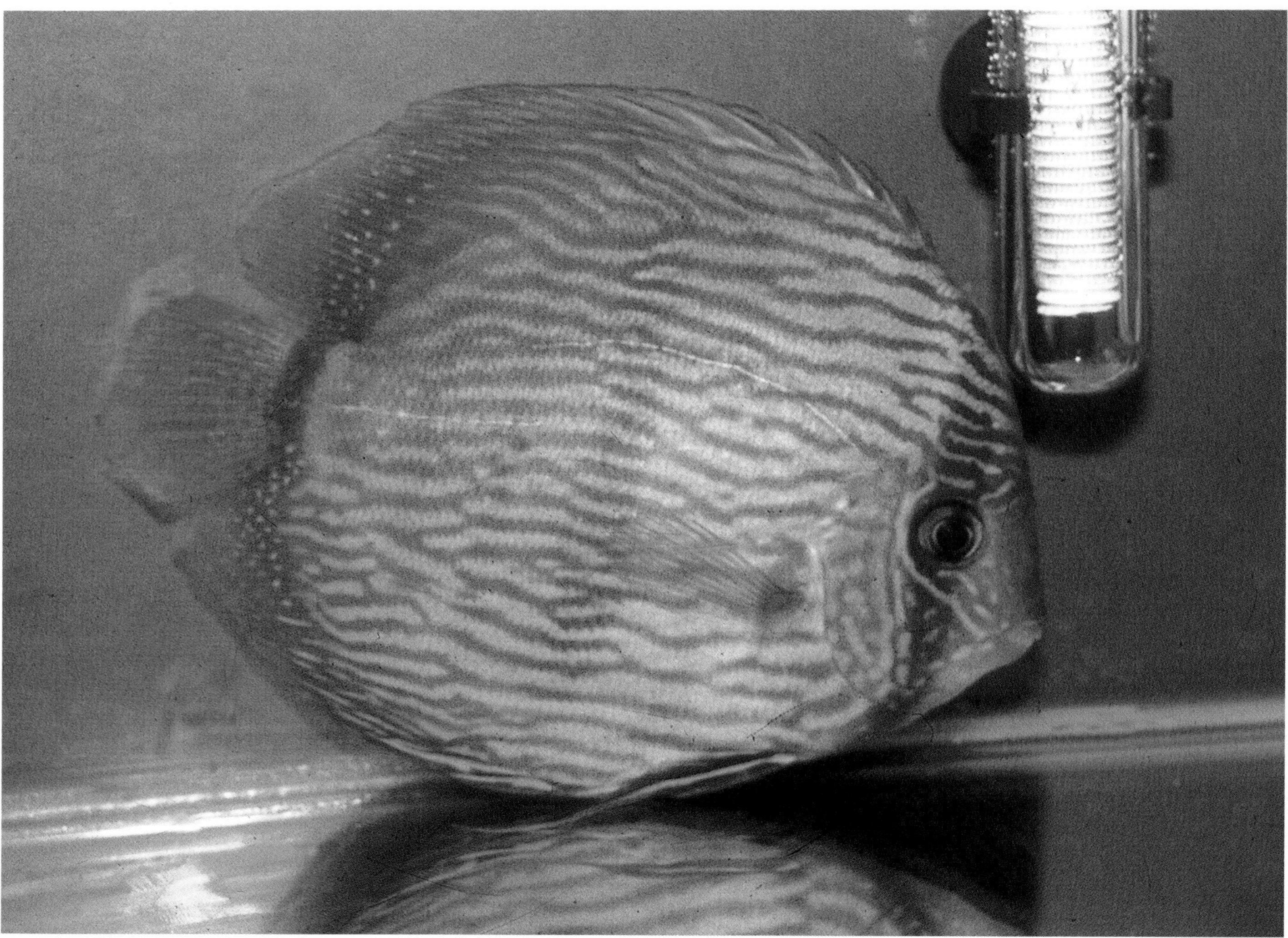

Symphysodon discus

Heckel Diskus

Frisch importierter Heckel Diskus mit kräftiger blauer Körpergrundfarbe. Die Farbintensität ist durch den Transport etwas zurückgegangen. Bei entsprechend guter Hälterung werden diese blauen Farben wieder stärker hervortreten und auch der dunkle Mittelstreifen, wird besser sichtbar werden.

Heckel Discus

This Heckel discus with a strong blue basic color was just imported. The color intensity is not perfect now but if kept under perfect conditions this fish will soon exhibit stronger colors as well as the fifth bar. This Heckel discus will be a real beauty.

Photo Bernd Degen

Symphysodon discus

Heckel Diskus

Heckel Discus

Klassische Heckel Diskus Variante aus dem mittleren Rio Negro, mit gleichmäßig runder Körperform. Die gleichmäßig runde Körperform ist besonders bei Heckel Diskus stark verbreitet. Sehr intensiv ausgeprägte Körperzeichnung und deutlich hervortretende Heckelstreifen. Der fünfte Senkrechtstreifen ist besonders gut ausgeprägt.

Classical Heckel variety from the middle part of the Rio Negro with a typical body shape. This circular body shape is typical for all Heckel discus. Here you can see very clearly the dark bars which only Heckel discus have.

Photo	Bernd Degen
Besitzer/Owner	Bernd Degen

D 50

WH 7

Symphysodon discus

Heckel Diskus

Blaukopf-Heckel sind relativ selten im Handel, da ihr Transport vom oberen Rio Negro, mit extrem niedrigen pH-Werten nach Manaus größer Probleme bereitet. Heckel Wildfänge sollten unbedingt in stark saurem Schwarzwasser gepflegt werden. Der pH-Wert muß günstigenfalls zwischen 4,0 und 5,0 liegen.

Heckel Discus

Blue head Heckel discus are rare in the rivers. The exporters also have a lot of problems because at the location where they are found the water is very acid. During the transportation the fishermen have to change the water but near Manaus the water isn´t acid anymore. So the discus will get a pH-Shock. Fin damage and gill problems can kill the discus.

Photo	Bernd Degen
Besitzer/Owner	Bernd Degen
Exporteur	Turkys Aquarium, Manaus

Symphysodon discus

Heckel Diskus

Sehr intensiv blau gefärbter Heckel Wildfang, welcher seine volle Farbenpracht, bei optimaler Aquarienhälterung bald zeigte. Das typische mittlere Heckelband ist nur schwach ausgeprägt, jedoch zu erkennen. Möglicherweise handelt es sich hier auch um eine Kreuzungsvariante aus einem Nebenfluß des Rio Negro. Tiere dieser Farbqualität sind äußerst selten.

Heckel Discus

This is an impressive Heckel discus that very quickly showed all it´s colors in the aquarium. The typical Heckel bar is very light but you can still see it. It´s possible that this Heckel is a wild cross from a river near the Rio Negro. Heckel discus with such a strong color are quite rare.

Photo	Dr. W. Staeck

D 52

WH 9

Symphysodon discus

HECKEL DISKUS

HECKEL DISCUS

Im Fachhandel werden Heckel Diskus mit intensiv blau gefärbten Köpfen, als „Blaukopf-Heckel" bezeichnet. Die Caboclos (die einheimischen Fänger) benennen diese Heckel Diskus auch „cabeca azul". Diese Heckel Diskus leben in extrem saurem Schwarzwasser mit pH-Werten um 4,0. Gelingt es nicht, sie während des Transports vorsichtig an höhere pH-Werte anzugleichen, erleiden sie starke Transportschäden und verenden eventuell. Dies ist sich auch ein Grund, weshalb diese Blaukopf-Heckel nur selten im Handel anzutreffen sind.

Heckel discus with blue heads are sold in pet shops as „Bluehead Heckel". In Brazil the fishermen call these Heckels „Cabeca Azul". These Heckel discus live in extremely acid water with the pH mostly around 4.0. If it´s not possible to bring the pH up slowly during transportation they will have a lot of health problems and probably die. This is also why the blue headed Heckels are rare in pet shops.

PHOTO Dr. H. Axelrod

Symphysodon discus

HECKEL DISKUS

HECKEL DISCUS

Junger Blaukopf-Heckel Diskus mit bereits stark ausgeprägter Blaufärbung im Kopfbereich. Auch die Kiemendeckel sind kräftig blau gefärbt. Auffallend ist die gleichmäßig runde Körperform. Jüngere Heckel Wildfänge sind leichter an das Aquariumleben zu gewöhnen und sollten deshalb bevorzugt erworben werden. Bei guter Pflege und optimalen Wasserbedingungen wachsen sie schnell zu prächtigen Diskusfischen heran.

Young blue headed Heckel discus with intensive blue color. The gill covers are also strongly blue colored. This young discus has a perfect body shape. If you buy younger Heckel discus it´s absolutly easier to keep them in the aquarium than older discus. Under good conditions they grow very quickly.

PHOTO	Bernd Degen
BESITZER/OWNER	Bernd Degen

D 54

WH 11

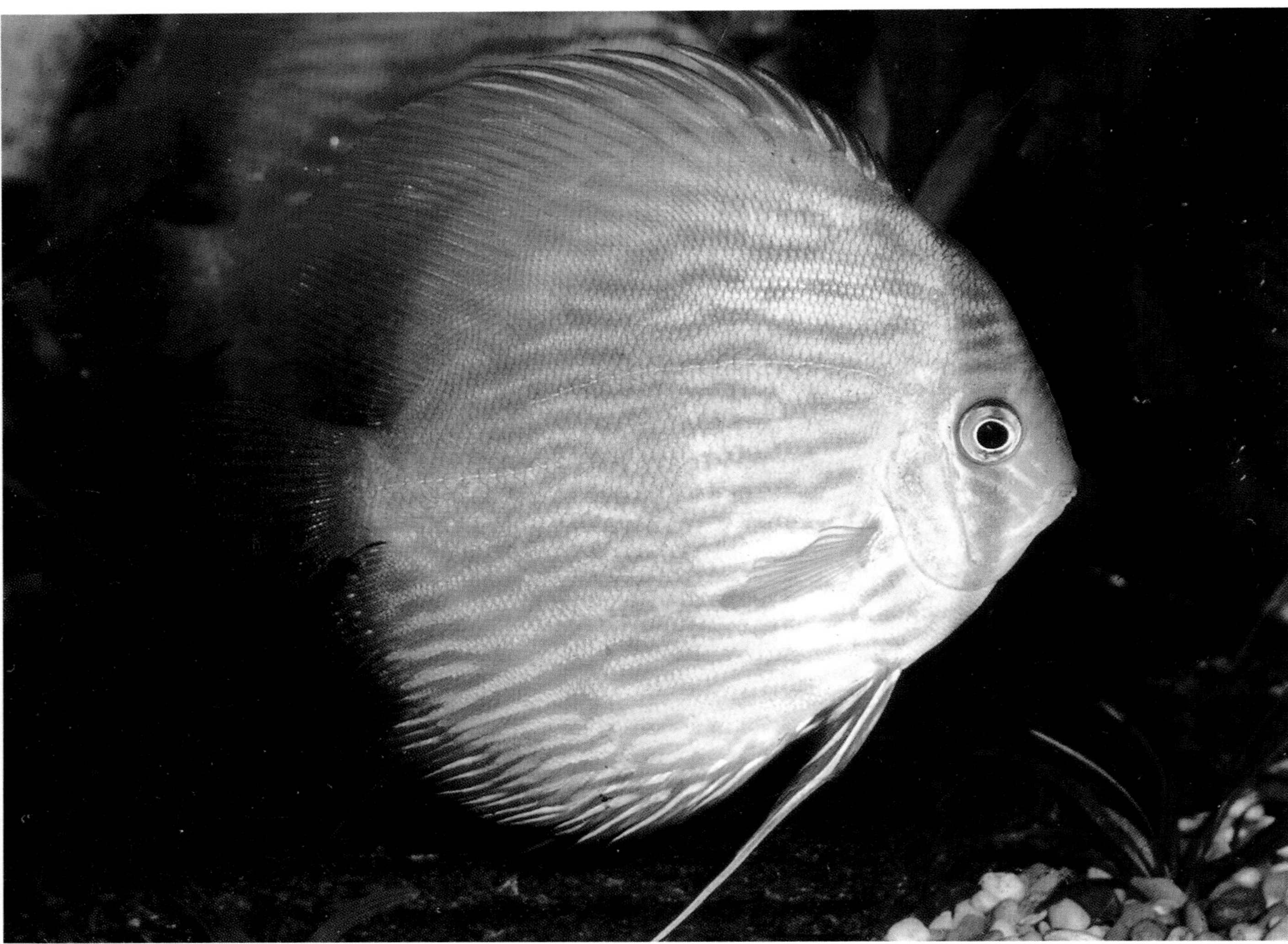

Symphysodon discus

HECKEL DISKUS

Jüngerer Heckel Diskuswildfang mit sehr geradliniger Türkiszeichnung und nur schwach ausgeprägter Heckelzeichnung. Leider besitzt dieser Diskus, wie viele Heckel, kein rotes Auge, sondern die hier weit verbreitete Augenfarbe „bernstein". Im Alter von ca. neun Monaten ist die Farbintensität noch nicht so ausgeprägt, wie bei ausgewachsenen Heckel Diskus im Alter von etwa 18 Monaten.

HECKEL DISCUS

Younger Heckel with straight turquoise lines. The typical Heckel bars are not clearly visible. Many Heckels do not have red eyes. The color of the eyes is mostly yellow. This discus is about nine months old and the color is not so strong now. At the age of 18 months Heckel discus show their full color.

PHOTO	Bernd Degen
BESITZER/OWNER	Bernd Degen

Symphysodon discus

HECKEL DISKUS

Sehr intensiv gefärbter erwachsener Heckelwildfang mit sehr geradliniger Streifung. Im Kopfbereich sehr deutliche Blaufärbung, was den Namen „Blaukopf-Heckel" rechtfertigen würde. Sehr gut kontrastiert mit dem Blau die intensive rotbraune Linierung. Das Blau zieht sich auch in die Bauchflossen fort. Der fünfte Mittelstreifen ist in der Körpermitte etwas schwächer ausgeprägt als üblich.

HECKEL DISCUS

The color of this wild Heckel is very strong and the body lines are horizontal. The blue color around the head could give this fish the name blue headed Heckel. The contrast of blue and red lines is very impressive. The blue color is also seen in the fins. The middle bar is very light and hard to see.

PHOTO R. Steinbach
BESITZER/OWNER R. Steinbach

D 56

WH 13

Symphysodon discus
Heckel Diskus

Sehr schön gefärbter Heckel Wildfang mit typischer Heckelzeichnung. Die Türkis- und Rotlinierung tritt hier sehr deutlich hervor und verleiht diesem Diskus eine interessante Färbung. Die verstärkten Heckelbänder durch das Auge, die Körpermitte und die Schwanzwurzeln treten hier besonders deutlich hervor. Gerade am Mittelstreifen werden Heckel Diskus erkannt.

Heckel Discus

Typical Heckel discus with classical color markings. The turquoise and red lines are strong. Very visible are the typical Heckel bars through the eye, in the middle of the body, and on the tail. This, therefore is the typical Heckel discus.

Photo Bernd Degen

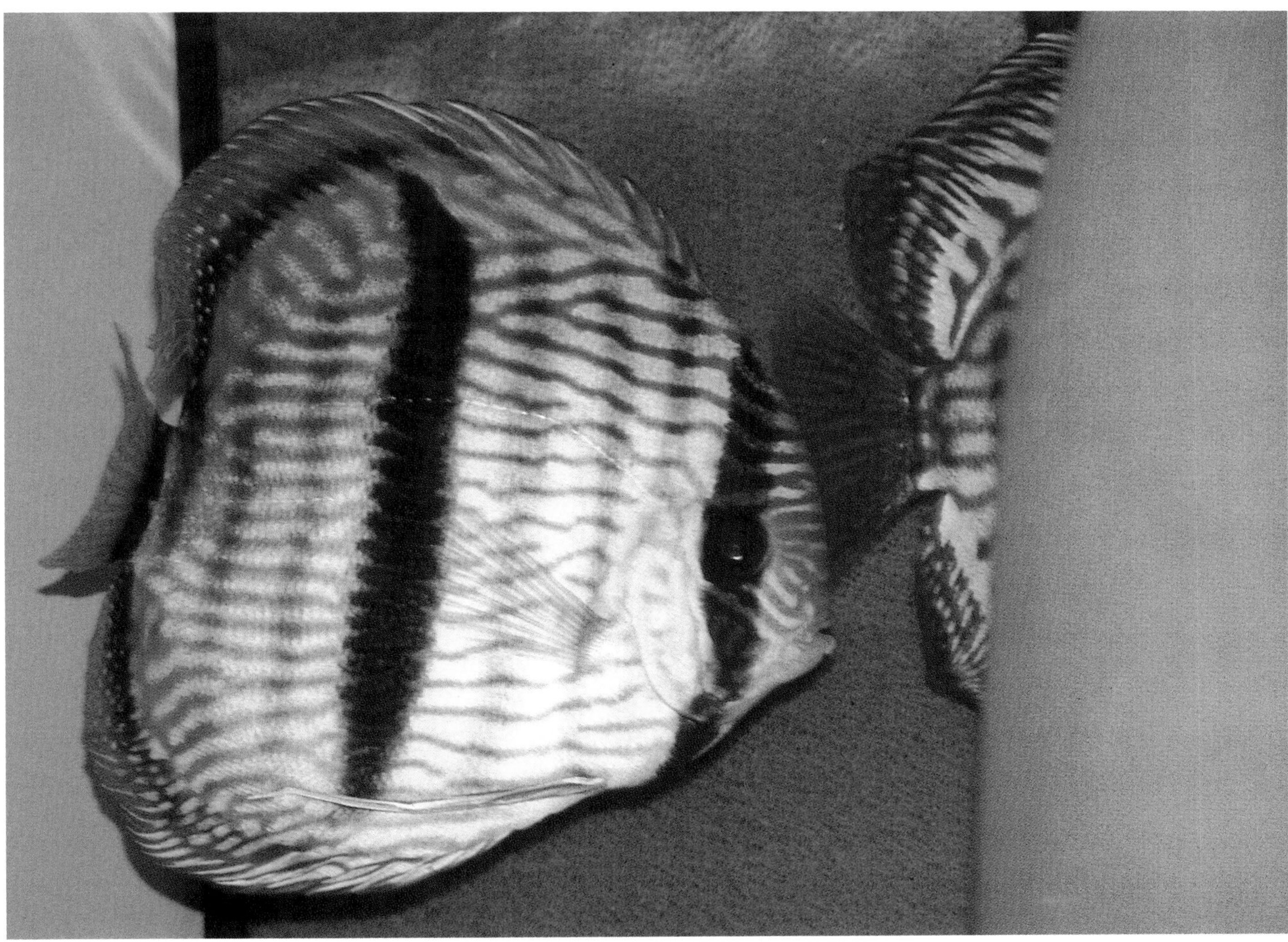

Symphysodon discus

HECKEL DISKUS

HECKEL DISCUS

Typischer Heckel Diskus Wildfang aus dem mittleren Rio Negro Gebiet. Deutlich zu erkennen sind die stark ausgeprägten, ersten, fünften und neunten Senkrechtstreifen. Besonders der kräftige fünfte Mittelstreifen ist das klassische Erkennungsmerkmal für Heckel Diskus.

This typical Heckel with all Heckel markings comes from the middle part of the Rio Negro where many Heckel can be found. Especially the middle bar on this fish is extremely strong.

PHOTO	Werner Colle
BESITZER/OWNER	Werner Colle

BLAUER DISKUS

Harald Schultz verdanken wir viele Entdeckungen von Zierfischen, denn er verbrachte einen Großteil seines Lebens in Brasilien im Dschungel. So blieb es nicht aus, daß er 1960 den Blauen Diskus entdeckte. Er fing die ersten Diskusfische dieser Art im Dreiländereck von Peru, Kolumbien und Brasilien. Nach ihm wurde der Blaue Diskus, Symphysodon aequifasciatus haraldi genannt.

Die Grundfärbung der vorderen Körperhälfte dieser Diskusfische ist zwar meist etwas bräunlich, wird aber nach hinten dunkler und nimmt einen Blauton an. Der Kopf kann pupurfarben sein und am Körper befinden sich die neun dunkelbraunen Senkrechtstreifen, wie sie alle Diskusfische besitzen. Auch hier tritt der erste und letzte Streifen deutlicher hervor. Auf dem Körper befinden sich besonders im Kopf-, Rücken- und Afterflossenbereich intensive blaue Streifen, die meist von rotbraunen Streifen unterbrochen werden. Diese blauen Streifen verteilen sich unregelmäßig über den Körper. Das gesamte Erscheinungsbild dieser Diskusvariante ist wesentlich farbiger und ausgeprägter, als das von Braunen Diskusfischen. Besitzen diese Blauen Diskus über den ganzen Körper blaue Streifen verteilt, so werden sie als „Royal Blue" Diskus bezeichnet und zu hohen Preisen verkauft.

Breits 1961 gelang Dr. Eduard Schmidt-Focke die erste Nachzucht dieser herrlichen Fische in Deutschland. Er erhielt seine ersten blaue Diskus von Harald Schultz. Dr. Schmidt-Focke war in Aquarianerkreisen durch seine Arbeit für das Aquarium Hamburg sehr bekannt geworden und deshalb hatte er auch gute Verbindungen zu Harald Schultz. Zur damaligen Zeit handelte es sich mehr oder weniger um Einzelstücke, die den deutschen Diskusspezialisten zur Verfügung gestellt werden konnten. Die erfolgreiche Nachzucht war deshalb ein wichtiger Schritt zur Verbreitung der Diskusfische in den Heimaquarien.

Die Unterscheidung zwischen blauen und einfachen grünen Diskusfischen fällt manchmal etwas schwer, denn klare Farbbezeichnungen sind nur schwer zu definieren. Blaue Diskusfische werden überwiegend im Rio Purus und dem Manacapuru-Seengebiet gefangen und von Manaus aus in alle Welt exportiert.

BLUE DISCUS

Harald Schultz discovered many tropical aquarium fishes because he lived for a long time in the rain forests of Brazil. He found the blue discus in 1960. The first blue discus he found were in the area near the borders between Peru, Colombia, and Brazil. The blue discus was named for him and was called Symphysodon aequifasciatus haraldi.

The basic color of the front part is mostly light brown and turns to dark brown and blue in the middle and back part of the fish. The head is purple and the nine body bars are dark brown. The first and last bars are stronger. Blue discus exhibit a lot of blue lines around the head and in the fins. Some blue discus exhibit a lot of blue lines with the whole body covered with these lines. Such discus are called „royal blue" discus. But really good royal blue discus are rare and hard to obtain. From a thousand blue discus only one is a really good royal blue discus.

In 1961 the German discus specialist Dr. Eduard Schmidt-Focke was able to breed blue discus for the first time. The blue discus he received from Harald Schultz. Dr. Schmidt-Focke was very well known by aquarists because he worked for the aquarium in Hamburg. This was also the reason why he kneow Harald Schultz. In those times only a few special discus were able to reach Germany and only a few people could obtain them and had the chance to breed them. The successfull breeding was an important step for all discus specialists.

The difference between regular blue and regular green discus is sometimes difficult to determine but blue discus are found mostly in the Rio Purus and in the lakes of Manacapuru. The exporters in Manaus export them in large numbers worldwide. These beautiful blue discus and the best green discus have been crossed and so turquoise lines have been created by famous breeders. Many discus lines in home aquaria have been created through the use of wild blue discus. Especially the completely lined royal blue discus brought a lot of color into these lines.

Symphysodon aequifasciatus haraldi

Blauer Diskus

Nach Fängerangaben stammt dieser Diskus aus dem Rio Manacapuru. Diskusfische, die in letzer Zeit als Manacapuru-Diskus angeboten werden, besitzen oft eine braune Körpergrundfärbung und zahlreiche türkisblaue Streifen im Kopfbereich und in den Bauchflossen. Dieser Diskus ist sehr groß und besitzt eine perfekte runde Körperform.

Blue Discus

The fishermen reported that this discus was caught in the Rio Manacapuru. In the last years mostly Manacapuru discus with a basic brown color and a lot of turquoise-blue lines around the head and in the fins have been offered. These discus are really oversized and show a perfect body shape.

Photo	Bernd Degen
Besitzer/Owner	Bernd Degen
Exporteur	Turkys Aquarium, Manaus

D 59

WBL 2

Symphysodon aequifasciatus haraldi

Blauer Diskus | **Blue Discus**

Typischer Blauer Diskus aus dem Rio Manacapuru mit gleichmäßig runder Körperform. Das kräftig rot gefärbte Auge kontrastiert sehr gut mit der blau-braunen Körperfärbung. Hier handelt es sich um ein durchschnittlich ausgefärbtes Tier, wie sie in großen Mengen exportiert werden. Die wenigen türkisblauen Linien im Kopfbereich und in der Bauchflosse verlaufen fast geradlinig.

Typical blue discus from the Rio Manacapuru which exhibits a good body shape. The strongly colored red eye contrasts nicely with the blue brown body color. This is the regular quality fish, many of which have been exported every year. Only some turquoise lines are seen in the head region and in the fins.

Photo	Bernd Degen
Besitzer/Owner	Bernd Degen
Exporteur	Turkys Aquarium, Manaus

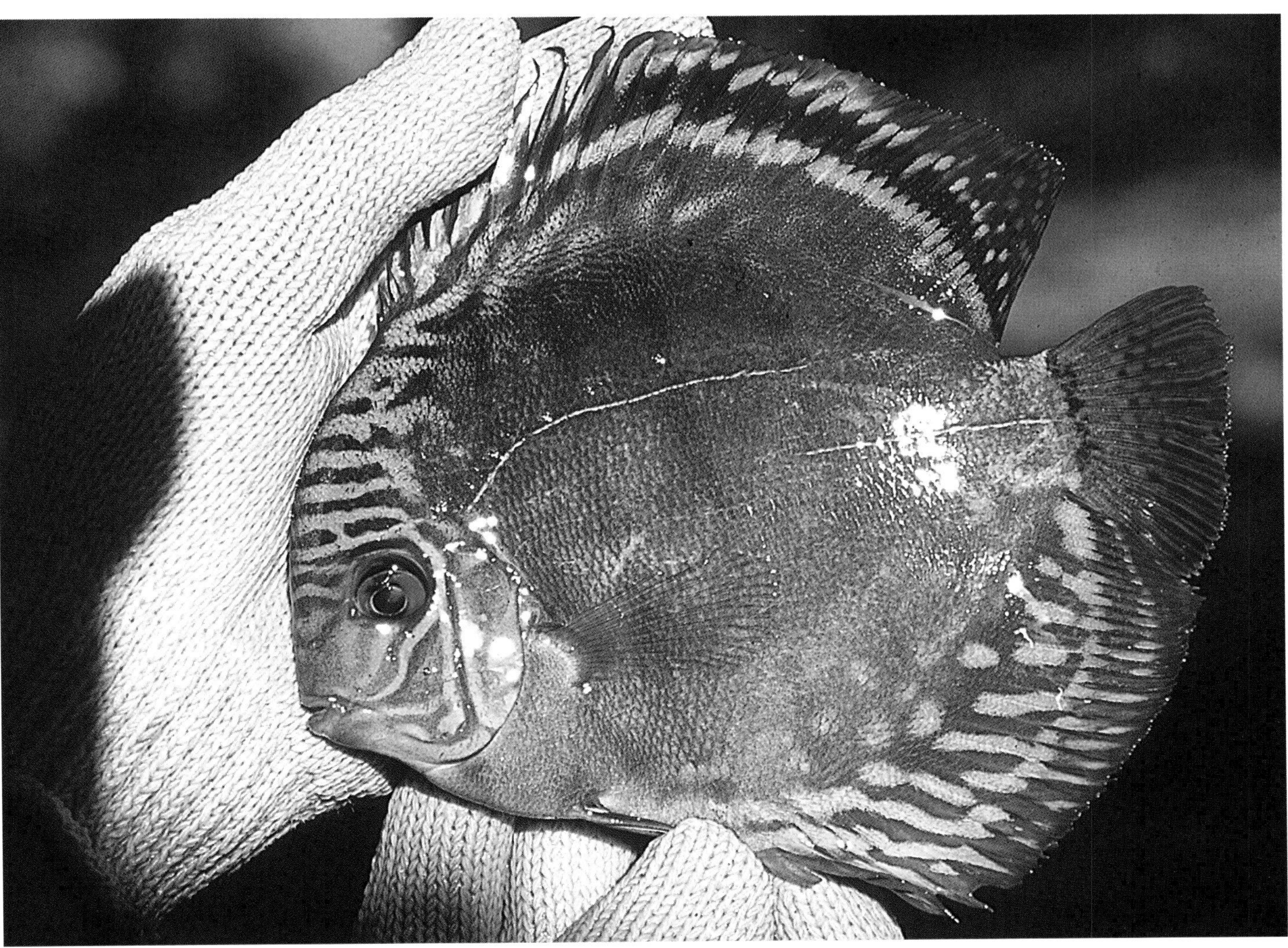

Symphysodon aequifasciatus haraldi

BLAUER DISKUS

BLUE DISCUS

Sehr schön geformter Blauer Diskus der Standardvariante aus dem Rio Purus. Diese Blauen Diskus werden in großen Mengen exportiert. Sie sind auch in verschiedenen Größen erhältlich. Die Körpergrundfarbe ist meist kräftig braun und im Kopfbereich, sowie in der Bauchflosse, ist eine kräftige türkisblaue Färbung zu erkennen. Auffallend ist die schwarze Bänderung im Rückenflossenbereich, die diese Fische von anderen Diskus unterscheidet.

Standard quality of blue discus with good body shape from the Rio Purus. Thousands of such discus have been exported every year. They are also available in different sizes, so you can buy smaller wild discus for your aquarium if you desire. The basic color is mostly brown and around the head and in the fins they show strong turquoise lines. The black band in the fins which differs from other discus is interesting.

PHOTO	Bernd Degen
BESITZER/OWNER	Bernd Degen
EXPORTEUR	Turkys Aquarium, Manaus

D 61

WBL 4

Symphysodon aequifasciatus haraldi

Blauer Diskus

Blauer Wildfang aus dem Rio Purus mit ähnlichen Merkmalen wie WBL 3. In der unteren Körperhälfte überdeckt die blaue Färbung etwas die grau-braune Körpergrundfarbe. Körperform und Augenfarbe sind perfekt.

Blue Discus

Blue wild discus from the Rio Purus with similar body markings as in WBL 3. In the lower body this fish exhibits more blue than gray brown color. Body shape and eye color are perfect.

Photo	Bernd Degen
Besitzer/Owner	Bernd Degen
Exporteur	Turkys Aquarium, Manaus

Symphysodon aequifasciatus haraldi

BLAUER DISKUS

BLUE DISCUS

Blauer Diskus aus dem Rio Purus, mit deutlicher blauer Körpergrundfärbung, welche die braune Grundfarbe schon deutlich überdeckt. Kiemendeckel und Kopfbereich sind schön mit blauen Linien gekennzeichnet. Deutlich sichtbar ist das schwarze Band in der Rückenflosse. Auffallend ist die kräftige Rotfärbung des Rückenflossensaumes.

Blue discus from the Rio Purus with a stronger basic blue color which already covers the brown color. Gill covers and head exhibit blue lines. Also, the black band in the fins is clearly seen. A few red markings can be seen in the fins.

PHOTO	Bernd Degen
IMPORTEUR	Transfish, Herr Werner

D 63

WBL 6

Symphysodon aequifasciatus haraldi

Blauer Diskus

Blue Discus

Blauer Diskus aus dem Rio Purus mit gleichmäßiger Körperzeichnung und kräftig blauer Grundfärbung. In der Körpermitte ist die Zeichnung unterbrochen, aber das Blau fast flächig. Die Zeichnung im Bereich der Afterflosse ist sehr stark ausgebildet und fast parallel angeordnet. Die Brustflossen sind kräftig rot gefärbt. Oft werden solche Diskusfische auch schon als „Royal Blue" bezeichnet.

Blue discus from the Rio Purus with good color markings and a strong basic blue color. The lines are broken in the middle of the body, but the blue color has spread. The blue lines in the fins are extremly strong and nearly horizontal. Some red color can also be seen in the fins. Such discus are mostly sold as royal blue discus.

Photo Bernd Degen

Symphysodon aequifasciatus haraldi

Blauer Diskus

Blue Discus

Sehr schöner Wildfang aus dem Rio Purus mit kräftiger Linierung. Nur in der Körpermitte fehlt die vollständige Linierung, was aber nicht verhindern wird, daß solche prächtigen Diskus auch als „Royal Blue" angeboten werden. Auffallend ist auch die gleichmäßig runde Körperform dieses Diskus, der bei guter Pflege noch eine stärkere Zeichnung bekommen wird.

Beautiful wild blue discus with strong line markings from the Rio Purus. Only in the middle of the body are some lines missing. But, anyway, this discus could be sold as a royal blue, too. These discus also show a perfect body shape and after a few weeks under good condition in the aquarium the discus will show a much stronger color.

Photo	Bernd Degen
Importeur	Transfish, Herr Werner

D 65

WBL 8

Symphysodon aequifasciatus haraldi

Blauer Diskus

Der Übergang zwischen Blauem Diskus und Braunem Diskus ist in der Natur farblich gesehen sehr fließend. Dies wird wahrscheinlich auch dazu führen, daß bei einer Neubestimmung der Diskus-Unterarten erhebliche Abstriche gemacht werden. Der Unterschied zum typischen Braunen Diskus ist bei diesem Exemplar die stärkere Verteilung von blauen Linien über die Körperober- und unterseite. Auffallend ist auch die hohe Körperform und das kräftig rot gefärbte Auge.

Blue Discus

Sometimes in nature the differences between blue and brown discus are continuous. So in the future it may be necessary to reclassify all discus varieties again. This discus was classified as a blue discus because he exhibits more blue lines than brown discus normally do. This discus has a high body and a strong red eye.

Photo Bernd Degen

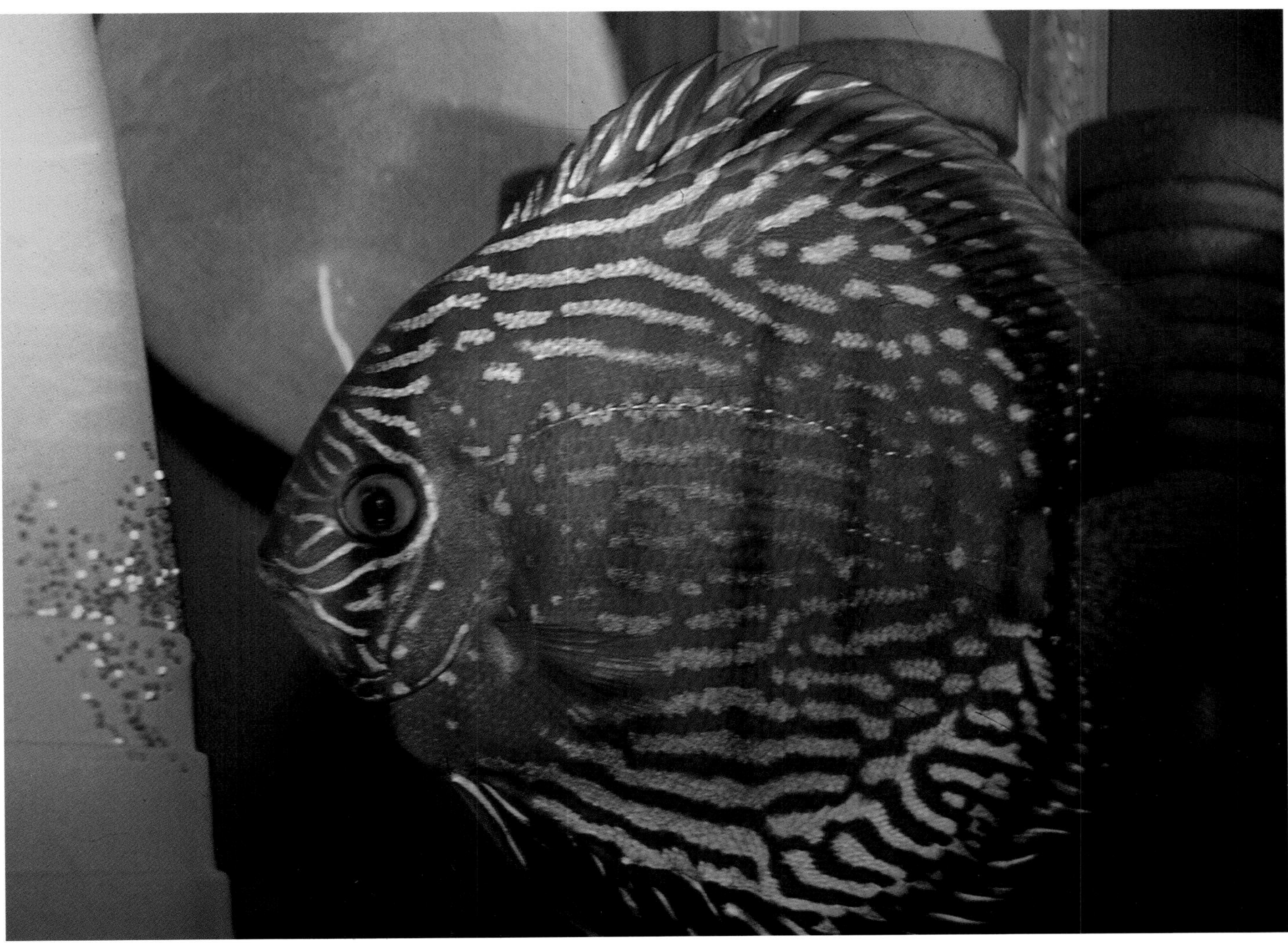

Symphysodon aequifasciatus haraldi

Blauer Diskus

Blue Discus

Sogenannter Alenquer-Diskus, wie er 1988 von Dr. Schmidt-Focke erstmals nachgezüchtet wurde. Die Männchen hatten eine durchgehende Linierung von kräftigen, türkisblauen Streifen und werden deshalb hier als Blaue Diskus eingeordnet. Wahrscheinlich handelt es sich hierbei auch um Naturkreuzungen, die immer wieder vereinzelt auftreten können. Neben der intensiven Türkiszeichnung besitzen Alenquer-Diskus auch eine kräftige braun-rote Grundfärbung.

A socalled Alenquer discus. In 1988 Dr. Schmidt-Focke bred Alenquer discus for the first time. The males exhibited a completely lined body with many turquoise lines and so we classify them as blue discus. The socalled Alenquer discus could be natural hybrids that are only available in smaller numbers. Alenquer discus always exhibit some strong brown red basic color.

Photo	Bernd Degen
Besitzer/Owner	Bernd Degen

D 67

WBL 10

Symphysodon aequifasciatus haraldi

BLAUER DISKUS

BLUE DISCUS

Typische Handelsform für Alenquer-Diskus. Das rechts stehende Männchen weist die typische Zeichnung von „Royal Blue“ Diskus auf. Das links stehende Weibchen würde einzelstehend sicherlich als Brauner Diskus eingeordnet werden. Alenquer-Diskus ist eine Handelsbezeichnung geworden.

Typical trading form of Alenquer discus. The male on the right side has the typical color of royal blue discus. If the female were shown without the male we would classify her as a brown discus. The name Alenquer discus is now more or less a trade name used for better marketing.

PHOTO Bernd Degen
IMPORTEUR Transfish, Herr Werner

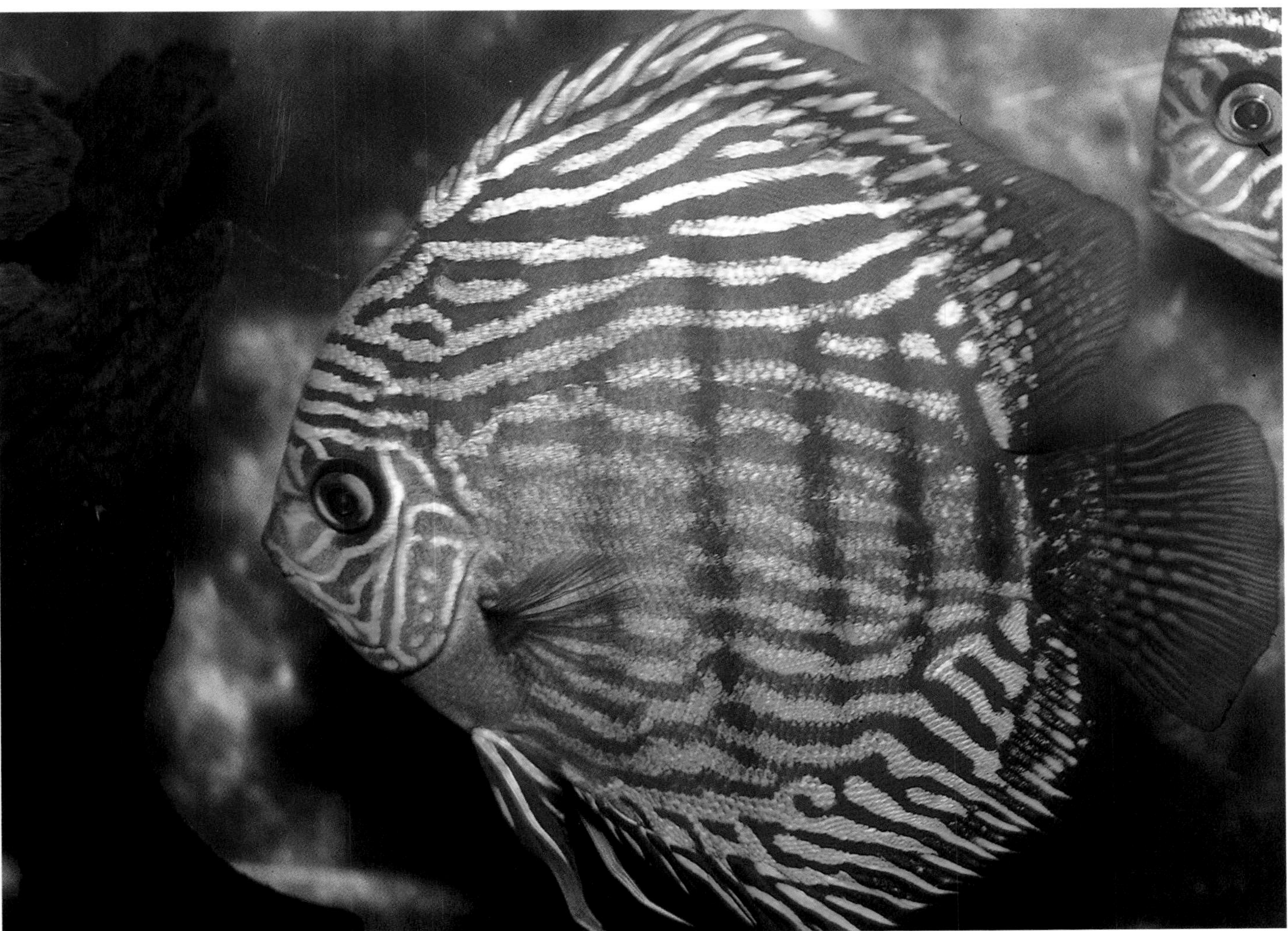

Symphysodon aequifasciatus haraldi

Blauer Diskus

„Royal Blue“ Diskus aus der Anlage von Dr. Schmidt-Focke. Dieser herrliche Wildfangdiskus stammt vermutlich aus dem Rio Manacapuru und zeigt eine makellose Zeichnung. Die intensiven, geradlinigen türkisblauen Streifen zeichnen diesen Diskus als Spitzenfisch aus. Auffallend ist auch die schöne runde Form und das rote Auge. Diskuswildfänge aus der Gegend von Manacapuru zeigen immer eine sehr schöne Körperzeichnung, die mit kräftiger Färbung verbunden ist.

Blue Discus

Royal blue discus from the breeding establishment of Dr. Schmidt-Focke. This beautiful wild discus comes from the Rio Manacapuru and has a perfect color. The intensely colored horizontal turquoise lines make this fish something special. Also, the perfect shape and the red eye are impressive. Wild discus from Manacapuru show mostly perfect body colors.

Photo	Bernd Degen
Besitzer/Owner	Dr. Schmidt-Focke

D 69

WBL 12

Symphysodon aequifasciatus haraldi

Blauer Diskus | **Blue Discus**

Perfekt gezeichneter Royal Blue Wildfang mit der typischen geradlinigen Zeichnung. Solche voll durchgezeichneten Diskuswildfänge sind nur noch sehr selten zu erhalten. Es handelt sich hier in der Natur um typische Einzeltiere, die auch dort durch ihre Färbung dominieren. Sehr schöne Körperform und perfekt gefärbtes Auge. Diese Aufnahme entstand bereits 1976.

Perfect wild royal blue discus with typical horizontal lines. This quality discus are rare. Only a few individual fishes can be found by the fishermen during a fishing trip. These discus are dominant in nature and mostly leading a fish group. This photo was taken in 1976.

Photo P. Buschhoff
Besitzer/Owner G. Blecha

Symphysodon aequifasciatus haraldi

Blauer Diskus

Blue Discus

Blauer Wildfang aus dem Lago Manacapuru mit sehr schöner, gleichmäßiger Zeichnung, die ihm auch die Zusatzbezeichnung „Royal Blue" einbringen wird. Durchgestreifte blaue Diskus erhalten in der Regel immer diese Zusatzbezeichnung. Diskusfische, mit so intensiver Streifung kommen in der Natur entsprechend selten vor und sind auch sehr schwierig zu fangen. Es handelt sich wirklich um Einzelstücke, die in der Wildfanggruppe dominante Diskus sind. Im eingerichteten Aquarium und bei entsprechender Beleuchtung kommen ihre intensiven Farben am besten zu Geltung.

Blue wild discus from Lago Manacapuru with perfect color markings. This fish could be called royal blue, too. Such quality fish get the name royal blue from the exporters and they are highly prized. In nature you can´t find many of them and they really are seen as single pieces. In the planted tank with good lightning they show their best colors.

Photo	Studio Leisten
Besitzer/Owner	F. Greven

Die englische Bezeichnung für Wildfangkreuzungen lautet „Wild cross" und deshalb werden diese Fische mit der Zusatzkennung „WCR" durchnummeriert. Durch die monatelangen Überschwemmungszeiten gelangen Diskusfische aus ihren ursprünglichen Standorten in den Flüssen durchaus in andere Flußsysteme und treffen dort auf anders gezeichnete Diskusfische. Da sich Diskusfische in der Natur problemlos untereinander kreuzen können, ist es also möglich, daß sich durch die verschiedenen Farbvarianten, Wildfangkreuzungen herausbilden können.
Während der Regenzeit kommt es auch zu orkanartigen Stürmen auf den Flüssen Amazoniens und die mächtigen Flüsse verschlingen alles, was sich ihnen in den Weg stellt. So entstehen riesige Überschwemmungsgebiete mit großen Seengebieten, in welchen sich die Diskusfische zum Laichen treffen und dort ihre Brut großziehen. Während der Überschwemmungszeit ist auch ausreichend Nahrung vorhanden und so steht einer erfolgreichen Paarung nichts im Wege.
Gerade in den letzten Jahren kamen immer mehr Wildfangkreuzungen in den Export und diese interessant gezeichneten Diskusfische verblüfften die Diskusaquarianer immer wieder aufs Neue. So blieb es natürlich nicht aus, daß die Nachfrage nach solchen Kreuzungsvarianten immer größer wurde, dies hatte dann auch zur Folge, daß die Preise rasant anstiegen und heute müssen Spitzenpreise für solch ausgefallene Tiere bezahlt werden. Natürlich handelt es sich hierbei immer um Einzelstücke und man kann bei der Auswahl solcher Wildfangkreuzungen nur auf ähnliche Merkmale hinweisen. Jedoch wird die Auflistung einer größeren Menge solcher Kreuzungsdiskus den Liebhabern die Möglichkeit geben, miteinander zu kommunizieren und über die einzelnen Fische zu sprechen. Der Export dieser interessanten Kreuzungsvarianten geht ungebrochen weiter und sicherlich werden wird auch in Zukunft neue interessante Farbvarianten von Wildfangkreuzungen zu sehen bekommen.
Weshalb diese Diskusfische erst in den letzten Jah-

All the wild cross discus are numbered with WCR. During the rainy season in Amazonia the rivers inundate large parts of the rainforest. So the discus have the opportunity to swim over to other river systems. There, they find other discus varieties and since all discus are able to cross with each other some interesting wild color crossings are possible.
During this rainy season terrible thunderstorms can roll over the rainforest and the giant rivers can then spread over the land. Extremely wide inundated areas create large lakes in which discus can become isolated. But they can find a lot of food in these lakes and so soon start breeding. If there is a crowded mixture in these lakes, sometimes mixed up young discus will grow up.
Especially in the past years many new color varieties have been exported from Brazil. Since these discus may have much interest for hobbyists, they tried hard to get more of them. So the exporters tried to obtain more discus crossings and raised the prices too.
Today you have to pay high prices for special dicus varieties. Of course you have to remember that these wild crossings are single fishes and they are all different. So we can show you only samples of wild crossings and you have to find out which kind you like. But you also have the possibility now to communicate with friends and sellers about the discus you want to buy or sell. Still many of them will be exported every year and so you will have the opportunity to find your dream discus.
Why hadn t such interesting discus been exported many years ago? Why now just in the last two years? Maybe because the fishermen have to go farther from the bigger cities now to catch discus because of pollution. A lot has changed in the rainforest in the last ten years. Now it´s not as easy to catch discus in the traditional areas where they could be caught ten years ago. The fishermen have to move further away to places where not many people live. Especially the new wild color varieties provide a bigger opportunity for the breeders to create new color strains in their home aquara. A crossing with

ren auftauchten und nicht bereits viele Jahre vorher, kann nur vermutet werden. Möglicherweise müssen die Diskusfischer in Brasilien jetzt einfach andere Fanggebiete ansteuern, um noch die gewünschte Menge von Diskusfischen zu finden. Durch Umweltzerstörungen in den tradionellen Fanggebieten ist es nicht mehr möglich die gewünschten Diskuswildfänge zu fangen. Jetzt bleibt den Fängern also nichts anderes übrig, als neue Fangplätze zu suchen, die dann logischerweise noch weiter weg von der Zivilisation liegen müssen.

Gerade die verschiedenen Wildfangkreuzungen ermöglichen es, den Züchtern neue Farbvarianten herauszuzüchten. Denn die Verpaarung mit Nachzuchtdiskus ist jederzeit möglich. Natürlich bedarf es einer gewissen Quarantänezeit und einer Eingewöhnung, bis die Diskuswilfänge im Aquarium zur Nachzucht schreiten. Jedoch sind die Nachzuchtdiskus so gut an das Aquariumleben gewöhnt, daß sie die empfindlicheren Wildfänge bald zum Ablaichen bewegen können. Professionelle Diskuszüchter in Südostasien stürzen sich geradezu gierig auf Wildfangkreuzungen, um durch Verpaarungen neue Farbvarianten zu bekommen, die dann durch Inzucht in ihren Merkmalen gefestigt werden können. Gelingt es so eine größere Menge von ähnlichen Nachzuchttieren mit den gleichen Merkmalen zu züchten, so kann schnell ein neuer Handelsname „gemacht“ werden.

Der Natur gelingt es immer wieder, uns Menschen mit ihrer Vielfachvalt und Schönheit zu überraschen. Dies trifft selbstverständlich auch auf die Schönheit und Vielfalt der Diskusfische zu, die wir Jahr für Jahr aus Amazonien erhalten.

home bred discus is possible and not too difficult. Of course you always have to put new discus under quarantine to make sure that they do not harm your fishes. After their quarantine and a few month of aquarium life they will start breeding, too. Professional breeders in Asia buy a lot of wild discus in onder to create new color varieties. With inbreeding they can stabilize color marking and then they can sell similar-colored fishes in the market.

Nature is always surprising man with new varieties that have never been seen before.

This is also true for our discus that come from Brazil.

D 71

WCR 1

Symphysodon aequifasciatus var.
WILDFANGKREUZUNGEN **WILD CROSS**

Auch dieser Diskus zeigt die gleichen Farbmerkmale wie WCR 2 und es handelt sich auch hier um eine Kreuzungsvariante. Ebenfalls ist der Mittelstreifen deutlich verstärkt, jedoch kann dies bei vielen Diskusfischen aus dem gleichen Fanggebiet noch deutlicher sein. Auffallend ist auch hier die schöne runde und gleichmäßige Körperform.

This Discus shows the same color as WCR 2 and its also a wild cross. The middle bar is also a little bit stronger, but not so strong as some other discus from the same region can show. The body shape is good.

PHOTO	Bernd Degen
BESITZER/OWNER	Bernd Degen
EXPORTEUR	Turkys Aquarium, Manaus

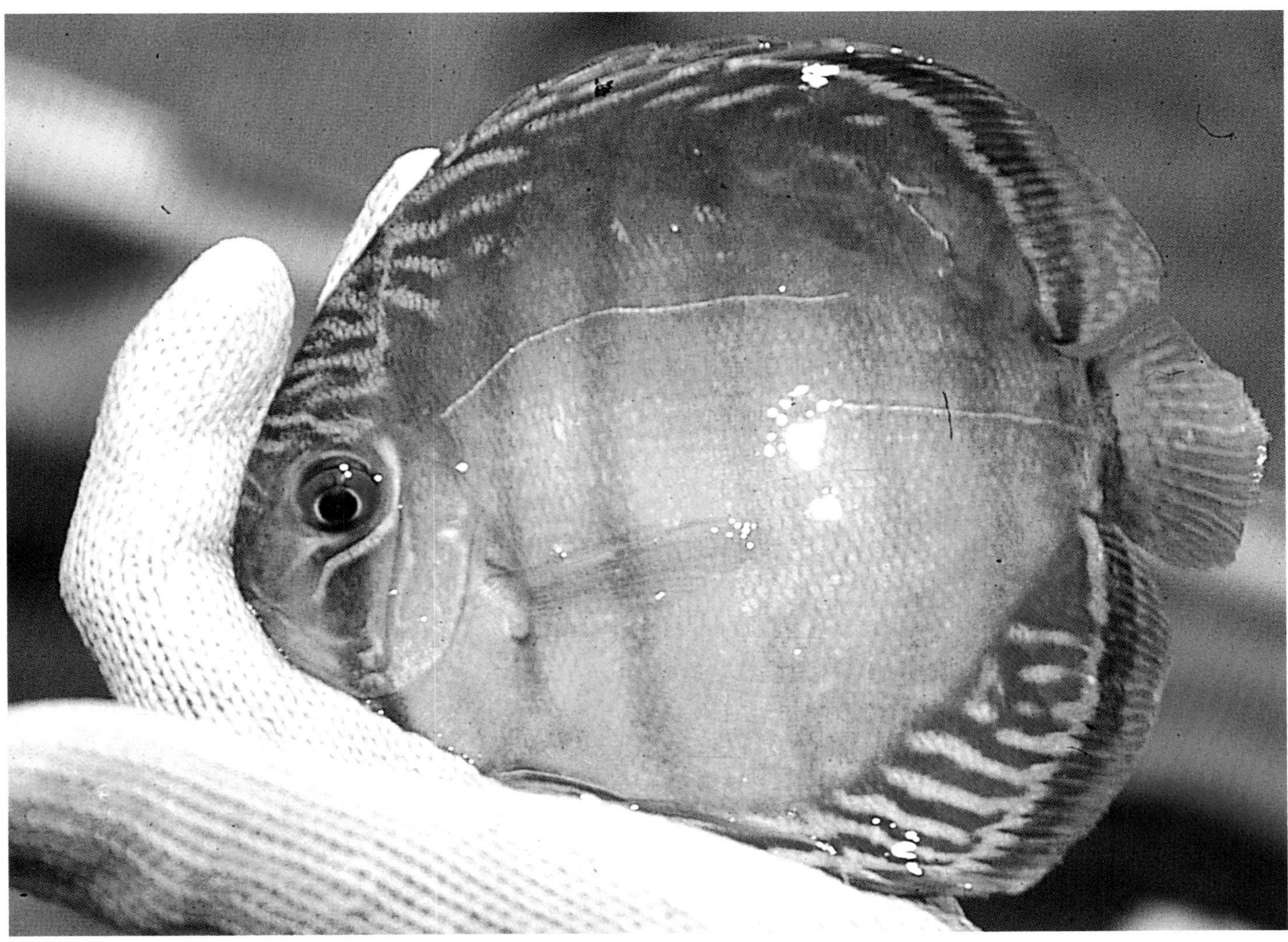

Symphysodon aequifasciatus var.

WILDFANGKREUZUNGEN — **WILD CROSS**

Makellos ist die Körperform dieses Kreuzungsdiskus, der neben einer sehr intensiven braunen Grundfärbung auch eine interessante blaue Kopflinierung und sehr viele Rotanteile in der Afterflosse zeigt. Auch hier ist der fünfte Mittelstreifen deutlich stärker ausgeprägt als üblich. In den Jahren 1994 und 95 wurden zahlreiche solche Diskus exportiert.

This freshly caught discus not only has a perfect body shape but also a strong brown basic color with some interesting blue lines and red color in the fins. Also the fifth bar is a little bit stronger than usual. In the years 1994 and 1995 many discus like this one have been exported.

PHOTO	Bernd Degen
BESITZER/OWNER	Bernd Degen
EXPORTEUR	Turkys Aquarium, Manaus

D 73

WCR 3

Symphysodon aequifasciatus var.

WILDFANGKREUZUNGEN

Hier zeigt sich deutlich wie unterschiedlich diese Kreuzungsvarianten in der Farbe ausfallen können. Dieser Fisch zeigt ein feurig rotes Auge und auf der unteren Körperhälfte ist eine deutliche Rotfärbung zu erkennen. In den Flossensäumen ist fast keine blaue Linierung zu sehen und auch im Kopfbereich fehlt diese ausgeprägte Linierung. Vermutlich ist hier sogar ein Grüner Diskus in der Verwandschaft gewesen. Der fünfte Mittelstreifen ist dennoch etwas stärker ausgeprägt als normal.

WILD CROSS

Here you can see how different the cross variations can look with their different colors. This discus has a red eye and in the lower part of the body a strong red color. Only a very little blue color is seen in the fins. Also, the head exhibits nearly no blue lines. Maybe a green discus has given it body marks to this cross. The fifth body bar is a bit stronger than usual.

PHOTO	Bernd Degen
BESITZER/OWNER	Bernd Degen
EXPORTEUR	Turkys Aquarium, Manaus

D 74

WCR 4

Symphysodon aequifasciatus var.

WILDFANGKREUZUNGEN

Ein besonders großer Wildfang, der eine Größe von 19 cm besaß. Trotz seiner Größe besitzt er eine gleichmäßig runde Körperform. In der unteren Körperhälfte wird die braune Grundfarbe bereits von einem zarten Rosarot überdeckt. In der Afterflosse ist ein kräftiges Rot zu erkennen. In einem Schauaquarium würden solche Diskusfische bei entsprechender Pflege, eine tolle Farbe entwickeln.

WILD CROSS

An absolutly large wild discus with a lenght of about eight inches. Not only is the body size impressive but the body shape is impressive, too. In the lower part of the body the basic brown color is already overlain with a light red. The fins also exhibit some red color. In a large aquarium this discus would exhibit a much more beautiful coloration.

PHOTO	Bernd Degen
BESITZER/OWNER	Bernd Degen
EXPORTEUR	Turkys Aquarium, Manaus

D 75

WCR 5

Symphysodon aequifasciatus var.

WILDFANGKREUZUNGEN — **WILD CROSS**

Sehr eigenwillig gezeichneter Wildfang, der sowohl eine zarte Verstärkung des fünften Mittelstreifens zeigt, als auch eine türkisblaue Punktierung über der Körpermitte und im Rückenbereich. Ein Kreuzungsvariante aus Braunen und Blauen Diskus, wobei der Blaue Diskus sicherlich gut gestreift war, was dafür verantwortlich ist, daß bei diesem Tier noch blaue Farbreste über den ganzen Körper verteilt sind. Zehn Monate altes Weibchen, welches später mit einem Rottürkis Diskus verpaart wurde.

This wild cross doesn´t show a normal coloration. The fifth body bar is slightly stronger than usual and the turquoise spots in the middle of the body are strange too. This is a cross between a brown and a blue discus, but the blue discus for sure had more blue lines which gave this discus the turquoise spots. This ten-month-old female was paired off with a red turquoise male.

PHOTO Bernd Degen
BESITZER/OWNER Bernd Degen

Symphysodon aequifasciatus var.
WILDFANGKREUZUNGEN

Wildfang mit sehr ungleichmäßiger Körperzeichnung aus dem Gebiet der Manacapuru-Seen. Auffallend ist hier die perlartige Zeichnung in der Körpermitte und auch die unregelmäßige Linierung im Kopf- und Bauchbereich. Die Linierung ist sehr unruhig und verläuft in alle Richtungen, was diesem Fisch ein interessantes Aussehen verleiht. Sehr schönes rotes Auge und ausgeprägte Kopfzeichnung.

WILD CROSS

Wild cross from Lake Manacapuru with pearl spots. This discus doesn´t exhibit the clear blue lines. It´s lines are irregular and not straight. Anyway, this discus looks very interesting and the red eye and the coloration are perfect.

PHOTO	Bernd Degen
BESITZER/OWNER	Bernd Degen
EXPORTEUR	Turkys Aquarium, Manaus

D 77

WCR 7

Symphysodon aequifasciatus var.
WILDFANGKREUZUNGEN

WILD CROSS

Sehr seltsam anmutender Diskuswildfang, der in kein Schema einzuordnen ist. Die Körpergrundfarbe ist graubraun verwaschen und die Senkrechtstreifen zeigen Fehler auf. So ist der dritte Körperstreifen verstärkt, während andere Körperstreifen teilweise unterbrochen sind. Nur in den Flossensäumen besitzt dieser Diskus etwas Farbe. Diese Körperfarbe veränderte sich auch später im Aquarium nicht mehr.

A strange looking wild discus that doesn´t fit into any color variety. The basic color is gray brown, and the body bars don´t look straight. The third bar is stronger and some bars are partly missing. Also the discus has only a little coloration in the fins. The body color didn t change in the aquarium.

PHOTO	Bernd Degen
BESITZER/OWNER	Bernd Degen
EXPORTEUR	Turkys Aquarium, Manaus

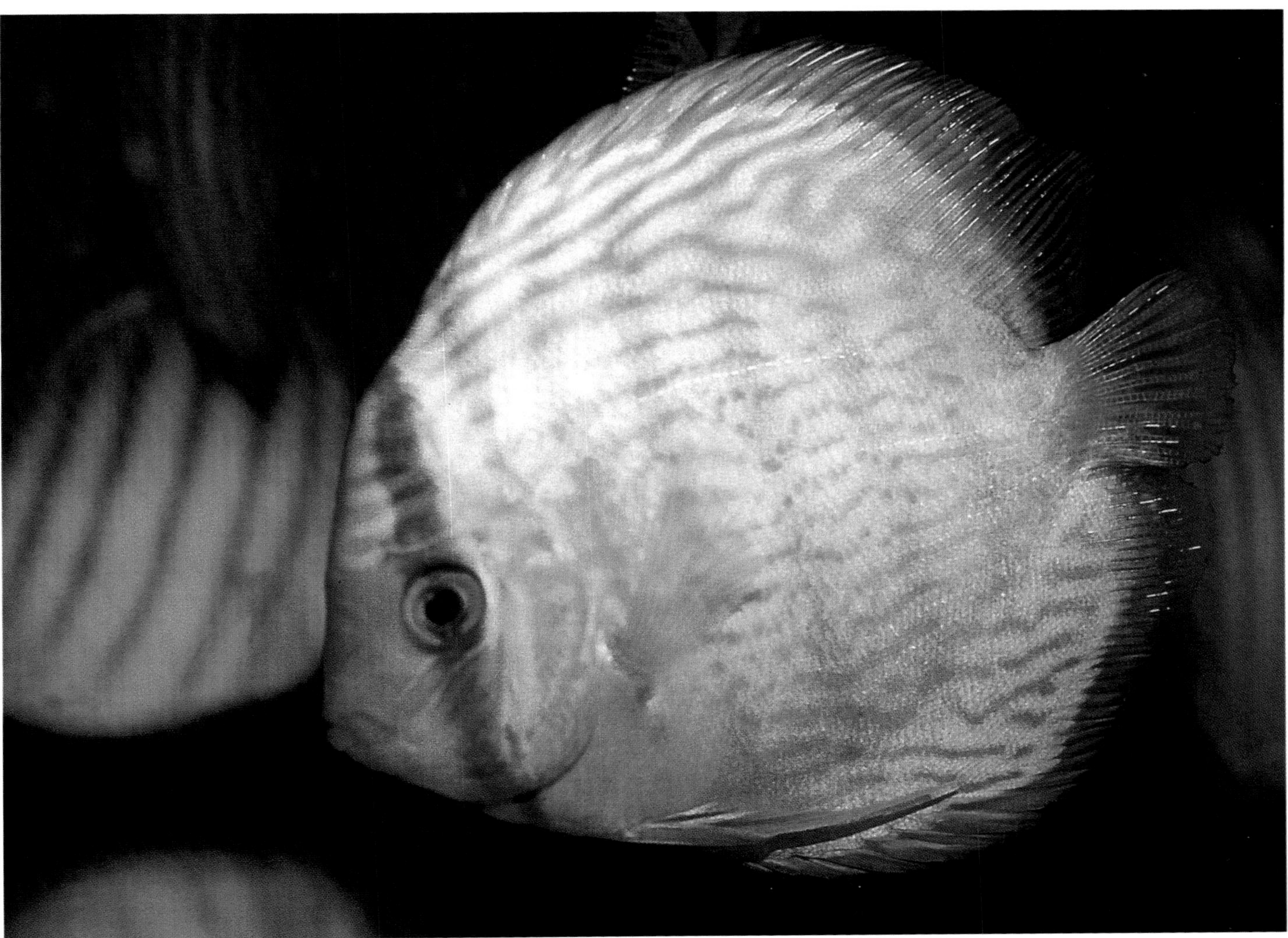

Symphysodon aequifasciatus var.

Wildfangkreuzungen

Wild Cross

Kreuzungsvariante aus Grünen Diskus, aus dem Tefé-Gebiet. Dieser Diskus zeigt eine sehr helle, fast flächige Grundfarbe, die fast metallisch genannt werden kann. Die rote Punktierung, bzw. Streifung, wie sie bei Tefé Diskus angetroffen wird, blieb hier weitgehend erhalten. Sehr schön ist die Kopfzeichnung mit dem kräftig roten Auge und dem schwarzen Körperstreifen.

Crossing of green discus from Tefé. This discus shows a light, nearly full body green basic color. The color is like a metallic green. The fish has some red spots and lines as is usual for Tefé discus. The coloration of the head is pretty and also the red eye with the first black body bar is nice.

Photo	Bernd Degen
Besitzer/Owner	Bernd Degen
Exporteur	Turkys Aquarium, Manaus

D 79

WCR 9

Symphysodon aequifasciatus var.
WILDFANGKREUZUNGEN

WILD CROSS

Kreuzungsvariante aus Braunen und Grünen Diskusfischen, wie sie in der früheren DDR aus alten Wildfangbeständen nachgezüchtet wurden. Bei dieser Zuchtlinie war auffallend, daß die Weibchen meist die kräftige Braunfärbung besaßen, während die Männchen stärker grün punktiert oder liniert waren. Die Form dieser Nachzuchttiere war immer perfekt und von der Körpergröße übertrafen sie die meisten Artgenossen.

Cross from brown and green discus from a breed of typical discus from Germany. These discus have been bred from wild stock. In this breeding line the female always showed a dark brown color and the males always showed more green color and some green lines. The body shape of these discus was always perfect and they have always been oversize.

PHOTO	Bernd Degen
ZÜCHTER/BREEDER	Gerd Thierbach

Symphysodon aequifasciatus var.

WILDFANGKREUZUNGEN

WILD CROSS

Junger, etwa neun Monate alter Wildfang mit sehr intensiver Rotfärbung und stärker ausgeprägter Körperstreifung. Bei diesem Diskus ist zu erwarten, daß die Rotfärbung mit zunehmendem Alter noch verstärkt werden wird. Solche kräftig rot gefärbten Wildfänge sind nur selten zu bekommen.

This young discus is nine months old and already exhibits a red color and some stronger body bars. This discus will get more red coloration when it is fully grown. Wild discus with red color are quite rare.

PHOTO	Bernd Degen
BESITZER/OWNER	Bernd Degen
EXPORTEUR	Turkys Aquarium, Manaus

D 81

WCR 11

Symphysodon aequifasciatus var.

WILDFANGKREUZUNGEN

Vermutlich aus dem Rio Ica stammt dieser Diskus mit intensiver rotbrauner Färbung und dem typischem schwarzen Flossensaum. Sehr intensiv ist auch die Blaufärbung, die gleichmäßig über den Körperrand verteilt ist.

WILD CROSS

This discus comes from the Rio Ica and has a very intense red brown color, but also a black band in the fins. The blue lines are very strong.

PHOTO N. Chiang, Fish magazine, Taiwan

Symphysodon aequifasciatus var.

Wildfangkreuzungen

Kreuzungsvariante von Alenquer-Diskus mit schöner Rotfärbung in den Flossen. Eine leichte Verstärkung des fünften Körperstreifens ist angedeutet und je nach Gemütslage des Tieres mehr oder weniger ausgeprägt. Die Körpermitte ist goldgelb gefärbt und dies sorgte dafür, daß solche Fische in Südostasien auch als „Golden Alenquer" angeboten wurde.

Wild Cross

This is a cross from Alenquer discus with beautiful red color in the fins. Also you can see a stronger fifth bar. This bar is seen more or less strongly depending upon whether the fish is feeling well or is afraid. This discus exhibits a golden color in the middle of the body, which is why they are sold as „Golden Alenquer" in Asia.

Photo	Bernd Degen
Besitzer/Owner	Dr. Schmidt-Focke

D 83

WCR 13

Symphysodon aequifasciatus var.
WILDFANGKREUZUNGEN

WILD CROSS

Eigenwillig gezeichneter Diskus mit interessanter, feiner Rotfleckung über den Körper verteilt. Hier handelt es sich um eine F 2 Nachzucht aus Taiwan. Die braunrote Farbe überdeckt den gesamten Körper fast gleichmäßig. Die zarte Türkisfärbung in den Flossenspitzen bildet einen interessanten Kontrast. Auch das rote Auge paßt sehr gut zu diesem Fisch.

The marking of these discus are very interesting and the red spots cover nearly the entire body. This is an F2 generation from Taiwan. The brown red color covers the entire body. The soft turquoise lines in the fins are an interesting contrast. The red eye is also very impressive in this fish.

PHOTO	N. Chiang, Fish magazine, Taiwan

D 84

WCR 14

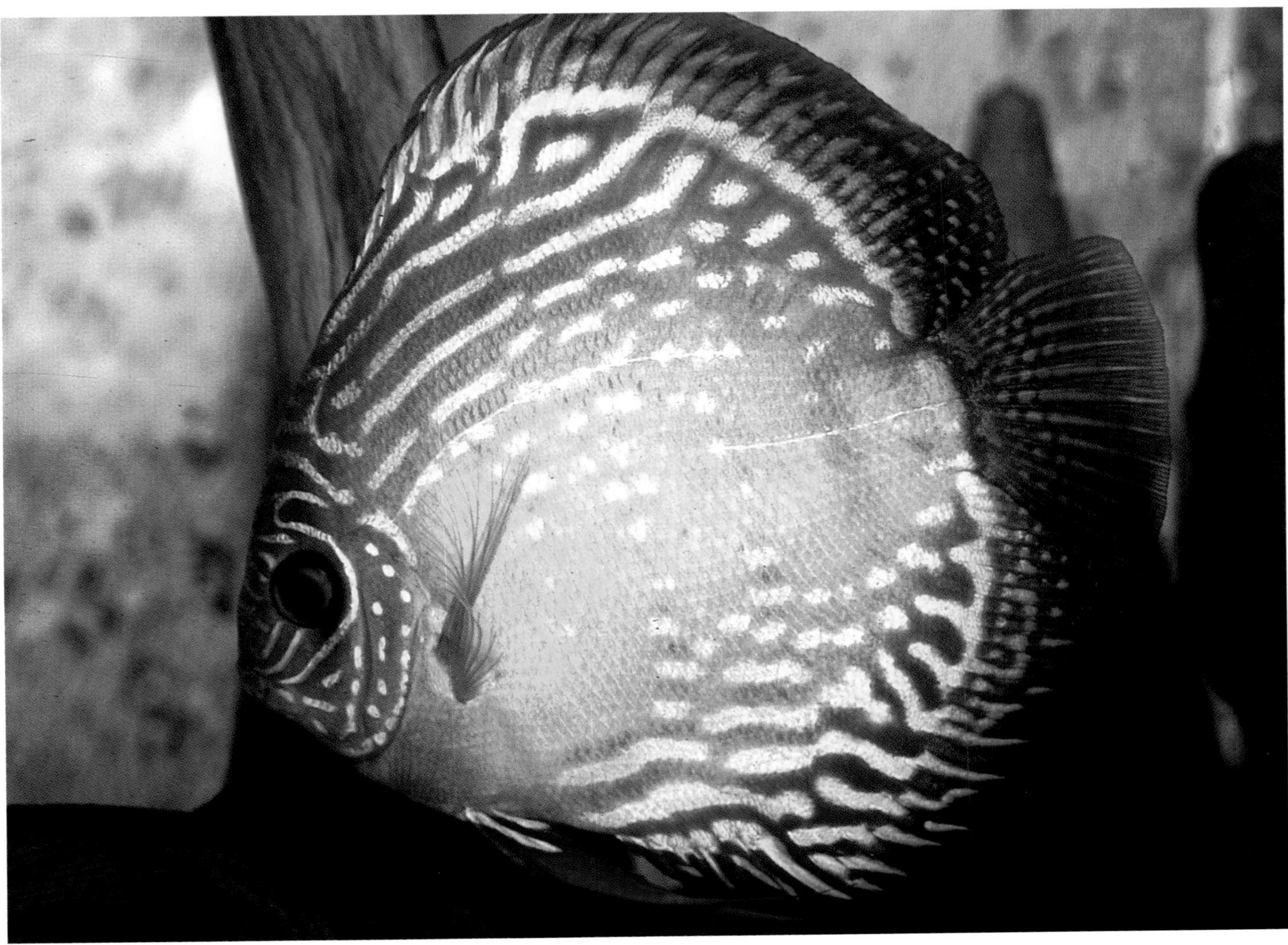

Symphysodon aequifasciatus var.

WILDFANGKREUZUNGEN — **WILD CROSS**

F 1 von Alenquer-Diskus, bei welchen die Weibchen in der Regel weniger gestreift sind als die Männchen. Bei diesem jüngeren Diskus ist die Türkisstreifung bereits so deutlich erkennbar, daß es sich hier vermutlich um ein Männchen handeln wird. Markant ist die gute runde Körperform und das kräftige Rot in den Flossenspitzen.

This Alenquer discus is an F1 with the females not as colorfully marked as the males. This is a younger discus but it already exhibits a good turquoise color. This should be a male, because it has so many turquoise lines. The body shape and the strong red color in the fins is quite good.

PHOTO	Bernd Degen
BESITZER/OWNER	W. Konrad

D 85

WCR 15

Symphysodon aequifasciatus var.
WILDFANGKREUZUNGEN

WILD CROSS

Aus der gleichen Zucht stammend wie WCR 14, zeigt dieser Diskus jedoch eine intensivere Rotfärbung auf dem Körper. Gerade für sogenannte Alenquer-Diskus war diese rotbraune Färbung typisch. Je mehr Kreuzungen bei dieser Linie vorgenommen werden, desto mehr vermischt sich der Zeichnungscharakter von Männchen und Weibchen.

This discus is from the same breeding as WCR 14, but it has more red color on the body. Especially the so-called Alenquer discus show such a typical red brown coloration. In the line breeding the young fish develop more and more turquoise lines and then it´s more difficult to determine which is a female relying only on the coloration.

PHOTO	Bernd Degen
BESITZER/OWNER	W. Konrad

Symphysodon aequifasciatus var.

WILDFANGKREUZUNGEN

WILD CROSS

Ein weiteres Nachzuchttier aus dieser Alenquerlinie, die aus der Ursprungszucht von Dr. Schmidt-Focke stammt. Auch hier sind gute rote Farbansätze zu erkennen und vereinzelt zeigen sich rote Farbflecken auf dem Körper. Durch entsprechende Zuchtauswahl können solche Merkmale noch verstärkt werden.

This is also progeny from the same Alenquer line that was originally bred by Dr. Schmidt-Focke for the first time. Also, in this fish you can recognize the good red color and the red spots. With inbreeding, it´s possible to stabilize such color marking.

PHOTO	Bernd Degen
BESITZER/OWNER	W. Konrad

D 87

WCR 17

Symphysodon aequifasciatus var.

WILDFANGKREUZUNGEN — **WILD CROSS**

Sehr eigenwillig und interessant gezeichneter Wildfang Nachzuchtdiskus, bei welchem sehr viel Blut von Tefé-Diskus zu erkennen ist. Die typischen Merkmale von Tefé-Diskus sind rote Punkte auf der Bauchseite, die auch hier bei diesem Fisch deutlich zu sehen sind. Durch Kreuzung wurde allerdings hier ein Muster über dem ganzen Körper erzielt. In der oberen Körperhälfte ist eine intensive Linierung erkennbar, die auf Royal Blue oder Royal Green Diskus zurückschließen läßt.

A very interesting breed from wild discus that has a lot of blood from a Tefé discus. The typical marking of Tefé discus are the red spots on the body. These spots can be seen on this fish. But in the line breeding this discus received more marking like a net covering the middle part of the body. The upper part exhibits turquoise lines that have been bred in by using royal blue or royal green discus.

PHOTO Bernd Degen
BESITZER/OWNER W. Konrad

Symphysodon aequifasciatus var.

Wildfangkreuzungen

Sehr auffallend linierter Wildfang, bei welchem die türkisblauen Linien nicht parallel, sondern teilweise senkrecht verlaufen. Solche Wildfänge sind sehr selten. In Singapur bemüht sich der Diskuszüchter Gan erfolgreich darum, Diskusfische mit senkrechter Türkislinierung zu züchten. Hier hat die Natur schon ein Muster vorgegeben. Bei Naturkreuzungen treten vereinzelt solche Kreuzungsprodukte auf. Dieser Diskus ist auch nicht als Royal Blue Diskus einzuordnen.

Wild Cross

This wild discus shows strange turquoise lines that are not horizontal. Such wild crossings are quite rare. In Singapore the breeder named Gan had success with breeding such lined discus. Only a few crossings in nature have these strange lines. This discus can´t be sold as a royal blue discus.

Photo	Bernd Degen
Besitzer/Owner	Bernd Degen
Exporteur	Turkys Aquarium, Manaus

D 89

WCR 19

Symphysodon aequifasciatus var.

WILDFANGKREUZUNGEN | **WILD CROSS**

Sehr interessante Kreuzungsvariante zwischen Heckel-Diskus und Blauem Diskus. Bei diesem Fisch handelt es sich um einen Wildfang, allerdings werden solche Diskus nur selten exportiert. Vermutliches Fanggebiet zwischen Manaus und der Stadt Manacapuru. Auffallend ist der nur noch schwach ausgeprägte Heckel-Streifen und die Tatsache, daß in der hinteren Körperhälfte kaum noch eine Zeichnung zu erkennen ist.

Very interesting cross of Heckel discus and blue discus. This discus was caught in Brazil but such discus will not be exported very often. This discus was caught between Manaus and the city of Manacapuru. As you can see this fish has a soft Heckel bar and the back part of the body doesn´t show colored lines.

PHOTO	Bernd Degen
BESITZER/OWNER	Bernd Degen
EXPORTEUR	Turkys Aquarium, Manaus

Symphysodon aequifasciatus var.

WILDFANGKREUZUNGEN

Dieser Wildfang ist WCR 19 sehr ähnlich und stammt vermutlich aus dem gleichen Fanggebiet. Die Heckelbinde in der Körpermitte ist nur noch schwach ausgeprägt, deutet aber dennoch auf eine Heckelkreuzung hin. Auch hier handelt es sich sicherlich um eine Kreuzungsform aus Heckel-Diskus und Blauem Diskus. Diese Diskus bevorzugen ein leicht saures Aquarienwasser mit pH-Werten um 5,0.

WILD CROSS

This wild cross looks more or less like WCR 19 and maybe is also from the same area. The Heckel bar in the middle of the body is not so clear but, anyway, you can see that this is an offspring of a Heckel and a blue discus. In the aquarium you should use soft and acid water with a pH around 5.0.

PHOTO	Bernd Degen
BESITZER/OWNER	Bernd Degen
EXPORTEUR	Turkys Aquarium, Manaus

D 91

WCR 21

Symphysodon aequifasciatus var.

WILDFANGKREUZUNGEN

Sehr gut durchgezeichnete Heckelkreuzung, bei welcher noch die Merkmale der Heckel-Diskus dominieren. Jedoch handelt es sich nicht um einen reinrassigen Heckel-Diskus. Auch hier hat vermutlich eine Kreuzung mit einem Blauen Diskus stattgefunden. Das Heckelband ist noch stärker ausgeprägt und die gleichmäßige Körperzeichnung macht diesen Fisch sehr interessant, obwohl sie etwas blaß erscheint.

WILD CROSS

This Heckel cross exhibits a lot of typical Heckel marking. But it´s not a 100% Heckel discus. Some blue discus blood is seen in this fish. The Heckel bar is stronger and the body lines are clear but not so colorful.

PHOTO	Bernd Degen
BESITZER/OWNER	Bernd Degen
EXPORTEUR	Turkys Aquarium, Manaus

WCR 22

Symphysodon aequifasciatus var.

Wildfangkreuzungen

Ähnlich WCR 21 mit deutlichen Heckelmerkmalen. Allerdings ist die Körpergrundfarbe schon fast flächig hellblau. Der Heckelstreifen ist auch nicht mehr so stark ausgeprägt wie sonst üblich. Dies läßt darauf schließen, daß die Vererbungsmerkmale der Blauen Diskus hier dominant waren.

Wild Cross

Like WCR 21, this Heckel cross has the typical Heckel marking but a more blue body color. The Heckel bar is not as strong and usually means a lot of blue discus blood is in this fish.

Photo	Bernd Degen
Besitzer/Owner	Bernd Degen
Exporteur	Turkys Aquarium, Manaus

D 93

WCR 23

Symphysodon aequifasciatus var.

Wildfangkreuzungen

Sehr eigentümlich gefärbte Wildfangkreuzung. Hier handelt es sich noch um einen relativ jungen Diskus mit einem Alter von etwa neun Monaten und einer Größe von 14 cm. Das Heckelband ist deutlich sichtbar, auch über dem Auge zeigt dieser Diskus eine typische Heckelfärbung. Die gesamte Körpergrundfarbe ist jedoch verwaschen braun-blau und die Zeichnung in der Afterflosse deutet verstärkt auf Blaue Diskus hin. Auch hier soll der Fundort zwischen Manaus und Manacapuru gelegen haben.

Wild Cross

This young discus, about nine months old and 5 1/2 inches long, exhibits a very strange coloration. The Heckel bar is clear and also in the tail and the eye the Heckel bands are dark black. But the coloration is just soft brown blue and so it´s neither a Heckel nor a blue discus. This discus was also found between Manaus and Manacapuru.

Photo	Bernd Degen
Besitzer/Owner	Bernd Degen
Exporteur	Turkys Aquarium, Manaus

WCR 24

Symphysodon aequifasciatus var.

Wildfangkreuzungen

Sehr interessant gefärbte Wildfangkreuzung unbestimmter Herkunft. Möglicherweise aus dem Rio Totancins. Schlingmann importierte solche Diskusfische und glaubt, daß es sich hier um eine Unterart handeln könnte. Interessant ist der verstärkte Mittelbalken, denn Heckel-Diskus kommen in diesem Gebiet keinesfalls vor und somit kann bezüglich dieses Mittelbalkens kein Rückschluß zu Heckel-Diskus gezogen werden.

Wild Cross

We do not know where this discus came from. Maybe it was caught in the Rio Tocantins. The coloration is very interesting and also the stronger middle bar is quite strange in this fish. Schlingmann imported such discus and believes that they are a subspecies. The stronge middle bar shouldn´t come from Heckel discus because in this area you can´t find any Heckels.

Photo	D. Schlingmann
Besitzer/Owner	D. Schlingmann

D 95

WCR 25

Symphysodon aequifasciatus var.

WILDFANGKREUZUNGEN

WILD CROSS

Wildfang vermutlich aus dem nördlichen Gebiet des Rio Totancins. Im Gegensatz zu WCR 24 deutlich geringere Körperlinierung. Sehr eigenartige Zeichnung, welche durch den verstärkten Mittelstreifen noch unterstrichen wird. Deutliche Streifenfehler, die jedoch bei solchen Kreuzungsvarianten durchaus auftreten können.

Wild cross from the northern part of the Rio Tocantins. This discus does not have such colorful markings as WCR 24. Its strange coloration is made more strange through the stronger middle bar. Some bars are not clear, but this is possible in crossings.

PHOTO	D. Schlingmann
BESITZER/OWNER	D. Schlingmann

Symphysodon aequifasciatus var.

WILDFANGKREUZUNGEN

WILD CROSS

Interessante Kreuzungsvariante mit deutlichem Heckeleinschlag, sowohl in der typischen Körperform, als auch in der feinen Linienzeichnung in der Körpervorderhälfte. Die Afterflosse deutet mit ihrer Zeichnung auf Blaue Diskus hin. Importiert 1994.

Interesting crossing with typical Heckel marking and also a typical Heckel body form. The front part of this discus is more like a Heckel but it also exhibits some typical signs of blue discus. This discus was imported in 1994.

PHOTO	Bernd Degen
BESITZER/OWNER	Dirk Mouvet
EXPORTEUR	Turkys Aquarium, Manaus

D 97

WCR 27

Symphysodon aequifasciatus var.
WILDFANGKREUZUNGEN

Ein sehr schöner Wildfang mit Farbkomponenten eines Royal Blue Diskus und den typischen Körperbinden von Heckel-Diskus. Sowohl durch das Auge als auch durch die Körpermitte verläuft der typische Heckelstreifen. Bei einer imposanten Größe entwickelte dieser Diskus eine herrliche Farbe und es handelte sich hierbei wirklich um ein schönes Einzeltier.

WILD CROSS

Beautiful wild cross with typical royal blue marking and a typical Heckel band. You can see the Heckel bars in the eye and in the middle of the body. This single fish has a very good size and wonderful color.

PHOTO	Bernd Degen
BESITZER/OWNER	Dirk Mouvet
EXPORTEUR	Turkys Aquarium, Manaus

WCR 28

Symphysodon aequifasciatus var.

WILDFANGKREUZUNGEN

Wildfangkreuzung unbekannter Herkunft mit sehr schöner Körperzeichnung und zarter Andeutung des Heckelstreifens in der Körpermitte. Die Zeichnung entspricht etwas WCR 27, doch sind deutliche Unterschiede in der Afterflosse und im Stirnbereich zu erkennen. WCR 27 deutet mehr auf Royal Blue Vererbungsmerkmale hin, während dieser Fisch feinere Streifen in der Afterflosse zeigt.

WILD CROSS

Wild cross with interesting color markings and a small Heckel bar. We do not know where this fish came from. The coloration looks like WCR 27 but there are differences around the head and in the fins. WCR 27 exhibits more royal blue color while this fish shows more fine lines.

PHOTO	Bernd Degen
BESITZER/OWNER	Hub Kleykers

D 99

WCR 29

Symphysodon aequifasciatus var.

Wildfangkreuzungen

Sehr seltener Wildfang mit auffallender Färbung. Das gänzlich braun gefärbte Tier zeigt die markanten Heckelstreifen und im Kopfbereich nur noch sehr wenige türkislinien, die an Heckel-Diskus erinnern. Zu der braunen Farbkomponente kommen auffällig rote Punkte im Bauchbereich, die diesen Diskus wirklich einmalig machen. Teilweise erinnert dieser Fisch an die sogenannten Alenquer-Diskus, jedoch hier noch mit deutlicheren Heckelmerkmalen.

Wild Cross

This discus with its strange colors is quite rare. The basic blue color is paired with typical Heckel bars and also some turquoise lines. The red spots on the lower part of the body make a good combination with the brown body. This is really a beautiful, rare discus. This fish reminds one a bit of the Alenquer discus but it shows more Heckel marking.

Photo	Bernd Degen
Besitzer/Owner	Bernd Degen
Exporteur	Turkys Aquarium, Manaus

D 100

WCR 30

Symphysodon aequifasciatus var.
WILDFANGKREUZUNGEN

WILD CROSS

Blaue Wildfangkreuzung mit flächig blauroter Körpergrundfärbung, die sehr eigentümlich aussieht. In der Afterflosse und im Kopfbereich sind nur wenige Türkisstreifen zu erkennen, wie sie bei Blauen Diskus üblich sind. Einen schönen Kontrast zu der zarten Körperfarbe bietet das rote Auge. Der Fundort ist leider unbekannt.

Blue wild cross with blue red basic color, which looks quite strange. Only a few turquoise lines can be seen as is usual in blue discus. The soft body coloration makes a beautiful contrast with the red eye. The place where they found this discus is unknown.

PHOTO	Bernd Degen
BESITZER/OWNER	Bernd Degen
EXPORTEUR	Turkys Aquarium, Manaus

D 101

WCR 31

Symphysodon aequifasciatus var.

Wildfangkreuzungen

Daß Diskuswildfänge auch zahlreiche Streifenfehler aufweisen können, beweist dieser Wildfang, der 1995 exportiert wurde. Es handelt sich hierbei um einen Grünen Diskus mit einer seltsamen Streifenzeichnung. Diese fehlerhaften Streifen in dieser Menge treten selten bei Wildfängen auf. Auch im Aquarium ändert sich nichts an diesen Streifenfehlern, allerdings gelang noch keine Nachzucht, so daß keine Aussagen über die Vererbbarkeit gemacht werden können.

Wild Cross

Only a few wild discus exhibit anomalies in the nine body bars, but this wild discus (imported in 1995) has quite a lot of anomalies in it bars. This is a wild green discus. Such anomalies are not often found in wild discus. In the aquarium there were no more changes in these anomalies. Until today we haven´t been able to breed this discus so we do not know what will happen to the anomalies in the offspring.

Photo	Bernd Degen
Besitzer/Owner	Bernd Degen
Exporteur	Turkys Aquarium, Manaus

Symphysodon aequifasciatus var.

Wildfangkreuzungen

Auf beiden Körperhälften zeigt dieser Wildfang diese eigentümliche Zeichnung. Im Aquarium normalisiert sich die Färbung allerdings wieder und die Schwarzfärbung verschwand völlig. Vermutlich handelt es sich hier um Hautirritationen, die vereinzelt auftreten können.

Wild Cross

On both sides this wild discus exhibits a strange coloration. The dark color disappeared and the regular color came out again in the aquarium. Maybe it was just some skin irritations, which can happen sometimes.

Photo	Bernd Degen
Besitzer/Owner	Bernd Degen
Exporteur	Turkys Aquarium, Manaus

D 103

WCR 33

Symphysodon aequifasciatus var.
WILDFANGKREUZUNGEN

WILD CROSS

Auch bei diesem Diskuswildfang trat beidseitig diese seltsame Färbung auf, hier handelte es sich um einen Blauen Diskus, leider konnte nicht verfolgt werden, wie sich die Farbe später veränderte, denn dieses Tier verstarb in der Exportstation.

This wild discus also shows a skin irritation on both sides. This was a blue discus, but we do not know what happened to its color because the fish died in the export station.

PHOTO Bernd Degen

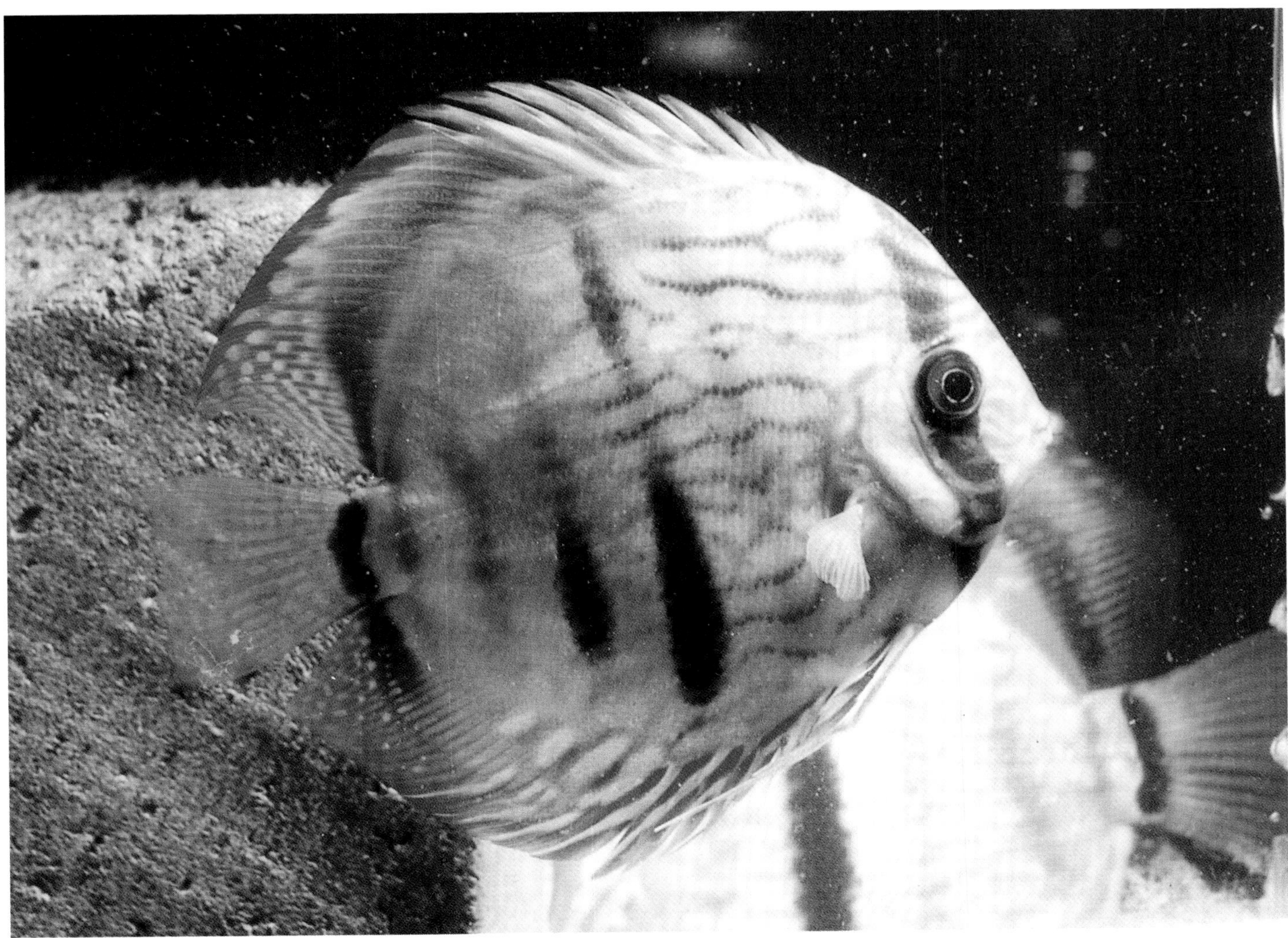

Symphysodon aequifasciatus var.
WILDFANGKREUZUNGEN

WILD CROSS

Diese seltsame Wildfangkreuzung entstand aus einem Heckel-Diskus-Männchen und ein Royal Blue Weibchen. Die Heckelstreifen sind teilweise schwächer ausgebildet, der Körper besitzt aber nur im vorderen Bereich eine Zeichnung, die dort zwar interessant rot ist, aber leider nicht völlig über den Körper reicht. Vom Royal Blue Diskus wurde die rotbraune Flossenzeichnung vererbt. Hier handelt es sich im wesentlichen um eine Einzelzüchtung.

A very rare wild cross from a Heckel discus male and a royal blue female. The Heckel bars are sometimes softer and the body coloration is more or less more colorful in the front part of the body. This interesting coloration with a lot of red color does not cover the entire body. The royal blue discus gave this cross its red brown fins. This is an individual breeding form that is not stabilized.

PHOTO	Herman Chan
BESITZER/OWNER	Fairy Lake Aquarium, San Fransisco

D 105

WCR 35

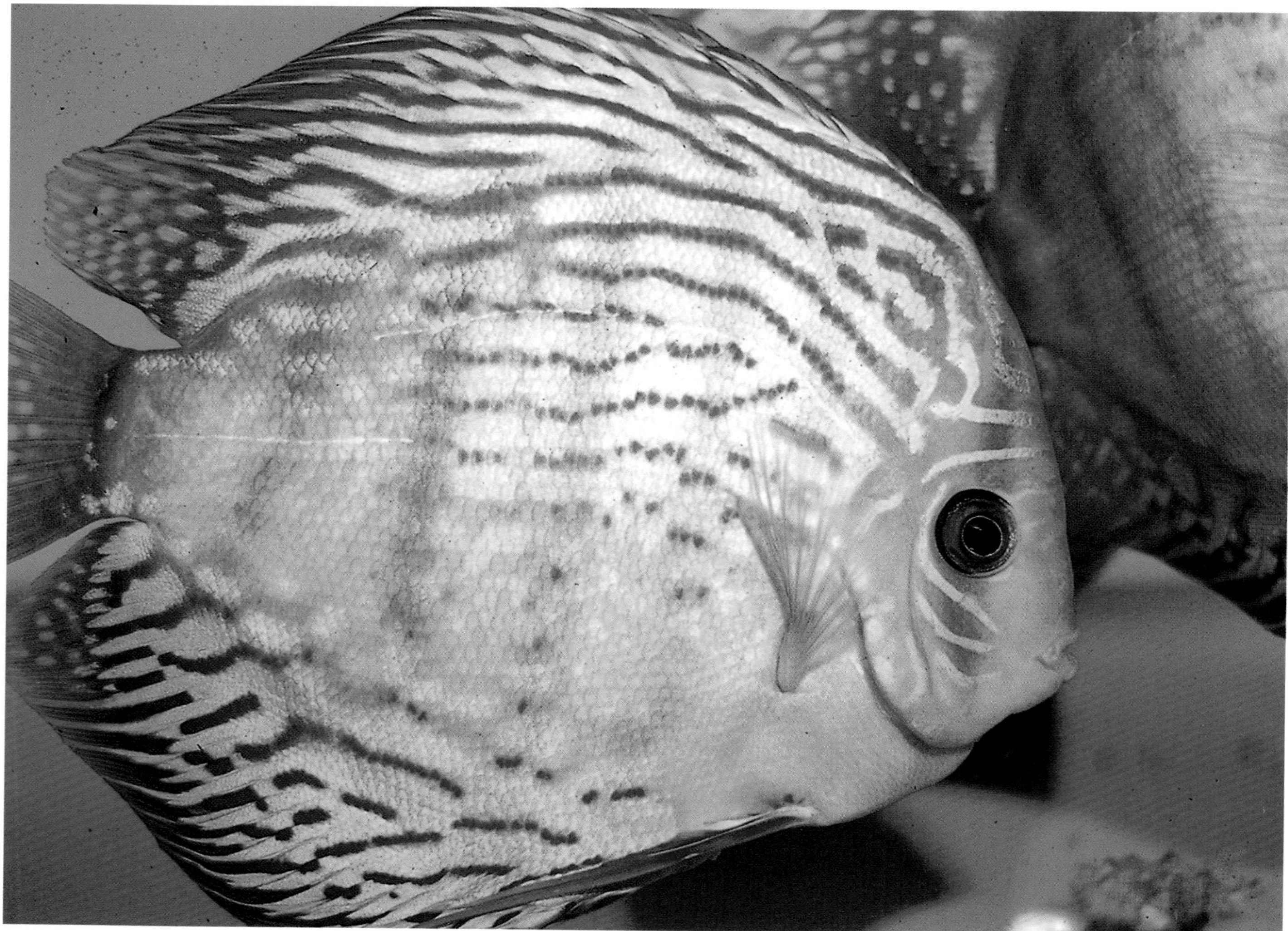

Symphysodon aequifasciatus var.
WILDFANGKREUZUNGEN

Aus Tefé Wildfängen gelang diese Nachzucht, wobei hier auffällt, daß in den Flossensäumen eine sehr starke türkise Färbung auftritt. Die rotbraunen Linien in der Körpermitte sind schon so stark unterbrochen, daß sie wie Punkte aussehen. Eine Intensivierung dieser Punkte und eine weitere Verbreitung über dem Körper ist eines der Zuchtziele.

WILD CROSS

This breed came from wild Tefé and they show a strong turquoise color in the fins. The lines in the middle of the body look like spots. The breeder will try to get stronger red spots in the next generation.

PHOTO	D. Schlingmann
BESITZER/OWNER	D. Schlingmann

Symphysodon aequifasciatus var.

Wildfangkreuzungen

Typische Wildfangkreuzung aus dem Rio Manacapuru, wie sie 1994 und 1995 in größerer Menge exportiert wurden. Dominant sind die Erbanlagen der Blauen Diskus, was sich in der starken Linierung im Kopfbereich und im Bauchbereich bemerkbar macht. Der verstärkte fünfte Senkrechtstreifen könnte auf eine Kreuzung mit Heckel Diskus hinweisen. Sehr schöne Körperform, auffallend rotes Auge. Die kräftige Braunfärbung, gepaart mit Rottönen macht diese Diskusvariante sehr interessant.

Wild Cross

Typical wild cross from the Rio Manacapuru like the ones that have been exported in larger quatities in 1994 and 1995. The blue discus are very dominant in this blood line. This can be seen in the head and fin lines. The stronger fifth body bar indicates that possibly Heckel discus had been crossed into this line. All these discus have a perfect body shape and a strong red eye. The brown coloration combined with the red color also make them eye catching animals.

Photo	Werner Colle
Besitzer/Owner	Werner Colle

D 107

WCR 37

Symphysodon aequifasciatus var.
WILDFANGKREUZUNGEN

Dieser Diskus mit kräftig brauner Färbung könnte den typischen Braunen Diskus zugeordnet werden, wenn nicht ein etwas verstärktes Mittelband auftreten würde. Der fünfte und sechste Senkrechtstreifen ist deutlich verstärkt und deutet darauf hin, daß es sich um ein Kreuzungstier handelt.

WILD CROSS

This discus looks like a typical brown discus but it exhibits stronger fifth and sixth bars and so it looks like a possible cross with a Heckel discus.

PHOTO	Bernd Degen
BESITZER/OWNER	Bernd Degen
EXPORTEUR	Turkys Aquarium, Manaus

WCR 38

Symphysodon aequifasciatus var.

WILDFANGKREUZUNGEN

Ähnlich WCR 1 aussehender Wildfang, jedoch mit stärkerer türkisblauer Linierung. Vermutlich eine Kreuzung aus Blauem und Braunem Diskus. Auch hier ist der fünfte Mittelstreifen deutlich verstärkt. Die Form ist gleichmäßig rund und diese Diskus erreichen eine Körpergröße von bis zu 18 cm.

WILD CROSS

This is a wild discus like WCR 1 but has more turquoise marking. It should be a cross between blue and brown discus. The fifth body bar is also stronger. The shape is good and it grows up to 7 inches long.

PHOTO	Bernd Degen
BESITZER/OWNER	Bernd Degen
EXPORTEUR	Turkys Aquarium, Manaus

Die Türkis-Diskus werden unter der Kennummer "TU" geführt, was gleichzusetzen ist mit der englischen Bezeichnung „turquoise".
Weltweit sind zahlreiche Farbbezeichnungen für Diskusfische kreiert worden, doch der Name „Türkis-Diskus" war wohl die erste Namensgebung für Nachzuchtdiskusfische, welche in ihrer Färbung nicht mehr der der Wildfänge entsprachen. Als es endlich gelungen war, Diskusfische im Aquarium nachzuzüchten, reifte in den Züchtern der Wunsch, endlich einmal farbintensivere Diskusfische zu züchten. Durch ständige Farbauslese kam es so schnell zu einer Intensivierung der brillanten Grüntöne. Grüne Diskuswildfänge bildeten hier den Stamm für eine erfolgreiche Nachzucht. Durch Zuchtauslese wurden die intensiv grünen Farben der Diskusfische immer stärker herausgestellt und so gelang es schon bald, einen türkisfarbenen Diskus auf den Markt zu bringen.
Der Handelsname Türkis-Diskus war bald gefunden und jetzt begann der Verkauf von Türkis-Diskusfischen zu hohen Preisen. Züchter wie Jack Wattley und Dr. Eduard Schmidt-Focke haben sich hier sehr um den Diskus verdient gemacht.
Die Bezeichnung Türkis-Diskus war wohl die erste Nachzuchtbezeichnung, die in den 60iger Jahren aufgetaucht ist. Die Festigung der vorhandenen starken Grünanteile bei den grünen Diskusfischen, ist es zu verdanken, daß immer intensiver gefärbte türkisfarbene Diskusfische auf den Markt gelangten. Dieser Überbegriff für alle türkisfarbenen Diskusfische erreichte Weltruhm. Der gesamte Körper der Diskusfische ist mit türkisfarbenen Streifen übersät und der Körperuntergrund besitzt mehr oder weniger noch bräunliche Linierungen. In der Regel machen aber die Türkisstreifen schon über 50% der Körperfärbung aus. Die braunrote Grundfarbe wurde immer mehr verdrängt. Bei gut ausgefärbten Streifentürkis-Diskus ist die türkisfarbene Grundfläche so dominant, daß man von Türkis-Diskus mit wenigen braunen Streifen sprechen könnte. Eine ständige Suche nach noch intensiveren Farben, hatte zur Folge, daß noch brillanter gefärb-

Turquoise discus are shown with the code „TU", which means turquoise. Many color names have been created for discus worldwide, but the name „Turquoise Discus" was the first name for home bred discus. When we were successful in the past inbreeding wild discus in the aquarium, the breeders wanted to create more colorful discus. So they always selected the most colorful discus for inbreeding. They obtained a more brilliant green color in the offspring. This stronger green color came from a selection of wild green stock. The trade name „Turquoise Discus" was created very early for it and now the breeders were able to sell turquoise discus at higher prizes. Breeders like Jack Wattley and Dr. Schmidt-Focke did a lot for the worldwide success of discus.
The turquoise discus was the first color classification of discus in the sixties. With the stabilization of the turquoise color, breeders were able to breed more and more turquoise discus. Turquoise discus developed a good reputation worldwide. The entire body was covered with turquoise lines and the basic color showed only a few brown lines.
Breeders were always on the lookout for more brilliant coloration - and they found it. This new generation was called „Brilliant Turquoise" discus. These brillant turquoise discus no longer exhibited any brown color. The turquoise color varies from light green to dark blue. But the color intensity also depends on the lighting. Brillant turquoise discus should always show a metallic coloration.
Today many thousands of turquoise discus are bred and have become the „regular" discus for everybody.

te Türkis-Diskus nachgezüchtet wurden. Besonders im Kopf- und Rückenbereich wurde die türkise Farbe intensiviert. Diese Diskusfische erhielten dann die neue Bezeichnung Brillanttürkis-Diskus. Diese intensivst gefärbten Brillanttürkis-Diskus besitzen kaum noch eine braune Grundfärbung. Den Züchtern ist es gelungen, diese Grundfarbe soweit zurückzudrängen, daß nur noch wenige braune Flecken oder Streifen sichtbar sind. Die Fische sind fast völlig von Türkisfarben überzogen. Je nach Farbschlag kann diese Färbung intensiv türkis oder sogar blautürkis sein. Allerdings ist der Gesamteindruck auch sehr stark von der Beleuchtung des Aquariums abhängig. Die Farbe der Brillanttürkis-Diskus muß so kräftig sein, daß eine gewisse Brillanz zu erkennen ist. Die Fische müssen richtig leuchten. Der Betrachter sollte den Eindruck gewinnen, daß diese Fische metallisch glänzen. Ist die Türkisfarbe dagegen nicht metallisch glänzend, sondern eher etwas flach, dann sollten solche Diskusfische als normale Türkis-Diskus angeboten werden.

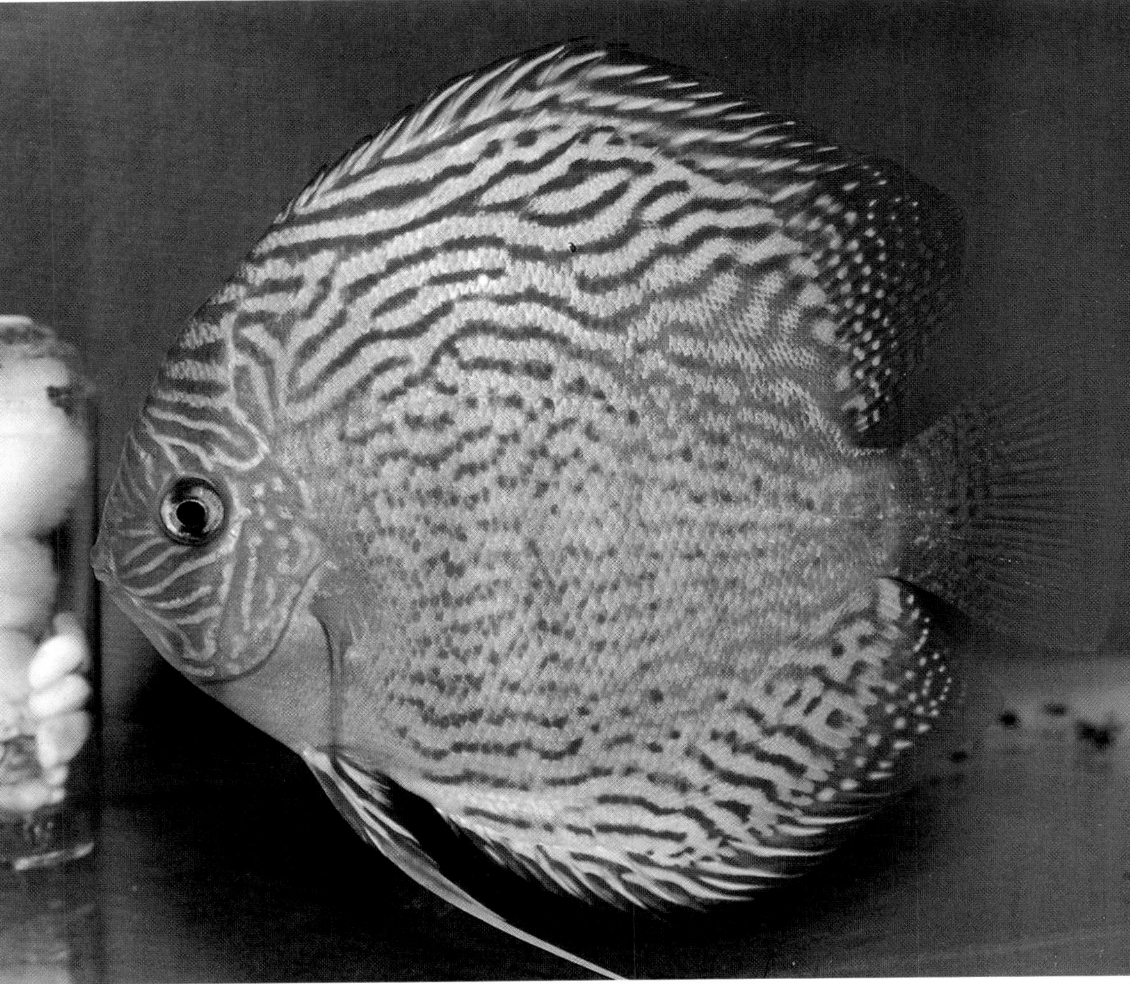

Heutzutage werden riesige Mengen von gestreiften Türkis-Diskus nachgezüchtet und sie sind die normalen Diskusfische für jeden Diskusliebhaber, der sich mit diesen herrlichen Aquarienfischen befaßt. Nachgezüchtete Türkis-Diskus sind sehr widerstandsfähig und jedem Anfänger in der Diskusszene durchaus zu empfehlen.

D 109

TU 1

Türkis-Diskus

Türkis-Diskus aus den 70iger Jahren, als solche Fische noch als Hochzucht-Diskus eingeordnet wurden. Diese damals sehr begehrten und teuer bezahlten Türkis-Diskus würden heute nur noch als normale Türkis-Diskus eingeordnet werden. Auffallend ist die starke hochgezogene Beflossung.

Turquoise Discus

Typical discus from the seventies, when such discus were sold as high quality discus. At that time these discus were very famous and expensive. Today, such discus are bred all over the world. This discus has a high fin.

Photo P. Buschhoff
Besitzer/Owner Diskus-Center Royal Blecha

Türkis-Diskus

Grüne Wildfangkreuzung mit Türkis-Diskus. Durch Zuchtauslese können solche Diskusfische, die von Grünen Wildfängen mit fast flächiger Körpergrundfarbe abstammen, für die Zucht neuer Türkisstämme verwendet werden. Sehr schön ist die zarte rote Zeichnung in der Rückenflosse. Auch die Körperform dieses Diskus ist makellos, da hier noch der Wildfangcharakter durchschlägt.

Turquoise Discus

Crossing of wild green discus with domestic turquoise discus. By selection it is possible to inbreed such discus with wild green blood and nearly full body green color to develop new turquoise strains. This discus shows a light green color and some red marking in the fins. Also, the body shape is perfect because the wild discus form is still strong in this discus.

Photo	P. Buschhoff
Besitzer/Owner	Frank Hiliger

D 111

TU 3

Türkis-Diskus

Mit solchen Diskusfischen begab man sich bereits auf den Weg zu den Brillant-Türkis-Diskus. Im Kopfbereich und in den Flossensäumen ist schon eine sehr gute, kräftige Türkisfärbung zu erkennen, jedoch reicht die Gesamtausfärbung nicht aus, um diesen Diskus schon als Brillant-Türkis anzubieten.

Turquoise Discus

On this discus you can see the transition from turquoise to brillant turquoise discus. Around the head and in the fins the coloration is very brillant, but the entire fish is not so perfectly colored that we could use the name brillant turquoise.

Photo R. Bertel
Besitzer/Owner R. Bertel

Türkis-Diskus

Noch etwas blass erscheint der Gesamteindruck dieses ausgewachsenen Türkis-Diskus mit fast flächiger Afterflosse und gleichmäßig runder Körperform. Im oberen Körperbereich sind die braunen Streifen noch deutlich ausgeprägt. Insgesamt aber dennoch ein interessanter Türkis-Diskus.

Turquoise Discus

This adult turquoise discus doesn´t exhibit a strong color but has a good body shape. This is an interesting Turquoise discus with some brown lines.

Photo	P. Buschhoff
Besitzer/Owner	Diskus-Center Royal Blecha

D 113

TU 5

Türkis-Diskus

Deutlich sind bei diesem Türkis-Diskus doch die charakteristischen Körperpunkte zu erkennen, die Tefé-Wildfängen so eigen sind. Die bei Wildfängen im oberen Körperbereich meist nur teilweise ausgebildeten Längsstreifen sind hier durchgehend bis in die Rückenflosse. Sehr schön ist auch die Körperform dieses bereits älteren Diskusfisches, der zahlreiche Nachkommen zeugte.

Turquoise Discus

In this turquoise discus you can see the spots that mostly Tefé discus show. But wild discus are normally not fully lined. The body shape of this older discus which produced a lot of babies, is also impressive.

Photo Bernd Degen
Besitzer/Owner Dieter Putz

Türkis-Diskus

Sehr brillant ausgefärbter Türkis-Diskus mit kräftigen Körperfarben. Über den ganzen Körper ist noch eine deutliche Braunlinierung zu erkennen, die diesem Diskus aber ein interessantes Aussehen verleiht. Auch die gleichmäßig runde Körperform empfiehlt diesen Diskus zur Weiterzucht.

Turquoise Discus

Brilliant turquoise discus with strong coloration. The blue lines are an interesting contrast with the turquoise color. This is a good quality fish for breeding.

Photo	Bernd Degen
Besitzer/Owner	Dr. Schmidt-Focke

D 115

TU 7

Türkis-Diskus

Brillant-Türkis aus taiwanesischer Profizucht mit sehr hoher Kopfform und gleichmäßiger Beflossung. Starker Kontrast des roten Auges zur brillanten Türkisfärbung im Kopfbereich. In der Körpermitte nicht ausreichend brillant durchgezeichnet

Turquoise Discus

Brilliant turquoise from a Taiwanese professional breeder with a high body and large fins. There is good contrast between the red eye and the brilliant turquoise coloration of the head. Some brilliant coloration is missing in the middle of the body.

Photo N. Chiang, Fish magazine, Taiwan

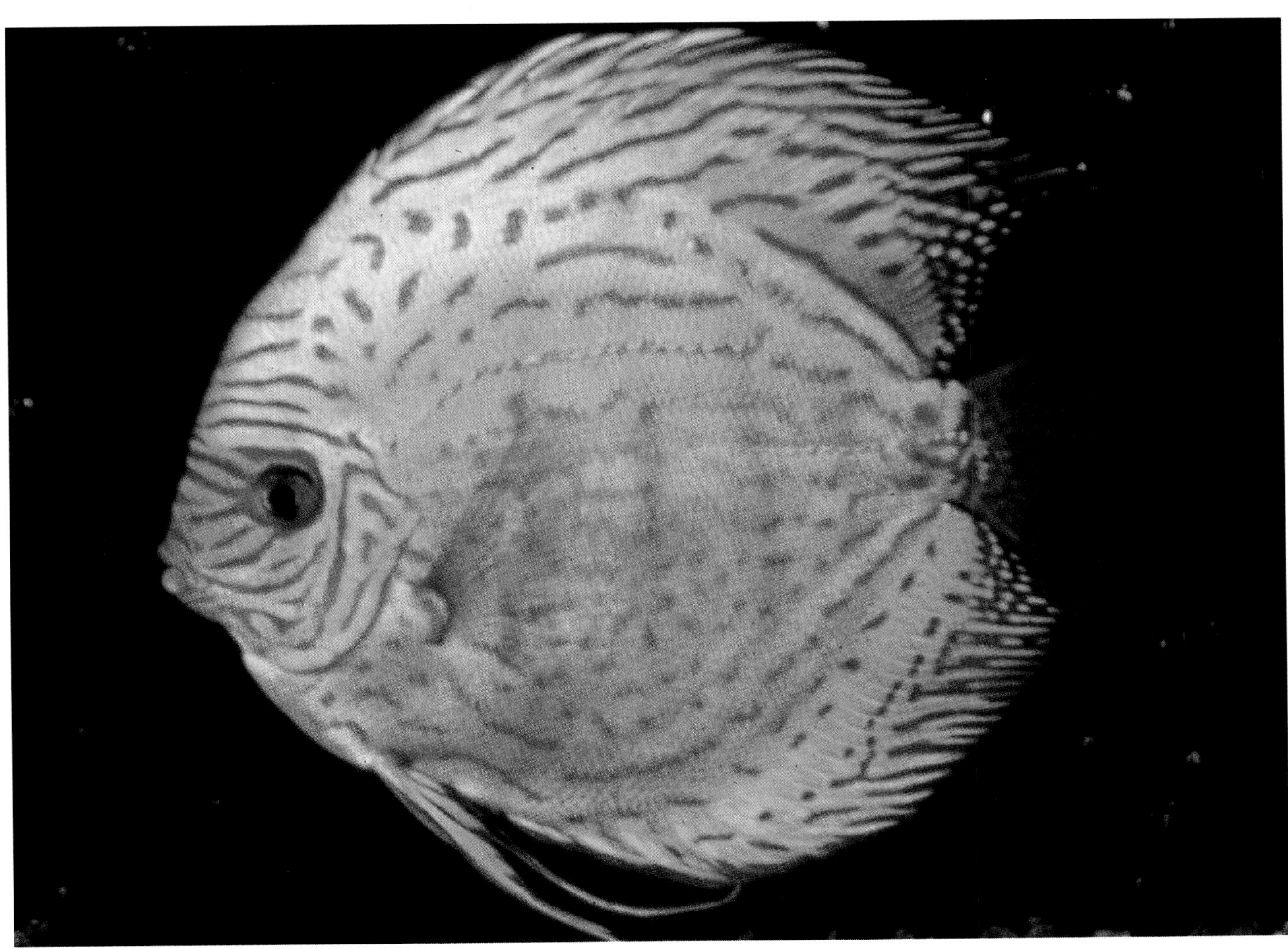

Türkis-Diskus

Ebenfalls aus Taiwan stammt dieser perfekt geformte Türkisdiskus mit sehr brillanter Färbung, die besonders im Kopf- und Rückenbereich auffällt. In der Körpermitte ist die Streifung schon unterbrochen, so daß ein punktähnliches Muster entsteht. Sehr schön blau sind auch die Bauchflossen gefärbt.

Turquoise Discus

This perfect brilliant turquoise discus came from Taiwan. Has a brilliant turquoise basic color on the head and on the back. In the middle there are more spots and lines. The fins show a good blue color.

Photo	Aqualife Taiwan

D 117

TU 9

Türkis-Diskus

Sehr großer Türkis-Diskus-Mann mit schöner Körperform und guter Beflossung. Die schwach braune Grundfärbung scheint in den Streifen und Punkten noch zu stark durch. Farbintensität in den Flossen ist gegeben, auf dem Körper jedoch noch nicht völlig ausreichend. Augengröße im Verhältnis zur Körpergröße perfekt.

Turquoise Discus

This very large turquoise male has a perfect body shape and good fins. The light brown basic color is only visible in a few lines and spots while the whole body is covered by the turquoise color. The size of the eye is good in relation to the body size.

Photo	Bernd Degen
Besitzer/Owner	Dieter Putz

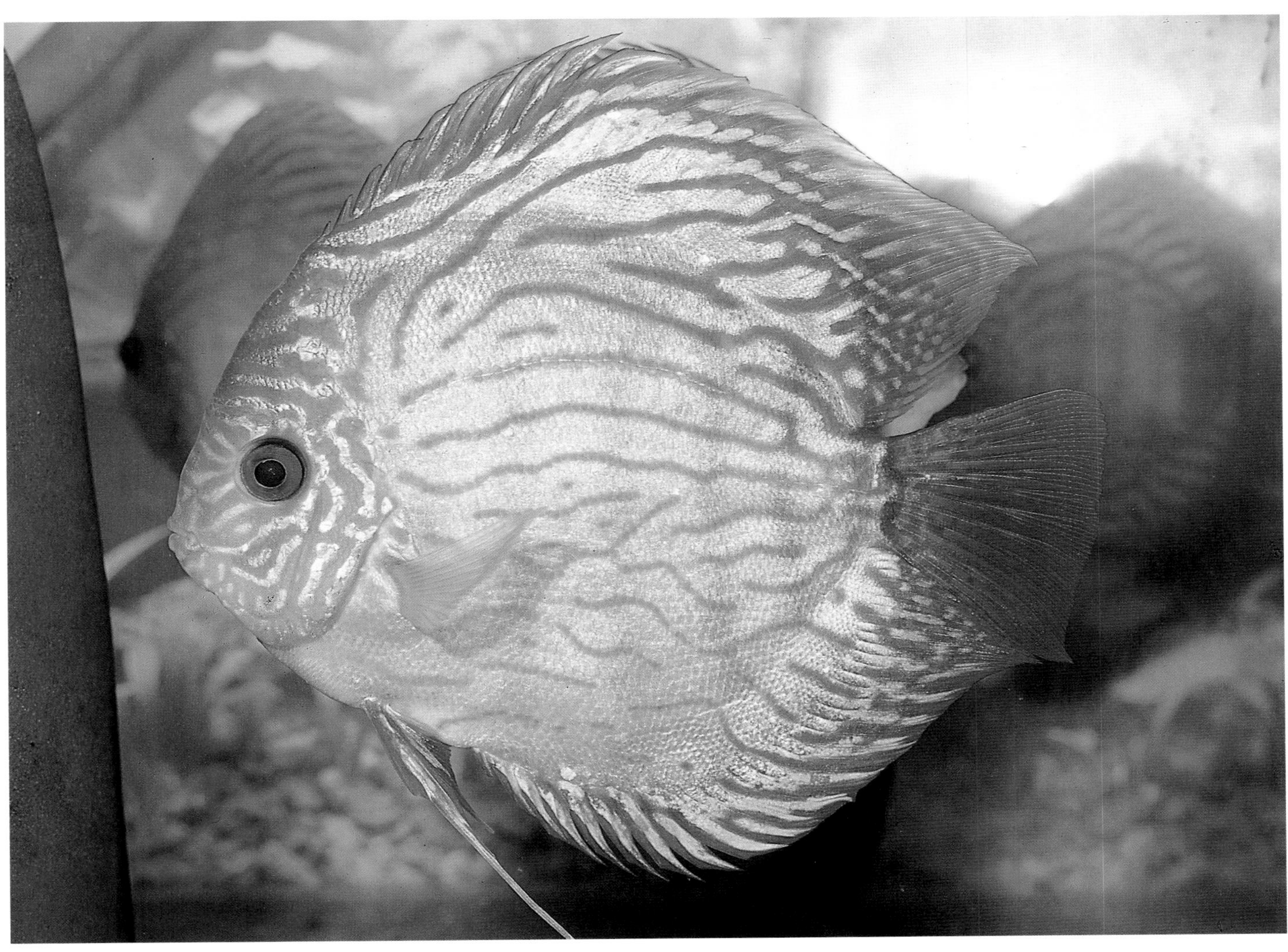

Türkis-Diskus

Türkis-Diskus mit sehr interessanter Beflossung und schön kontrastierenden Körpergrundstreifen. Allerdings müßte die Türkisfärbung noch kräftiger ausfallen, damit diese Kontraste besser hervortreten können. Das sehr intensiv rot gefärbte Auge verleiht diesem Diskus ein interessantes Aussehen.

Turquoise Discus

Turquoise discus with very wide fins and contrasting color lines. The turquoise color is not strong enough, but, anyway, this is an interesting discus. The bright red eye is beautiful.

Photo	Bernd Degen
Besitzer/Owner	Dieter Putz

D 119

TU 11

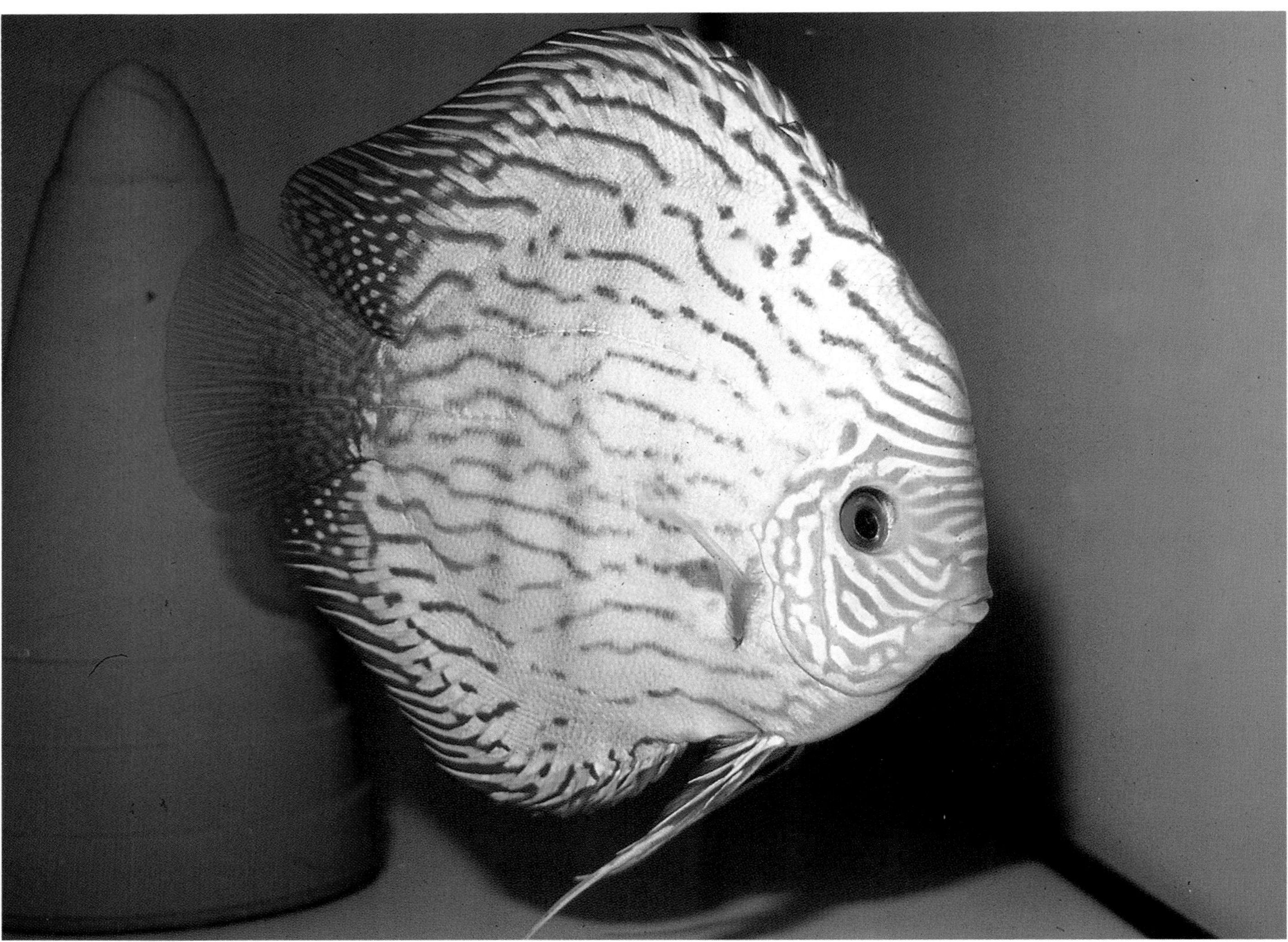

Türkis-Diskus

Brillant-Türkis F12 eines Linienzuchtstammes mit sehr interessanten feinen rotbraunen Körperlinierungen. Eine Einordnung als Rot-Türkis-Diskus wäre möglich. Die Türkisfarbe erscheint sehr hell, ist jedoch bei Aquarienbeleuchtung sehr intensiv.

Turquoise Discus

Brilliant turquoise discus F12 from a line breed with interesting fine red brown lines. This discus could also be classified as a red turquoise. The turquoise color is light but under aquarium lightning it appears very intense.

Photo D. Schlingmann
Besitzer/Owner D. Schlingmann

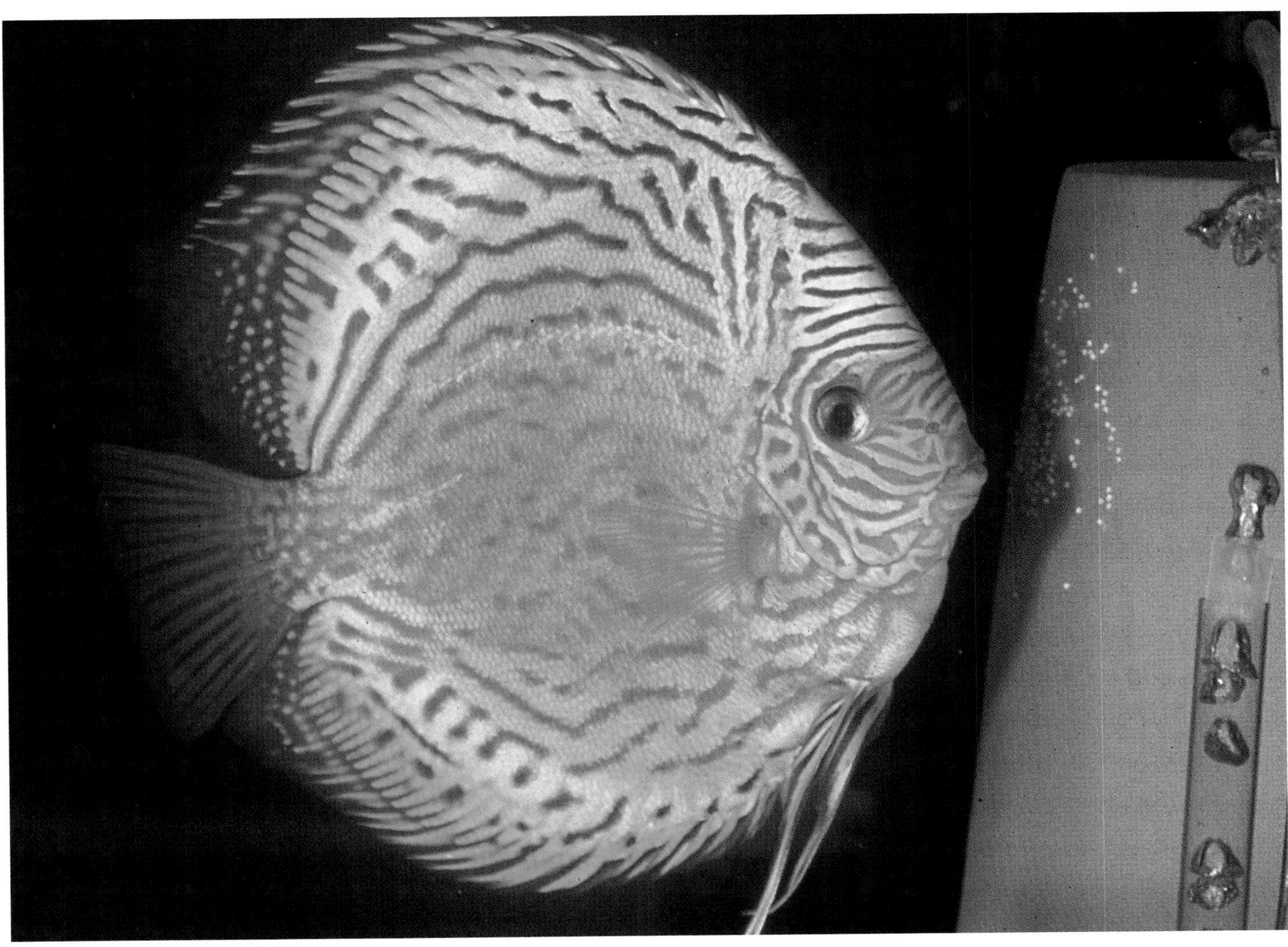

Türkis-Diskus

Sehr stark ausgeprägt ist die brillante Türkisfärbung dieses wohlgeformten Diskus. Trotz hoher Körperform erscheint der Diskus gleichmäßig rund. Körpergröße im Verhältnis zur Augengröße ist perfekt. Solche prächtigen Türkisdiskus werden in Südostasien in großen Mengen gezüchtet.

Turquoise Discus

Strongly colored brilliant turquoise with a good body shape. This high bodied discus has a very round shape. The body size is perfect and the size of the eye is good. Such pretty turquoise discus are bred in large numbers in Asia.

Photo	Aqualife Taiwan

D 121

TU 13

Türkis-Diskus

Auffallend gleichmäßig rund ist die Körperform dieses noch jungen Türkis-Diskus, dessen Braunlinierung mit zunehmenden Alter noch von der türkisen Körperfarbe überzogen werden wird. Einige dieser Diskus können sogar mit zunehmenden Alter noch fast flächig türkis werden.

Turquoise Discus

This young turquoise discus already has a round body shape. The brown lines will disappear in the adult and more turquoise color will appear. Some of these discus can also exhibit a full body turquoise color.

Photo P. Buschhoff

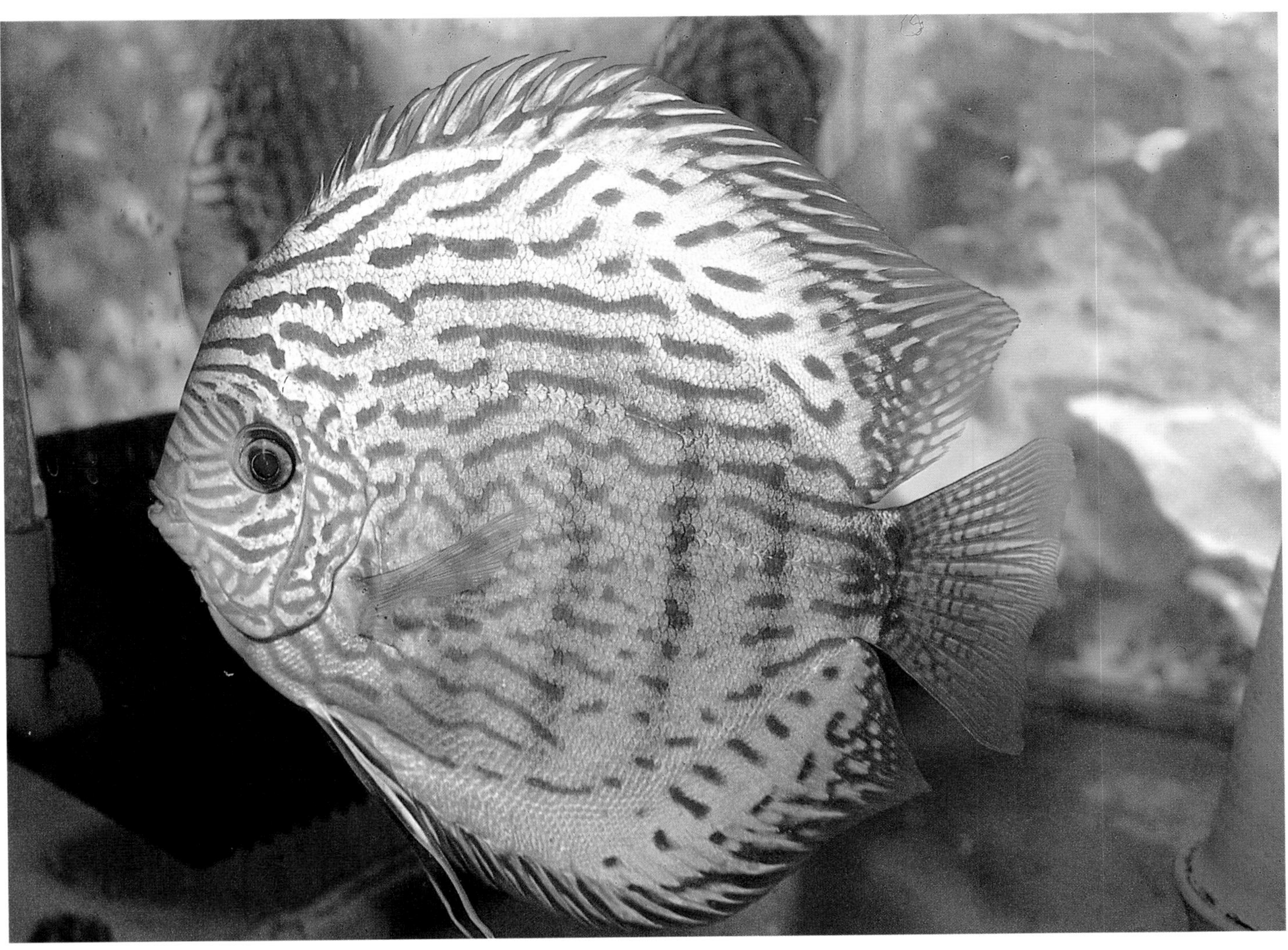

Türkis-Diskus

Sehr großer Türkis-Diskus mit runder Körperform und schöner Beflossung. Die brillante Färbung in den Flossen setzt sich nicht ganz über die Körpermitte fort, dennoch ist dieser Diskus vom Gesamteindruck her, ein faszinierender Fisch. Bei besserer Rotfärbung der Braunlinierung könnte dieser Diskus auch als perfekter Rot-Türkis-Diskus eingeordnet werden.

Turquoise Discus

Very large turquoise discus with a perfect body and fins. The brilliant color in the fins is not as clear in the middle of the body. But this discus is still a fascinating fish. If the brown lines exhibited more red color this could be classified as a red turquoise discus, too.

Photo	Bernd Degen
Besitzer/Owner	Dieter Putz

D 123

TU 15

Türkis-Diskus

Türkis-Diskus-Mann mit sehr ausgewogener Körperproportion. Die Beflossung ist sehr interessant punktiert und dies ist bei diesem Fisch sehr auffällig. Selbst in der Schwanzflosse sind punktähnliche Zeichnungen zu erkennen, die diesem Fisch zusätzlich ein interessantes Aussehen verleiht.

Turquoise Discus

Turquoise discus male with good body proportions. The fins show a lot of spots and this is quite a rare marking. Even the tail fin shows spots, which make this discus very interesting for breeders.

Photo Werner Colle
Besitzer/Owner Werner Colle

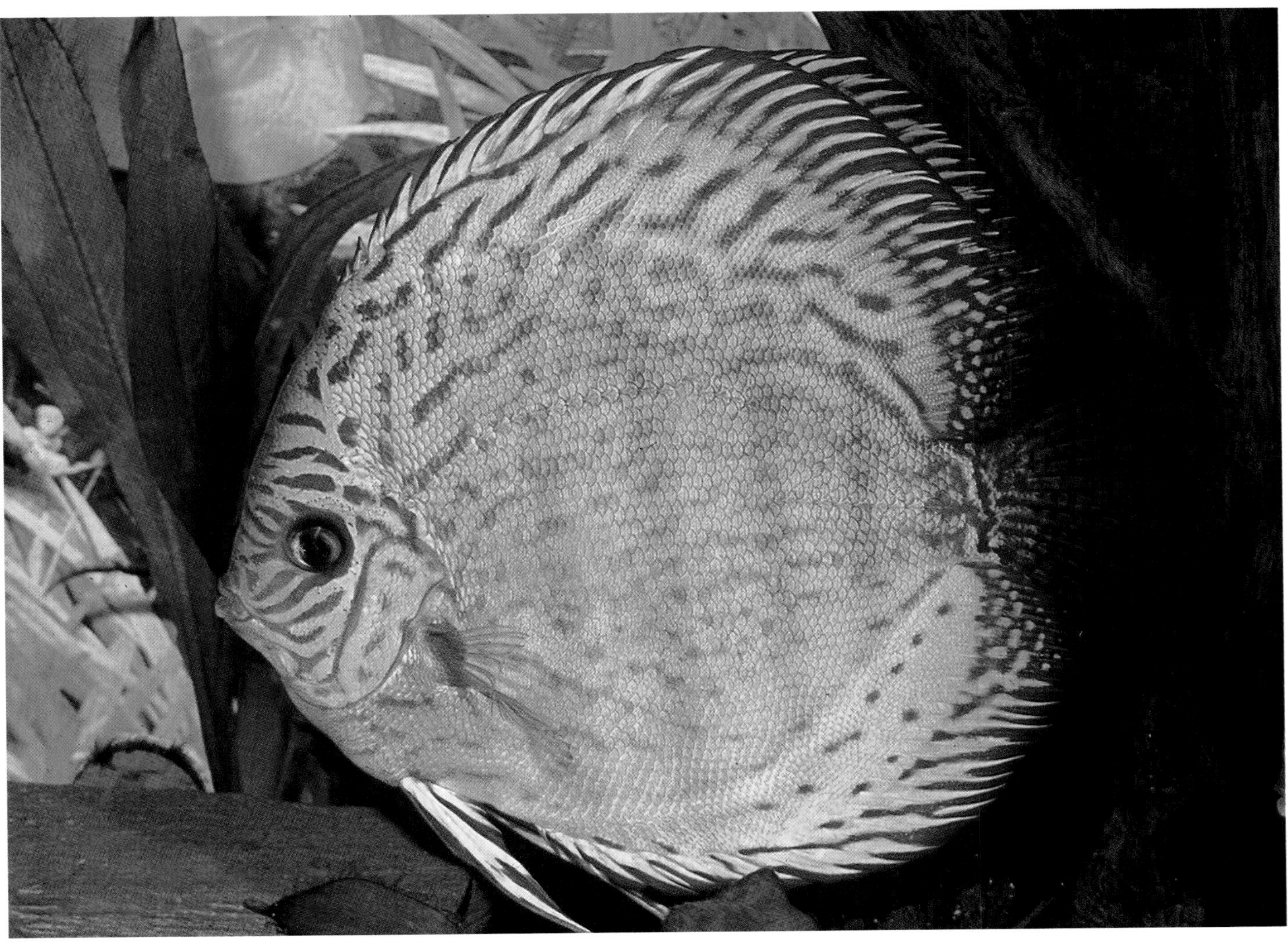

Türkis-Diskus

Sehr schöner Türkis-Diskus mit etwas verwaschener brauner Linierung, die noch durch die Türkisfärbung durchscheint. Die Kiemendeckel und die Afterflosse sind besonders intensiv brillant-türkis gefärbt. Von der Körperform ein überzeugender Diskusfisch.

Turquoise Discus

This beautiful turquoise discus has light brown lines which you can see under the turquoise color. The gill covers and the fins have a clear brilliant turquoise coloration. The body shape is perfect.

Photo	P. Buschhoff
Besitzer/Owner	M. Zimmermann

D 125

TU 17

Türkis-Diskus

Sehr brillant gefärbter Diskus mit sehr hoher Stirnpartie. Diese Stirnpartie kann als Zuchtziel verstärkt werden. Solche Diskus werden dann auch als Hi-Body bezeichnet. Die Augengröße harmoniert sehr gut zur Körpergröße.

Turquoise Discus

A very strong brilliant turquoise discus with a high body form. This body shape should be of interest for breeders. Such discus are called „Hi-Body". The size of the eye is perfect in relation to the body size.

Photo Bernd Degen
Besitzer/Owner Dieter Putz

TÜRKIS-DISKUS

Sehr intensiv gefärbter Brillant-Türkis-Diskus mit sehr hoher Körperform. Diese intensive Türkis-Blaue Färbung rechtfertigt eindeutig den Begriff Brillant-Türkis. Die hohe Körperform kann als Zuchtziel weiterverfolgt werden. Solche hohe Körperformen sind besonders in Südostasien sehr beliebt.

TURQUOISE DISCUS

Very strongly colored brilliant turquoise discus with an extremely high body form. Its intense turquoise blue coloration makes this fish a true brillant turquoise. The high body form is also interesting to breeders and especially in Asia they like this body shape very much.

PHOTO	Bernd Degen
BESITZER/OWNER	Dieter Putz

Die Bezeichnung „Red turquoise" wird mit der Abkürzung „RT" gekennzeichnet.
Die Farbe rot ist bei allen Aquarienfischen eine sehr gesuchte Farbe. Bei Diskusfischen war sie einfach nicht vorhanden. Zwar kamen in der Natur Diskusfische vor, die rote Flossensäume oder rote Bauchflossen besaßen, jedoch die Körper waren nie richtig rot gefärbt. Zwar weisen einige braune Standortvarianten durchaus gute Rottöne auf, jedoch kann man auch hier nicht von roten Diskus sprechen. Der rote Diskus existierte also nicht. Dennoch sehnten sich Züchter und Käufer von Diskusfischen nach einem roten Diskusfisch. Und so kommt es auch, daß heute noch viele Diskusbezitzer bei ihren eigenen Fischen mehr rote Farbe entdecken können als so mancher kritischer Betrachter. Da die Jagd nach intensiv gefärbten Türkis-Diskus in vollem Gange war und nur Zuchterfolge in dieser Richtung zählten, wurden rotbraune Diskusfische immer mehr vernachlässigt. Ja die braunen Wildfangdiskus wurden geradezu verschmäht und es gab eine Zeit, daß Diskuszüchter, welche Türkis-Diskus zogen keinesfalls braune oder rotbraune Diskus in ihrer Anlage haben wollten, da sonst die Besucher und Käufer denken konnten, daß hier braune Diskus eingekreuzt worden seien.
So kam es, daß die rottürkisen Diskusfische erst etwas später endeckt wurden. Dabei war es sehr einfach Rottürkis-Diskus nachzuzüchten, denn man mußte ja nur kräftige rotbraune Diskusfische mit schönen Türkis-Diskus verpaaren. Hier leistete ebenfalls Dr. Schmidt-Focke Pionierarbeit, denn er zeigte, daß es durchaus möglich war, gut gefärbte harmonische Rottürkis-Diskus nachzuziehen. Langsam begannen sich auch andere Diskuszüchter für den Farbschlang Rottürkis zu interessieren und so wurde gezielt in diese Farbrichtung gezüchtet.
In Deutschland wurde die Zucht von Rottürkis-Diskus immer stärker favorisiert und so blieb es nicht aus, daß die deutschen Rottürkis-Diskus international ein hohes Ansehen erhielten. Obwohl es immer wieder Phasen gab, wo Rottürkis-Diskus von

The code for „Red Turqoise" will be RT.
Red is a favorite color for tropical fishes in aquaria. Discus do not have such red color in nature. But discus breeders wanted red discus. In nature some discus exhibited red color in the fins, but the body never showed real red color. Some brown discus showed some red coloration, but it was not possible to call these red discus. The red discus didn´t exist. But breeders and hobbyists always were dreaming about red discus. This is the reason why today many discus owners see much more red color in their discus than anybody else could see. The search for red discus never ended. In those times discus breeders didn´t like brown discus.
So it took a long time until red turquoise discus were developed. But it would not have been so difficult to breed good red turquoise discus if strong red brown discus were paired off with turquoise discus. Dr. Schmidt-Focke also did a great job with this color strain. All the other breeders also started with breeding red turquoise discus. Soon German red turquoise discus had a very good reputation worldwide. Sometimes the fashion changes and this is true with discus. For a few years the red turquoise discus were number one, but then suddenly, the full body blue discus became number one. Anyway, red turquoise is still a favorite coloration for discus in Germany. Some red turquoise blood lines show stronger lines, some show very fine lines or spots. In Asia, the breeders were able to breed red turquoise discus with very thin and fine red body lines. But they also were able to create full body tomato red discus. And in the future it will be possible to cross red discus with red turquoise discus to get redder red turquoise discus. Especially in this group of red turquoise discus the color variations are so different. If the discus do not show enough red color in the lines they should be called only turquoise discus. In this group you will see a wide variety of discus and you can decide for yourself which of them is the real red turquoise discus you want to own.

blauflächigen Varianten verdrängt wurden, so blieben die guten Zuchtstämme doch bis heute erhalten und auch heute spielt die Farbvariante Rottürkis unter den deutschen Züchtern eine sehr bedeutende Rolle. Je nach Zuchtlinie konnten Varianten mit breiten oder feinen rötlich bräunlichen Linierungen gezüchtet werden. Gerade die sehr feine rotbraune Linierung macht kräftig türkis gefärbte Diskusfische zu äußerst interessanten Rottürkis-Diskus. Auch hier wurden einige asiatische Züchter zu wahren Meistern, denn es gelang ihnen, so feine rote Punkte und Linien auf die Türkisfärbung zu legen, daß diese Diskusfische wirklich einmalig schön wurden.

In Südostasien ist es inzwischen gelungen, fast flächig tomatenrote Diskusfische zu züchten. Durch Einkreuzen dieser intensiv rot gefärbten Diskusfische ist es sicherlich möglich, noch intensiver rot gefärbte Rottürkis-Diskus zu züchten. Bei kaum einer Diskusvariante geht der Farbenspielraum so weit auseinander wie bei Rottürkis-Diskus. Deshalb ist es auch sehr schwierig Rottürkis-Diskus immer klar in diese Gruppe einzuordnen. Ist nämlich nicht genügend Rot in den Grundlinien vorhanden, so sollten diese Diskusfische besser als normale Türkis-Diskus eingeordnet werden. In der hier gezeigten Gruppe wird die große Farbenvielfalt der Rottürkis-Diskus deutlich und sie können sich selbst ein Bild davon machen, was weltweit so unter Rottürkis-Diskus verstanden wird.

D 127

RT 1

Rot-Türkis Diskus

Bei diesem Rot-Türkis-Diskus wurde durch Linienzucht auf die Erhaltung der enormen Körpergröße Wert gelegt. Durch das Einkreuzen von Braunen Diskus gelang es, eine überdurchschnittliche Körpergröße zu erzielen. Leider gingen durch die Einkreuzung von Braunen Diskus, Türkisanteile im Schwanzflossenbereich teilweise verloren. Es traten allerdings auch etwa 30% völlig durchgezeichnete Tiere auf. In der Körpermitte ist die braune Linierung sehr gut rot ausgeprägt.

Red Turquoise Discus

This red turquoise discus has developed a perfect body size by taking care of the blood lines. By crossing with brown discus it was possible to produce extremely large discus. But the crossing with brown discus could cause problems for the turquoise color. In this fish you can see that the turquoise lines have disappeared around the tail. Anyway, about 30% of the offspring showed full body turquoise lines. In the middle of the body the brown lines exhibit a good red color.

Photo Bernd Degen
Besitzer/Owner Bernd Degen

Rot-Türkis Diskus

Kreuzungsvariante aus Rot-Türkis und Wildfangkreuzung mit leichtem Heckelmittelstreifen. Obwohl hier die türkise Farbe dominiert, kann durch die kräftige braune-rote Linierung noch von einem Rot-Türkis-Diskus gesprochen werden. Der fünfte Heckelstreifen ist noch deutlich sichtbar.

Red Turquoise Discus

A cross between red turquoise and wild discus with a Heckel bar. The turquoise color dominates, but this is a red turquoise because strong brown red lines will give it this name. The fifth bar is strong like that in the Heckel discus.

Photo	Bernd Degen
Besitzer/Owner	Dirk Mouvet

D 129

RT 3

Rot-Türkis Diskus

Sehr gleichmäßig geformter Rot-Türkis-Diskus mit schöner braun-roter Körpergrundfärbung und intensiver Türkiszeichnung. Sehr schön geflammt erscheint die Linierung in der Rücken- und Afterflosse.

Red Turquoise Discus

Young and well shaped red turquoise discus with a beautiful brown red basic coloration and intense turquoise lines. Especially in the fins the lines are like flames.

Photo Bernd Degen
Besitzer/Owner D. Schlingmann

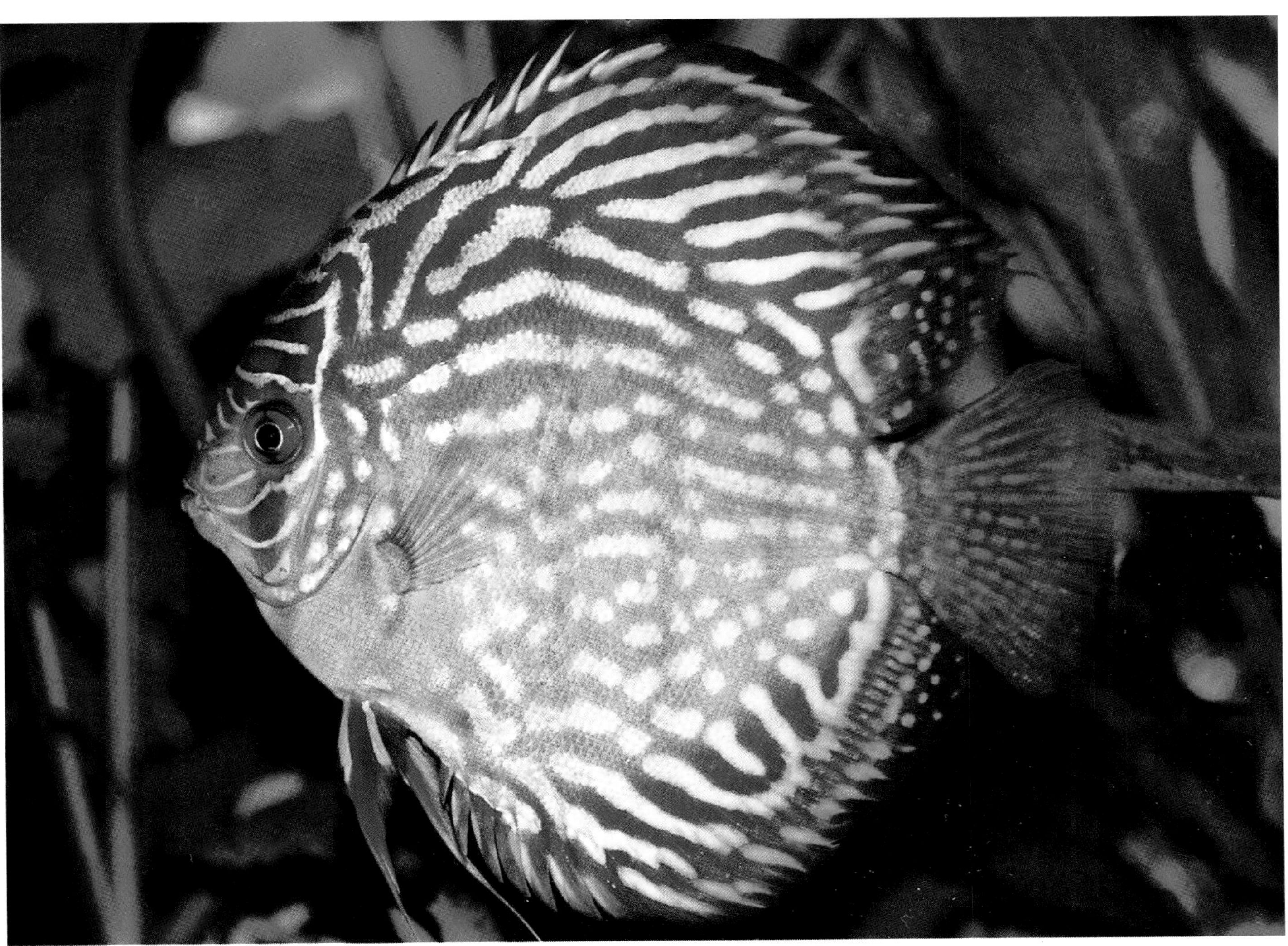

Rot-Türkis Diskus

Eine sehr schöne Rot-Türkis-Kreuzung aus Braunen und Rot-Türkis-Diskus. Die braune Grundfarbe, die sich besonders im Körpermittebereich durchgesetzt hat, ist dennoch interessant, denn auch hier befinden sich perlartige türkise Farbtupfer. Im Rücken- und Bauchbereich fällt die intensive Rotfärbung besonders auf. Die Augengröße ist im Verhältnis zur Körpergröße ideal. Dieser Diskus besaß erst ein Alter von elf Monaten und legte später noch an Körpergröße zu.

Red Turquoise Discus

A beautiful red turquoise cross from brown and red turquoise discus. The basic brown color is seen in the middle of the body and there are some interesting pearly spots. The red coloration is stronger around the fins. The size of the eye and the body is ideal. This discus is eleven months old and will have a better body size when it is older.

Photo	T. Unfricht
Besitzer/Owner	T. Unfricht

D 131

RT 5

Rot-Türkis Diskus

Ein sehr schönes Beispiel für einen Rot-Türkis-Diskus mit diesem typischen Perlmuster, ist dieser makellos geformte Diskus, welcher auch eine starke Verwandschaft zu Tefé Diskusfischen zeigt. Sehr schön ist die feine Musterung, die den ganzen Körper überdeckt.

Red Turquoise Discus

A beautiful example of red turquoise discus with a typical pearly coloration. This discus also has a perfect body and you can see that he was bred also from wild Tefé stock. The pearl markings cover the entire body.

Photo Bernd Degen
Besitzer/Owner G. Schneider

RT 6

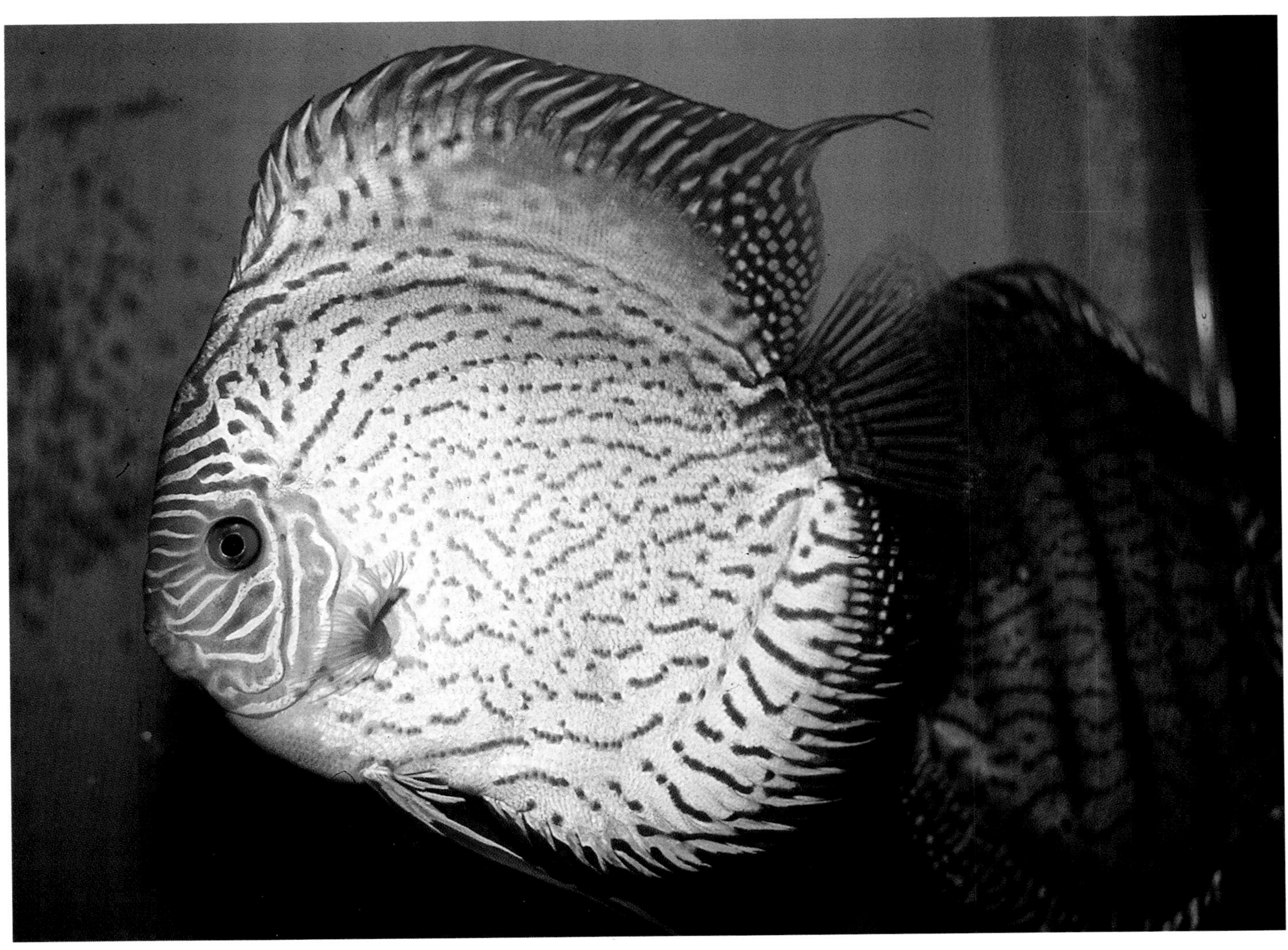

Rot-Türkis Diskus

Hier ist die Zeichnung noch feiner und als Kontrast zur dominanten Tükisfärbung besonders auffällig. Dieser Diskus stammt aus der gleichen Zucht wie RT 5. Harmonisch ist auch hier die Körperform.

Red Turquoise Discus

Here the markings are finer and the contrast with the strong turquoise color is very intense. This discus comes from the same breeding stock as RT 5. The body shape is also very good.

Photo	Bernd Degen
Besitzer/Owner	G. Schneider

D 133

RT 7

Rot-Türkis Diskus

Eine besonders gelungene Diskusvariante ist dieser Rot-Türkis-Diskus mit einem kräftigen Perlmuster auf der Körpermitte. Die unterbrochenen Linierungen, sowohl der türkisen als auch der rotbraunen Färbung, geben diesem Diskus einen interessanten Farbcharakter. Sehr intensiv rot gefärbt ist der Saum der Rückenflosse und die Bauchflossenenden. Die rußige Schwanzflosse bildet einen schönen Kontrast zu den hellen Grundfarben. Im Kopfbereich zeigt dieser Diskus eine auffallend dunkle Türkisfärbung, die ihm fast einen maskenhaften Gesichtsausdruck verleiht.

Red Turquoise Discus

This red turquoise discus has a perfect pearl marking in the middle of the body and the broken lines are turquoise and red brown. So this discus looks very impressive and the red color in the fins is interesting too. The black tail fin is a nice contrast. This discus exhibits a strong dark turquoise coloration around the head and the face looks like a mask.

Photo Dieter Putz
Besitzer/Owner Dieter Putz

Rot-Türkis Diskus

Sehr schöner Rot-Türkis mit brillanter Türkisfärbung, besonders in den Flossensäumen. Die rote Linierung ist teilweise schon unterbrochen und tritt punktartig auf. Zuchtziel könnte ein völlig mit roten Punkten übersäter Türkisdiskus sein.

Red Turquoise Discus

Beautiful red turquoise discus with brillant turquoise coloration, especially in the fins. The red lines are like pearls in the middle of the body. Maybe the breeder will try to get a red pearl turquoise discus.

Photo	Bernd Degen
Besitzer/Owner	H. Stendker

D 135

RT 9

Rot-Türkis Diskus

Rot-Türkis-Diskus der Spitzenklasse, denn hier stimmt Form und Farbe. Die gelbbraune Körpergrundfärbung harmoniert sehr gut mit der etwa ähnlich stark verbreiteten Türkisfärbung und auffallens ist besonders die geradlinige Anordnung der Streifen. Die farbliche Ausgewogenheit dieses Fisches ist sehr gut.

Red Turquoise Discus

Red turquoise discus of high quality because its coloration and body shape are perfect. The yellow brown basic coloration is well with the turquoise lines. All the lines are more or less horizontal.

Photo Bernd Degen
Besitzer/Owner Dieter Putz

RT 10

Rot-Türkis Diskus

Sehr intensiv leuchten die kräftigen Türkisfarben bei entsprechender Aquarienbeleuchtung. Der Kontrast wird durch die Wasserpflanzen noch verstärkt. Fast blutrot treten die rot-braunen Linien hervor, die auch sehr geradlinig angeordnet sind, was Rückschlüsse auf eine Verwandschaft zu Royal blue Wildfängen zuläßt.

Red Turquoise Discus

The strong turquoise colors become very intense if the lighting is accomplished with lights that contain a lot of red color. The contrast is stronger if water plants are in the aquarium. The red brown lines look nearly blood red. They are horizontal which indicates that this discus has some royal blue discus blood.

Photo	G. Heymans
Besitzer/Owner	G. Heymans

D 137

RT 11

Rot-Türkis Diskus

Sehr schön ausgefärbte Rot-Türkis-Diskus aus chinesischer Zucht. Die Rot-Türkis-Diskus werden in großen Mengen in Taiwan nachgezogen.

Red Turquoise Discus

This colorful red turquoise discus is from a Chinese breed. This kind of red turquoise discus is bred in huge numbers in Taiwan.

Photo N. Chiang, Fish magazine, Taiwan

Rot-Türkis Diskus

Junger Rot-Türkis-Diskus, der körperlich noch nicht endgültig ausgeformt ist. Die Stirn verläuft noch etwas zu flach, jedoch wird sich hier noch Körpermasse bilden. Diese Diskusart wächst durchaus bis zu einem Alter von 15 Monaten. Hier handelt es sich um ein Weibchen, welches durch die kräftige Braunfärbung in den Flossensäumen, von den sonst üblichen Rot-Türkis-Diskus absticht. Überhaupt dominiert hier die Farbe Braun mehr als die Farbe Rot, was aber einen gelungenen Kontrast zu dem kräftigen Blau ergibt.

Red Turquoise Discus

Young red turquoise discus that do not show the full body size yet. The shape of the head is not so strong now, but at the age of 15 months this discus will show its full body size. This discus is a female that exhibits a pretty brown coloration in the fins, which is different from other red turquoise discus. The brown coloration marks are a nice contrast with the strong blue color.

Photo	A. von Schwech

D 139

RT 13

Rot-Türkis Diskus

Ein gelungener Rot-Türkis-Diskus aus deutscher Zucht, wie er in Form und Farbe kaum schöner zu züchten ist. Dieses Diskusmännchen besticht durch die kräftige türkisblaue Grundfärbung, gepaart mit den feinen, rotbraunen Linien. Die Rotfärbung in den Flossensäumen verleiht im zusätzlich ein interessantes Aussehen.

Red Turquoise Discus

This perfect red turquoise discus from a German breed is a good example of the quality of German red turquoise discus. This male has a strong turquoise basic coloration and fine red-brown lines. The red color in the fins is also very impressive.

Photo Bernd Degen
Besitzer/Owner Dieter Putz

Rot-Türkis Diskus

Als „Blood diamond" Diskus werden diese kräftig blau gefärbten Rot-Türkis-Diskus mit feiner Linierung und roten Punkten bezeichnet. In Südostasien erhalten alle Zuchtformen von ihren Züchtern sofort einen Handelsnamen.

Red Turquoise Discus

In Taiwan this discus is sold as „Blood Diamond" and it shows fine lines and some red spots. In Asia most color varieties are sold with trade names by the breeders and exporters.

Photo N. Chiang, Fish magazine, Taiwan

D 141

RT 15

Rot-Türkis Diskus

Ebenfalls als „Blood diamond“ Diskus wird dieser Fisch bezeichnet, der sich aber im Erscheinungsbild deutlich von RT 14 unterscheidet, denn hier verlaufen die breiteren rot-braunen und türkisen Streifen noch fast wagerecht. Sicherlich auf Kreuzungsversuche mit Royal blue Wildfängen zurückzuführen.

Red Turquoise Discus

This discus was also called „Blood Diamond“ but it looks different from RT 14 because here the red brown and turquoise lines are more horizontal. This kind of discus looks like a cross with a wild royal blue discus.

Photo N. Chiang, Fish magazine, Taiwan

D 142

RT 16

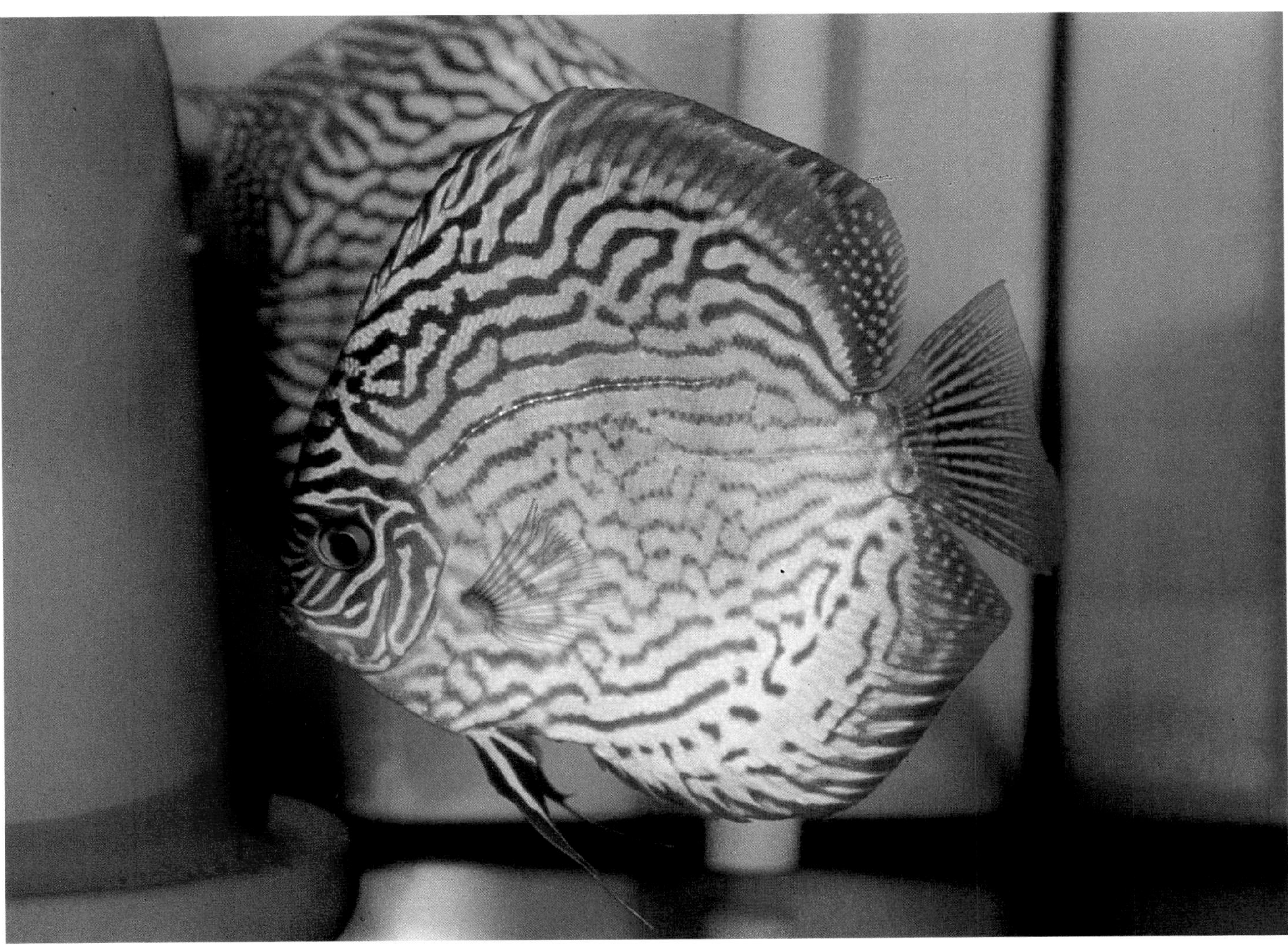

Rot-Türkis Diskus

Ähnlich RT 14 wird auch dieser Diskus als „Blood diamond" gehandelt. Allerdings handelt es sich hier ausschließlich um Handelsnamen, die auch sehr schnell wieder vom Markt verschwinden.

Red Turquoise Discus

This discus looks more like RT 14 and is also called a „Blood Diamond". But this is only a trade name. These trade names disappear very fast from the market.

Photo N. Chiang, Fish magazine, Taiwan

D 143

RT 17

Rot-Türkis Diskus

Deutscher Rot-Türkis aus der Zucht Bernd Degen während einer Ausstellung in Taiwan. Die zarte gelbbraune Grundfärbung ist hier noch schön zu erkennen. Bei diesem Zuchtstamm wurde sehr viel Wert auf eine gute Körperform gelegt.

Red Turquoise Discus

This red turquoise discus from the breeding stock of Bernd Degen was displayed during a discus show in Taiwan. The soft yellow brown basic color is easily recognized. In this breeding stock the breeder took a lot of interest in the body shape.

Photo N. Chiang, Fish magazine, Taiwan

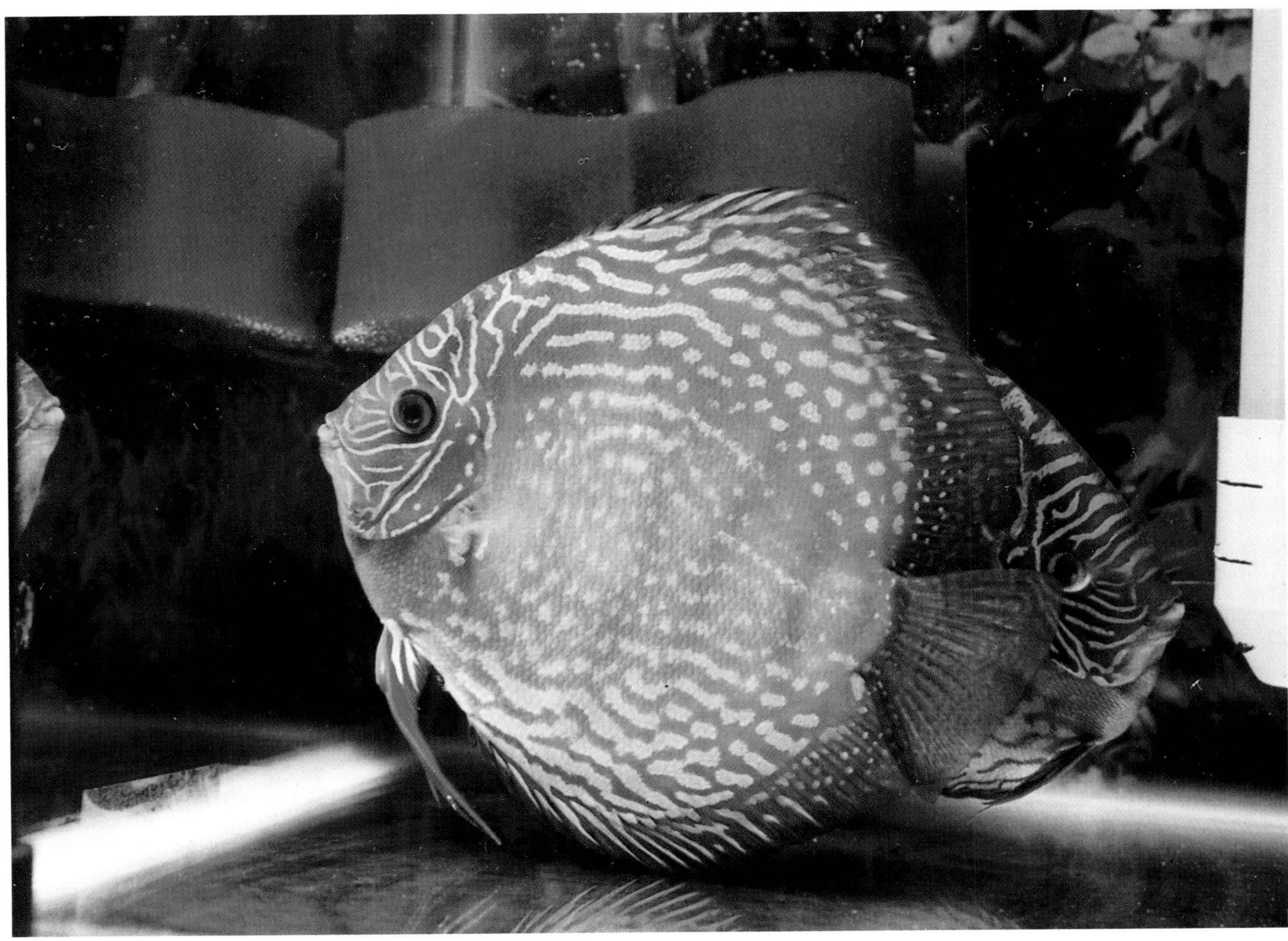

Rot-Türkis Diskus

Dieser sehr interessant gefärbte Rot-Türkis-Diskus stammt aus Hong Kong und wird dort mit dem Handelsnamen „Polka-dot Red Turquoise" Diskus gehandelt. Allerdings handelt es sich hier ausschließlich um einen Handelsnamen des Besitzers. Sehr intensiv ist die kräftige rotbraune Grundfärbung, die durch die türkisfarbenen Punkte unterbrochen wird. Gerade diese türkisfarbenen Punkte gaben diesem Diskus seinen Handelsnamen. Die sehr feine Türkislinierung verleiht diesem Gesicht Charakter.

Red Turquoise Discus

This interestingly colored red turquoise discus was bred in Hong Kong and its trade name was „Polka-dot Red Turquoise". But this name is only a trade name created by the exporter. The red brown basic coloration is very strong and this coloration is beautiful in combination with the turquoise spots. The name was created from these spots. The turquoise lines on the face show a lot of character.

Photo	David Lam
Besitzer/Owner	Ceylon Aquarium, Hong Kong

D 145

RT 19

Rot-Türkis Diskus

Sehr intensiv gefärbter Rot-Türkis-Diskus aus Taiwan mit kräftigen Türkisanteilen, aber ebenso rotbraunen Linierungen. Hier ist das Verhältnis der beiden Farben zueinander sehr ausgewogen und besonders das wirklich kräftige Rot in den Flossensäumen macht diesen Diskus zu einem markanten Vertreter seiner Farbvariante. Die Flossengröße ist im Verhältnis zur Körpergröße beachtlich, was sehr oft bei Nachzuchtdiskus der Fall ist.

Red Turquoise Discus

Very strongly colored red turquoise discus from Taiwan with a lot of red brown lines. The combination of red brown and turquoise and the strong red color in the fins is beautiful. The fins are very large, which sometimes is typical for Asian lines.

Photo	Ju-Chi Aquarium Taiwan
Besitzer/Owner	Kuen Ji Wu und Jia Ji Wu

D 146

RT 20

Rot-Türkis Diskus

Bei diesem Rot-Türkis-Diskus sind die Türkisfarben in der Körpermitte leider etwas verwaschen. Insgesamt erscheint dieser Diskus auch etwas zu blaß, obwohl seine rotbraune Linierung durchaus kräftig genug erscheint. Sicherlich ging hier durch die Aufnahmetechnik mit Blitzlicht etwas Farbe verloren. Von den Körperproportionen ist dieser Diskus sehr ausgewogen und auch die Augengröße im Verhältnis zur Körpergröße stimmt. Die Vorfahren dieser Hong Kong Rot-Türkis-Diskus wurden aus Deutschland importiert. Bezeichnung in Hong Kong: High Body Red Turquoise

Red Turquoise Discus

The red turquoise colors in the middle of the body are not very clear and the entire fish is not so perfect looking. Maybe some color was lost by the use of a camera flash. The body shape is perfect and also the size of the eye looks good. The ancestors of this fish were imported from Germany. The trade name in Hong Kong is „High Body Red Turquoise".

Besitzer/Owner	Kwok Man Lung, Hong Kong

D 147

RT 21

Rot-Türkis Diskus

Erst zehn Monate alt ist dieser sehr intensiv gefärbte und großwüchsige Diskus. Durch Zuchtauslese gelang es, gleichmäßig gezeichnete und geformte Diskusfische nachzuzüchten. Die sehr kräftige rotbraune Linierung dominiert und verdrängt etwas die Türkisfärbung. Der typische schwarze Flossensaum ist bei dieser Variante nur noch schwach in der Rückenflosse ausgeprägt.

Red Turquoise Discus

This discus is only 10 months old but already shows a strong color and a good body size. By line breeding the breeder could breed perfectly shaped discus. The strong red brown lines dominate. The typical black band in the fins of all green discus is still seen.

Photo D. Schlingmann
Besitzer/Owner D. Schlingmann

Rot-Türkis Diskus

Aus Grünen Wildfängen wurden solche Rot-Türkis-Diskus nachgezogen. Die ausgesuchten Wildfänge wurden mit Hochzucht-Rot-Türkis-Diskus verpaart. Durch strenge Linienzucht gelingt es, gleichmäßig gut gezeichnete Diskus in größerer Menge nachzuziehen. Hier dominiert die türkise Grundfärbung durch die breiteren Türkisstreifen.

Red Turquoise Discus

These beautiful red turquoise discus have been bred from wild green discus. The selected wild green discus have been paired off with red turquoise discus and by line breeding it was possible to obtain high quality discus in larger quantities. Here the basic turquoise coloration is stronger.

Photo	D. Schlingmann
Besitzer/Owner	D. Schlingmann

D 149

RT 23

Rot-Türkis Diskus

Ebenfalls eine Wildfangnachzucht aus Grünen Diskus ist dieser gelungen Rot-Türkis-Diskus mit sehr großem Türkisanteil, was sich in breiten Linien bemerkbar macht. Die sehr feinen, kräftig rotbraunen, teils stark roten Linien sind sehr fein ausgebildet und Zuchtziel. Sehr schön kontrastiert zu dem Türkis die hellbraune Grundfärbung im Bereich der Brustflossen. Auch das rote Auge zeigt ideale Proportionen im Verhältnis zur Körpergröße dieses Diskus.

Red Turquoise Discus

This red turquoise discus was also bred from wild green discus. It has broad turquoise lines and some fine red brown and red lines. All the color combinations look good and the eye proportion is also perfect.

Photo	D. Schlingmann
Besitzer/Owner	D. Schlingmann

Rot-Türkis Diskus

Besitzen Diskusfische eine körperdeckende. Braunlinierung, dann beginnt der Diskusliebhaber mit dem Namen Rot-Türkis zu spielen. Allerdings ist hier die Intensität der braunen Linierung nicht ausreichend und so erscheint der gesamte Farbeindruck dieses Fisches noch nicht befriedigend, was den Farbschlag Rot-Türkis angeht. Die Form dieses Fisches ist allerdings sehr schön.

Red Turquoise Discus

If discus exhibit brown lines on the turquoise body the discus hobbyists like to use the name red turquoise for it but sometimes the red brown lines are not strong enough, like those on this fish, and so it´s difficult to use the name red-turquoise. The body shape of this discus is very good.

Photo	Werner Colle
Besitzer/Owner	Werner Colle

D 151

RT 25

Rot-Türkis Diskus

Klassischer Rot-Türkis aus Südostasien. Hier wurden Blaue Diskus mit Türkis-Diskus verpaart. Auffallend ist die sehr starke Beflossung. Auch hier sind die Einflüsse von Blauen Wildfangdiskus noch an der geradliniegen Streifung zurückzuverfolgen. Bei diesem Diskus handelt es sich um Massendiskus, die in großen Mengen nachgezüchtet werden.

Red Turquoise Discus

Typical red-turquoise discus from Southeast-Asia. This is an offspring of blue discus and turquoise discus. The high fins are very impressive. In the lining you can see that this fish was bred from wild blue stock in the past. This kind of beautiful discus are available in large numbers in Asia.

Photo Bernd Degen

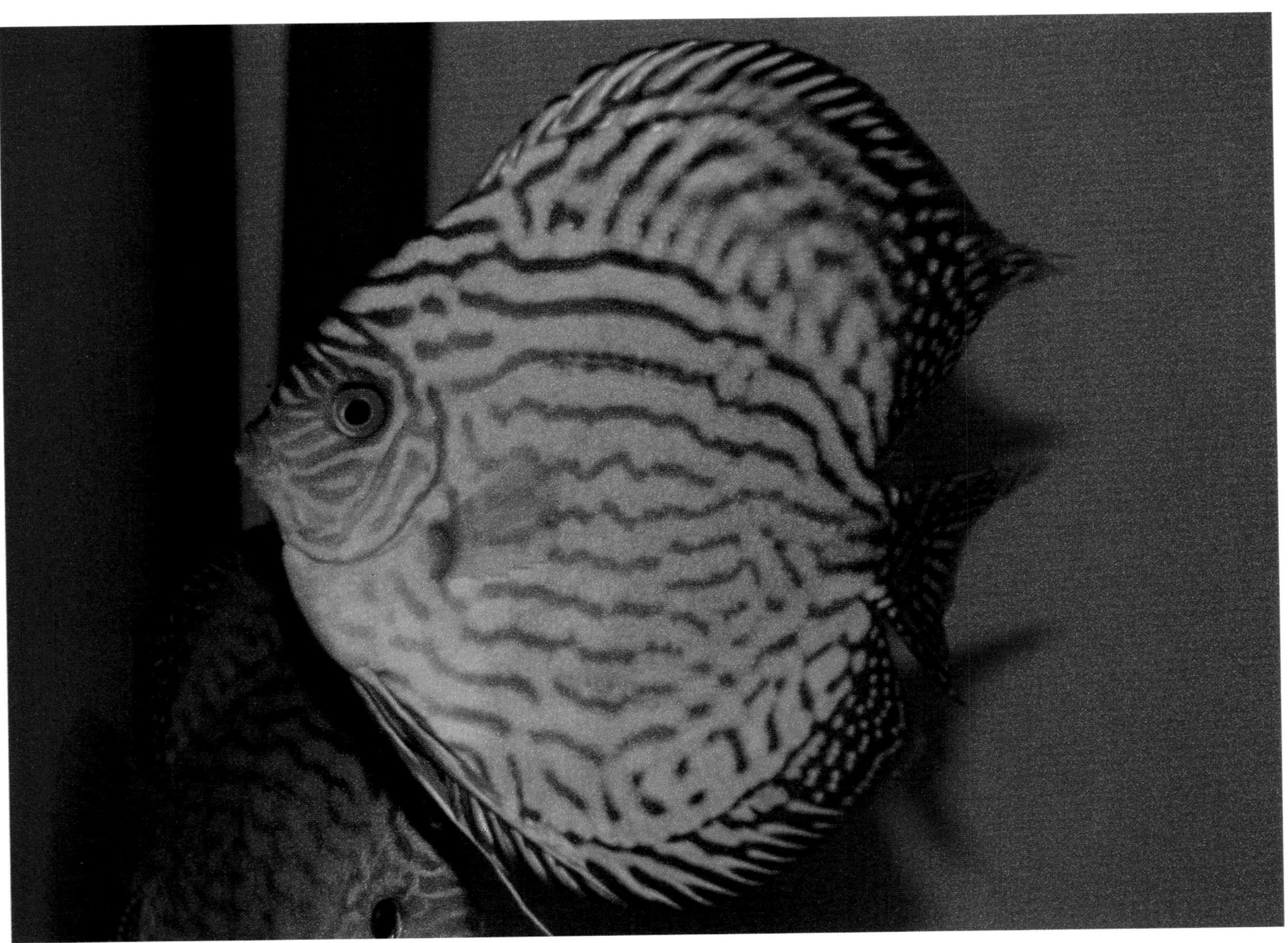

Rot-Türkis Diskus

Sehr brillant gefärbter Diskus mit hoher Körperform und starker Beflossung. Gut proportioniertes Auge. Sehr feine Braunlinierung, stärkere rot-braune Färbung nur in den Flossensäumen.

Red Turquoise Discus

Brillant turquoise discus with extremely high body form und high fins. Nice brown lining. In the fins some good red-brown color.

Photo	Bernd Degen
Besitzer/Owner	Dieter Putz

D 153

RT 27

Rot-Türkis Diskus

In der Körpermitte ist die Zeichnung sehr verwaschen und die Linierung ist teilweise auch unterbrochen, was auf die meist rücksichtslose Verpaarung von Diskusfischen aller Art zurückzuführen ist. Dennoch würde dieser Diskus wegen seiner rotbraunen Grundfärbung als Rot-Türkis-Diskus eingeordnet.

Red Turquoise Discus

In the middle of the body the color marks are not so clear. This is a result of the mass breeding. But anyway this discus can be called red-turquoise discus because the red-brown basic color is strong enough.

Photo Bernd Degen

Rot-Türkis Diskus

Südostasiatischer Rot-Türkis mit sehr schöner Körperzeichnung, die allerdings in der Körpermitte etwas verwaschen ist. Unterhalb der Kiemen ist noch sehr gut der braune Körperansatz zu erkennen.

Red Turquoise Discus

Red-turquoise from Southeast Asia with beautiful body markings. In the middle of the body these markings are not so clear. Below the gill covers you can see the solid brown color coming from brown ancestors.

Photo Bernd Degen

D 155

RT 29

Rot-Türkis Diskus

Wildfangnachzucht aus dem Rio Purus mit deutlichen Merkmalen von Royal blue Diskus. Die fast geradlinig verlaufende Linierung ist typisch für diese Wildfänge. Auch die rot-braune Linierung ist intensiv und kann durch Zuchtauslese noch gesteigert werden.

Red Turquoise Discus

Breeding result from wild discus from Rio Purus with typical body coloration of wild royal blue discus. The straight lines are typical for wild discus. Also the red-brown color is very strong and with inbreeding it is possible to stabilize this color.

Photo Bernd Degen

Rot-Türkis Diskus

Auf dem Weg zu einem guten Rot-Türkis-Diskus ist dieser junge Diskus noch lange nicht. Die Farbintensität fehlt völlig und die braune Grundfärbung ist zu verwaschen und viel zu hell. So können auch später zwischen den Türkislinien kaum rot-braune Linien auftreten, die den Namen Rot-Türkis-Diskus rechtfertigen würden. Die Diskus zeigt aber, wie es in den Anfängen gewesen sein muß, als die ersten Versuche in diese Richtung unternommen wurden.

Red Turquoise Discus

This is not a perfect red-turquoise discus now. The intensity of the color is still missing and also the brown basic color is not strong enough. So later between the turquoise lines the brown lines will be not strong enough. So this is not a good red-turquoise discus. But you can learn how red-turquoise discus looked in the beginning when this name was created.

Photo Bernd Degen

Die englische Bezeichnung „cobalt blue" gab dieser Diskusgruppe die Kennzeichnung „CB".
War es erst einmal gelungen, türkisfarbene Diskusfische nachzuzüchten, so wollten die Züchter nicht ruhen, den Diskusfischen die letzten braunen Linien auf dem Körper noch wegzuzüchten, um völlig flächig grüne oder blaue Diskusfische zu erhalten. Daß dies gelungen ist, wissen wir inzwischen, denn heute gibt es zahlreiche, flächige kobaltblaue Diskusfische, die in ihrer Schönheit kaum zu überbieten sind.
Durch Zuchtauslese und konsequente Linienzucht, bzw. Inzucht gelang es tatsächlich den Diskusfischen die braune Grundfärbung, die ja noch in mehr oder weniger stark ausgeprägten Linien vorhanden war, wegzuzüchten. Die Diskusfische erhielten im Alter von einigen Monaten einen metallisch glänzenden Körper und später färbten sie tatsächlich so aus, daß keine braunen Linien mehr zu erkennen waren. Allerdings gelang es nicht immer, ganze Würfe mit diesen Farbmerkmalen zu bekommen. Es gab immer wieder Rückschläge und so mancher Aquarianer fühlte sich wohl betrogen, wenn er zehn flächige Diskusjungtiere erwarb und später doch einige dieser Jungtiere im ausgewachsenen Zustand noch Linierungen zeigten und somit nur einfache Türkis-Diskus waren. Beim Züchter steckte da sicherlich keine böse Absicht dahinter, denn die noch nicht gefestigten Zuchtstämmen färbten eben sehr unterschiedlich aus. Erst heute ist es möglich, nach vielen Generationen solcher flächiger Diskusfische mit fast 100%iger Sicherheit davon auszugehen, daß alle Jungfische eines flächigen Pärchens auch flächig werden.
In Südostasien gelingt es aus diesen flächig blauen Diskusfischen, Varianten mit verschiedenen Farbmerkmalen zu züchten. So ist es zum einen gelungen eine silbrige Farbform, den sogenannten „Ghost discus" zu züchten, der nur noch in den Flossenrändern etwas Blaufärbung besitzt. Das Extrem in die andere Richtung sind leuchtend metallisch blau gefärbte Diskusfische, die keinerlei Braunfärbung mehr zeigen.

The English name „Cobalt Blue" was given to this group and the short form is „CB".
When breeders were able to produce enough turquoise discus they tried hard to breed discus with a full body turquoise color. Today we know that it was possible and that they did a great job. By line breeding and selection and inbreeding the breeders were able to create discus without any brown lines. When these discus were a few months old they exhibited a metallic body coloration and the adult discus later showed a full body blue color. But sometimes not all of the young discus of a breed could exhibit perfect blue coloration. Of course breeders couldn´t do anything about this and it took a long time and many generations to get 100% full body colored fish.
In Asia the breeders produce different color varieties and some day one breeder will create a „Ghost Discus" which has a silver color. The extreme on the other side are dark blue discus that do not exhibit any brown color and have no body bars. The gill covers and the head should be covered by a full blue color.

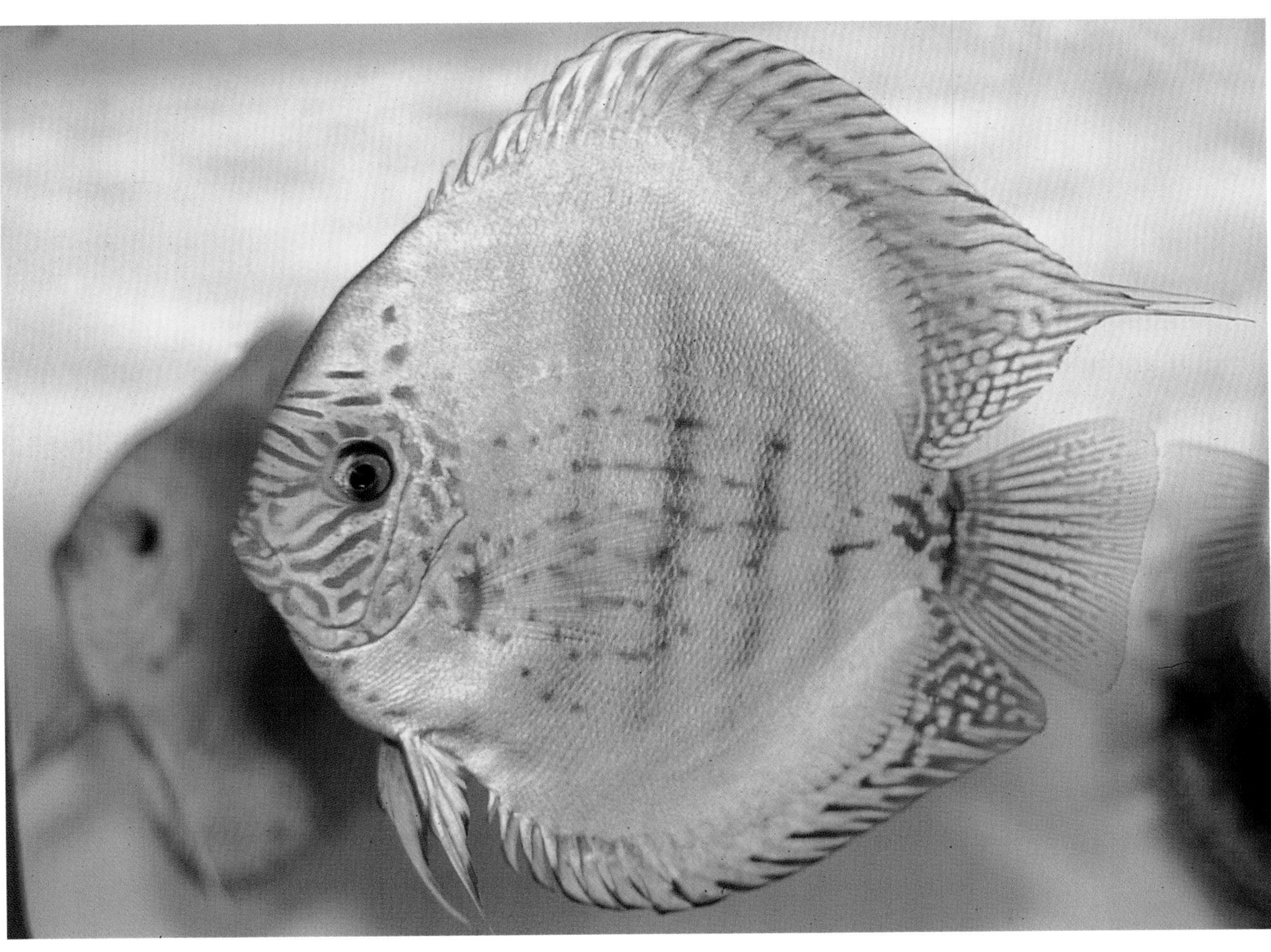

Kobalt blaue Diskus

Fast flächig Blauer Diskus aus japanischer Zucht. In Japan sind flächig blaue Diskus sehr beliebt und erzielen hohe Preise. Die Japaner achten sehr stark auf eine gleichmäßig runde Körperform bei Diskusfischen. Hier kontrastiert sehr schön die Rotfärbung in der Rückenflosse mit der blauen Grundfarbe. Auch das rote Auge bildet einen schönen Kontrast.

Cobalt Blue Discus

Nearly full body blue discus from a Japanese breed. In Japan full body blue discus are good sellers and the breeders command high prices. The Japanese hobbyists like a round body shape. Here the contrast of the red color in the fins is very interesting in combination with the basic blue color. The red eye is also a nice contrast.

Photo	Y. Nakamura
Besitzer/Owner	Hirose company Japan

D 158

CB 2

Kobalt blaue Diskus

Sehr intensiv stahlblau gefärbter Hochzucht-Türkis-Diskus aus deutscher Zucht. Nur noch geringe Streifenzeichnung im Kopfbereich, was typisch ist für deutsche Flächentürkis. Sehr schön kontrastiert das rote Auge. In der Rückenflosse sind rote Farbansätze deutlich sichtbar.

Cobalt Blue Discus

Very strong metallic blue high quality discus from German breeding stock. There are only a few lines on the head, which is typical for German cobalt discus. The red eye is very impressive and some red color is shown in the fins.

Photo P. Buschhoff
Besitzer/Owner H. Lederer

D 159

CB 3

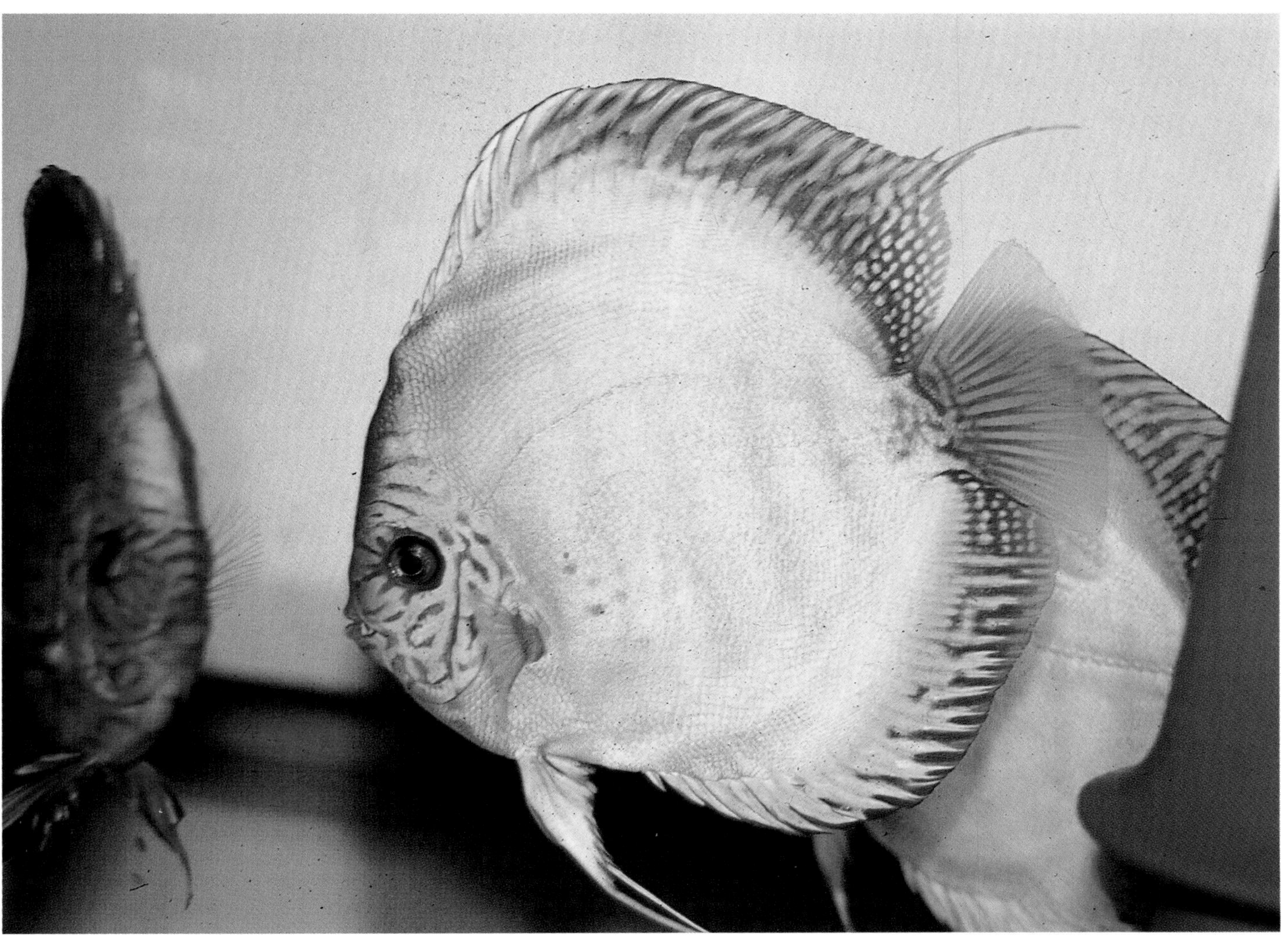

Kobalt blaue Diskus

Japanischer Kobaltblauer Diskus mit sehr heller blauer Grundfärbung und rot gezeichneter Rückenflosse. Die fahnenartigen Fortsätze in der Rückenflosse sind in Asien sehr gefragt. In Japan werden ebenfalls Diskusfische mit rotem Auge bevorzugt.

Cobalt Blue Discus

Cobalt blue discus from Japan with light blue basic color and red fins. The longer fins are very attractive for the Asian hobbyists. In Japan discus with red eyes are preferred.

Photo	Y. Nakamura
Besitzer/Owner	Hirose company Japan

D 160

CB 4

Kobalt blaue Diskus

Japanischer Flächendiskus mit intensiver blauer Farbe. Der Züchter Shirashe bezeichnet zum Beispiel seine Flächendiskus als sogenannte „Thunderflash" Diskus. Allerdings handelt es sich hierbei um einen Handelsnamen.

Cobalt Blue Discus

Japanese cobalt blue discus with very strong coloration. The breeder Shirashe gave these discus the trade name „Thunderflash Discus".

Photo	Y. Nakamura
Besitzer/Owner	Hirose company Japan

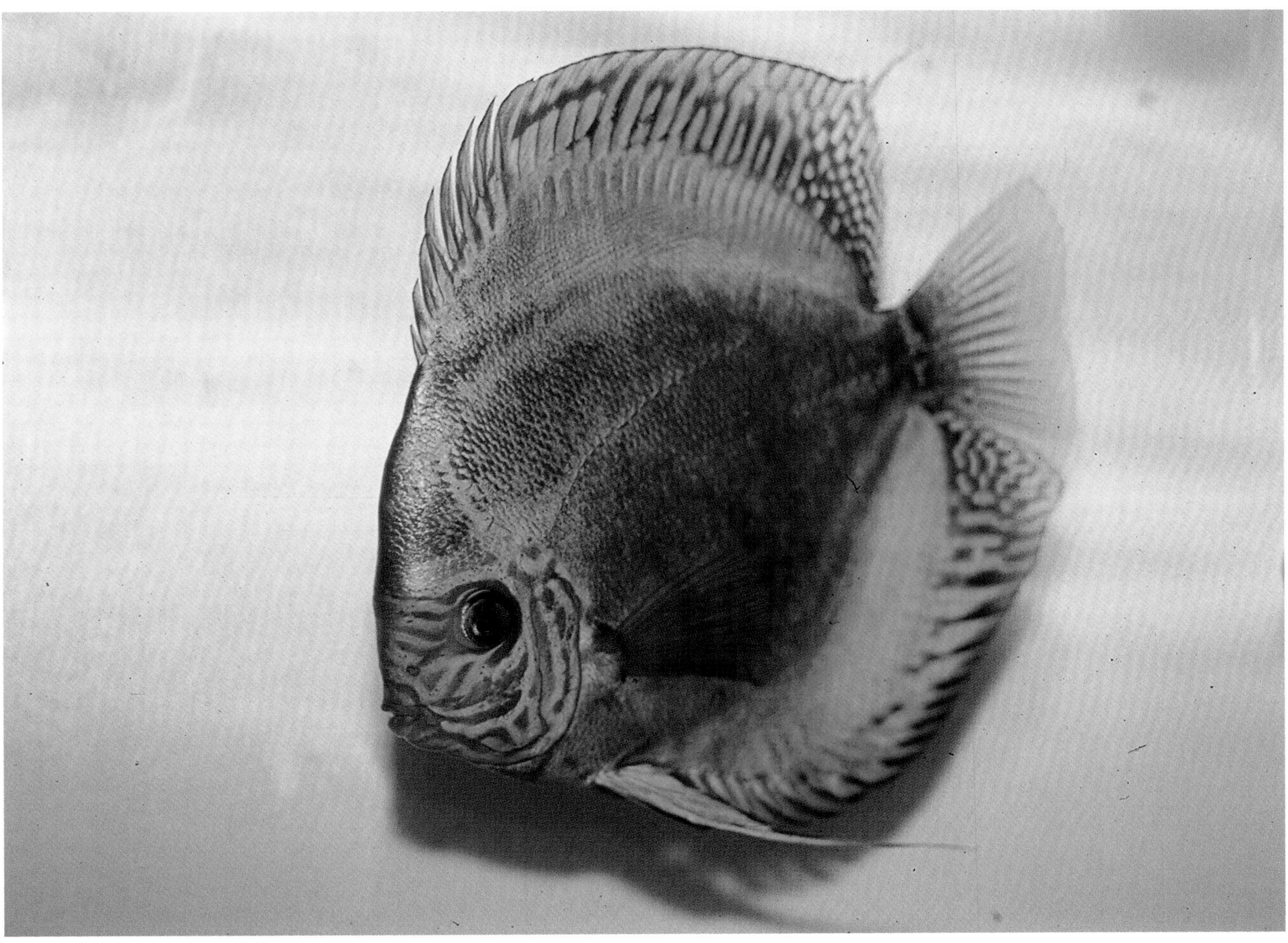

Kobalt blaue Diskus

Sehr intensiv blau gefärbt ist dieser japanische Diskus. Wattley hat dunkelblau gefärbte Diskus nach Japan, unter den Handelsnamen „Coerulea" Diskus verkauft. Dieser flächig blaue Diskus ähnelt diesem Typ etwas. Auffallend ist jedenfalls die sehr intensive stahlblaue Färbung. Der Körper erscheint im Verhältnis zur Beflossung allerdings etwas zu klein.

Cobalt Blue Discus

The blue color of these Japanese discus is also very strong. Wattley is selling dark blue discus to Japan with the trade name „Coerulea Discus". This cobalt blue discus looks like a „Coerulea Discus". The metallic color is very strong but the body shape is not perfect.

Photo	Y. Nakamura
Besitzer/Owner	Hirose company Japan

D 162

CB 6

Kobalt blaue Diskus

Sehr hellblauer flächiger Diskus mit sehr hohem Körper. Die Bezeichnung Hi-body ist für solche Fische in Asien üblich. Extreme Formen erzielen hier immer auch extreme Preise. Die Körpergrundfarbe ist gleichmäßig flächig und makellos. Auch hier wieder die fahnenartig ausgezogene Rückenflosse.

Cobalt Blue Discus

Light blue discus with a high body form. The name "Hi-body" is typical for Asian discus with this body shape. For extreme forms you can always get extreme prices. The body coloration is very good and this discus also shows longer fins.

Photo Y. Nakamura
Besitzer/Owner Hirose company
Japan

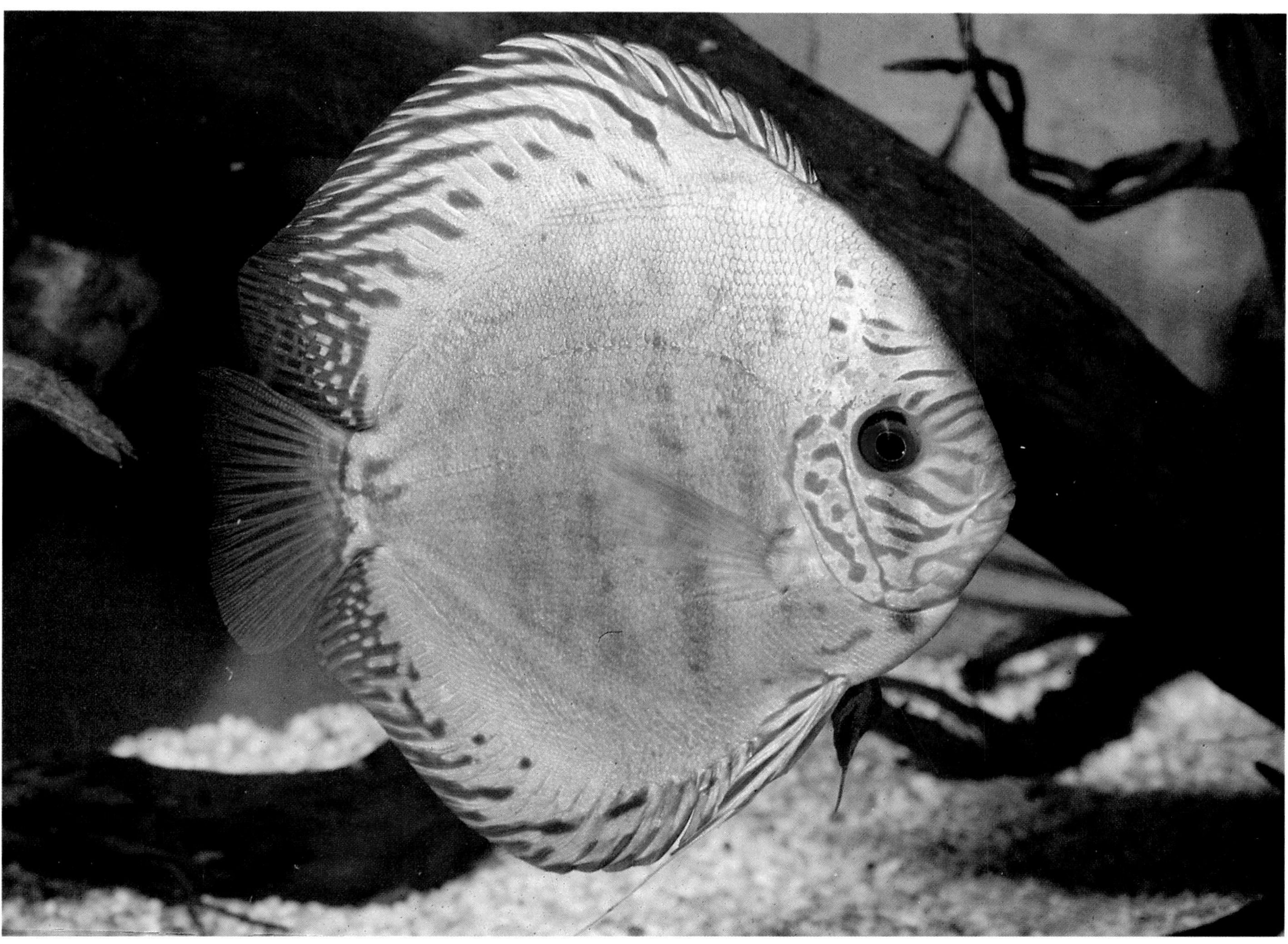

Kobalt blaue Diskus

Pfarrer Schulten war einer der ersten deutschen Züchter, denen es gelang Flächentürkis-Diskus zu züchten. Hier sehen Sie ein ausgewachsenes Männchen dieser Zuchtlinie. Diese Aufnahme entstand vor etwa 20 Jahren. Die Körpermitte ist fast völlig zeichnungsfrei und flächig blau. Sehr schön kontrastiert das kräftige Stahlblau im Aquarium mit Wurzeln.

Cobalt Blue Discus

Reverend Schulten was one of the first German breeders who could breed full body blue discus. This is a fully grown male from his breeding line. This photo was taken more than 20 years ago. This breed is a full blue in the middle of the body. The contrast of the strong blue color with driftwood is beautiful.

Photo	P. Buschhoff
Besitzer/Owner	Pfarrer Schulten

D 164

CB 8

Kobalt blaue Diskus

Typische Türkis-Blaue Zuchtvariante aus Hong Kong, wie sie bereits um 1985 in bester Qualität gezüchtet wurde. Heute gelingt es in Hong Kong, flächige Diskus ohne Zeichnung auf den Kiemendeckeln und im Kopfbereich zu produzieren.

Cobalt Blue Discus

Typical turquoise blue strain from Hong Kong as they bred it already in 1985 in high quality. Today Hong Kong breeders can produce full body blue discus without any marking on the gill covers and head. They call these discus „Blue Diamond".

Photo Bernd Degen
Besitzer/Owner Lo Wing Yat, Hong Kong

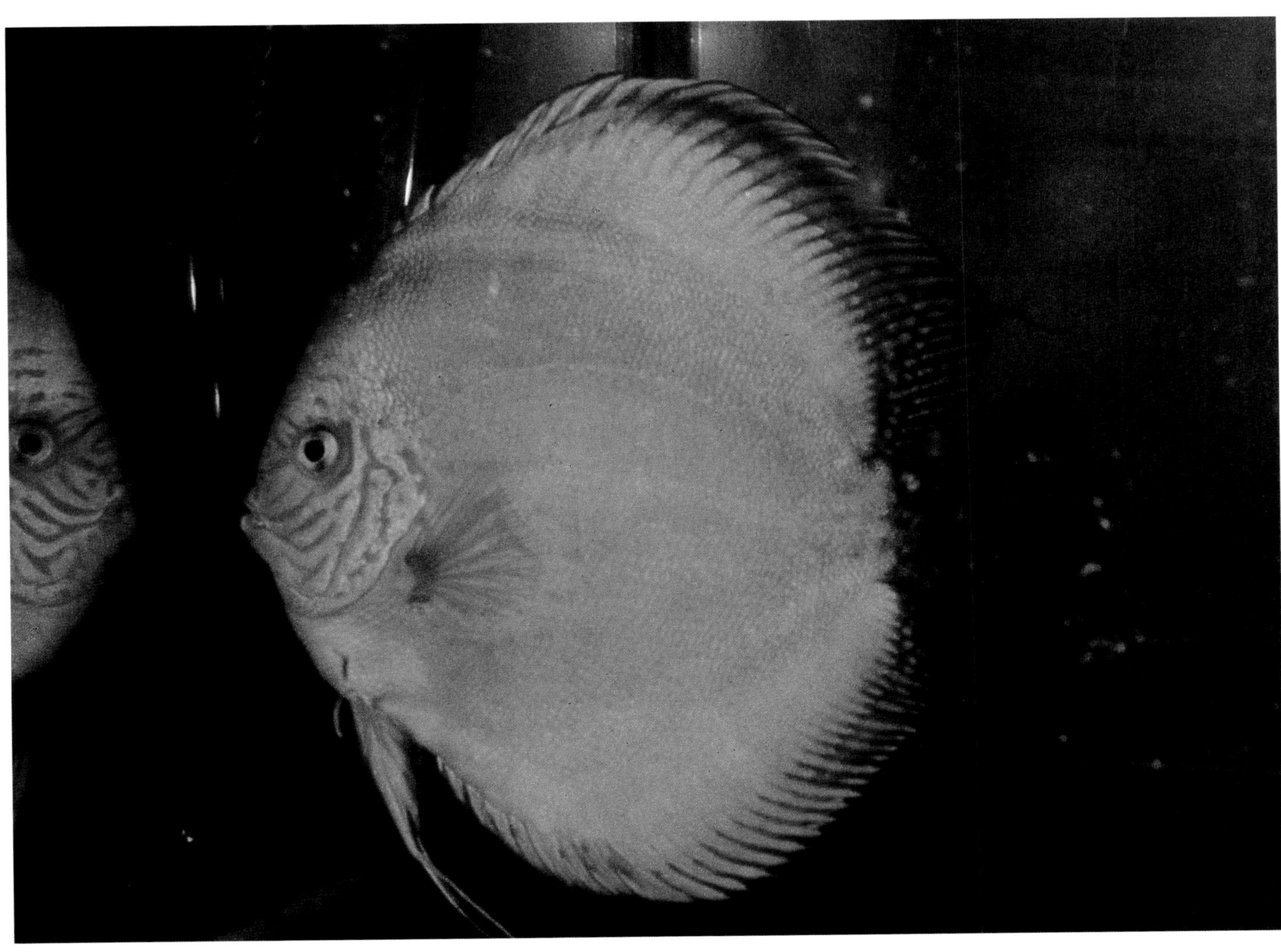

Kobalt blaue Diskus

Aus Hong Kong stammt dieser „Full color body" und er kann tatsächlich durch eine sehr volle Körperfarbe überzeugen. Aber auch die Körperform stimmt, denn der Fisch hat ein beachtliches Verhältnis zwischen Körpermasse, Beflossung und Gesamterscheinungsbild. Bedauerlich ist, daß das Auge nicht leuchtend rot gefärbt ist. Die braune Zeichnung im Kopfbereich und auf den Kiemendeckeln verhindert noch, daß dieser Diskus aus asiatischer Sicht, zu den absoluten Top-Diskus gehört.

Cobalt Blue Discus

This discus comes from Hong Kong and the body color is really „full color body" as they call it there. Also, the body shape is perfect and the combination between body, and fins is impressive. But the eye is not red. Also the brown coloration around the head is not good for selling such discus.

Photo N. Chiang, Fish magazine, Taiwan

D 166

CB 10

Kobalt blaue Diskus

Sehr schöner hochflossiger Hochzuchtdiskus mit intensiver Blaufärbung. Diese Diskus wurden in Hong Kong als „Blue Diamond" Diskus auf den Markt gebracht. Die metallische Blaufärbung ist Bestandteil dieser Zuchtform. Sehr gute Körperproportionen und schönes rotes Auge.

Cobalt Blue Discus

Beautiful high fin discus that is called „Blue Diamond" in Hong Kong. The metallic blue color is typical for this variation. A beautiful red eye is paired with a perfect body shape.

Photo Bernd Degen

Kobalt blaue Diskus

Jack Wattley war einer der ersten Diskuszüchter, welcher flächige Kobaltblaue Diskus nachzüchtete. Seine ersten Flächendiskus züchtete er durch Auswahl aus besonders schönen, grünen Wildfängen nach. Dieser Kobaltblaue Diskus erscheint sehr hell, hat aber eine durchgehend flächig blaue Färbung. Sehr schön ist der rote Kontrast der Rückenflosse. In der Körperform ist dieser Diskus sehr hoch.

Cobalt Blue Discus

Jack Wattley was one of the first discus breeders who could breed full body cobalt discus. He bred these discus from wild green stock that exhibited a nearly full body green coloration. This cobalt blue discus seems very light in color but the color covers the whole body. The contrast of red color in the fins is good. The body is very high.

Photo	J. Wattley
Besitzer/Owner	J. Wattley

D 168

CB 12

Kobalt blaue Diskus

Ein sehr hell ausfallender, flächig blauer, fast silbriger Diskus aus einer Linienzucht. Durch Linienzucht können die Merkmale, wie Farbe oder Körperbau, gefestigt werden. Wird als Zuchtziel die helle, silbrige Farbe angestrebt, können diese hellen Diskusfische später für interessante Kreuzungsvarianten eingesetzt werden. Dieses Diskusweibchen ist noch nicht voll ausgewachsen und besitzt ein Alter von elf Monaten.

Cobalt Blue Discus

The color of this discus is a very light blue. The color of this line bred fish appears nearly silver. If breeders prefer the silver color, the discus with this body color can be used for inbreeding in other blood lines to give them more silver color. In this way new color variations can be obtained. This female is not fully grown. Her age is 11 months.

Photo D. Schlingmann
Besitzer/Owner D. Schlingmann

Kobalt blaue Diskus

Ein typischer flächenblauer Diskus aus einer Hong Kong Zuchtlinie. Diese Diskus ohne Streifenzeichnung im Gesicht und Kiemendeckelbereich, werden als „Blue Diamond" Diskus gehandelt. Sie erzielen immer noch Höchstpreise unter den asiatischen Liebhabern. Auffallend ist hier die intensive Blaufärbung im Kopf- und Kiemendeckelbereich. Die Beflossung ist imposant und die Körperform ist gleichmäßig rund. Auffallend ist auch die intensive Blaufärbung der Bauchflossen.

Cobalt Blue Discus

Typical Hong Kong cobalt blue discus. These discus without any markings on the gill covers and the face are called „Blue Diamond" discus. Hobbyists have to pay high prices for these discus. Especially the stronger blue color around the head is impressive. The fins are high and the body shape is good.

Besitzer/Owner Ng Kai Hong, Hong Kong

D 170

CB 14

Kobalt blaue Diskus

Typischer Vertreter des Hong Kong „Blue Diamond" Diskus mit vollflächiger Färbung. Beachten Sie die sehr starke Beflossung und die intensive Blaufärbung in den Flossensäumen sowie in den Bauchflossen. Hier handelt es sich noch um relativ junge Diskusfische im Alter von zehn Monaten.

Cobalt Blue Discus

Also typical Hong Kong „Blue Diamond". Look at the full body coloration. Even the fins show a perfect blue color. These discus are only 10 months old.

Besitzer/Owner Lau Shing Lee, Hong Kong

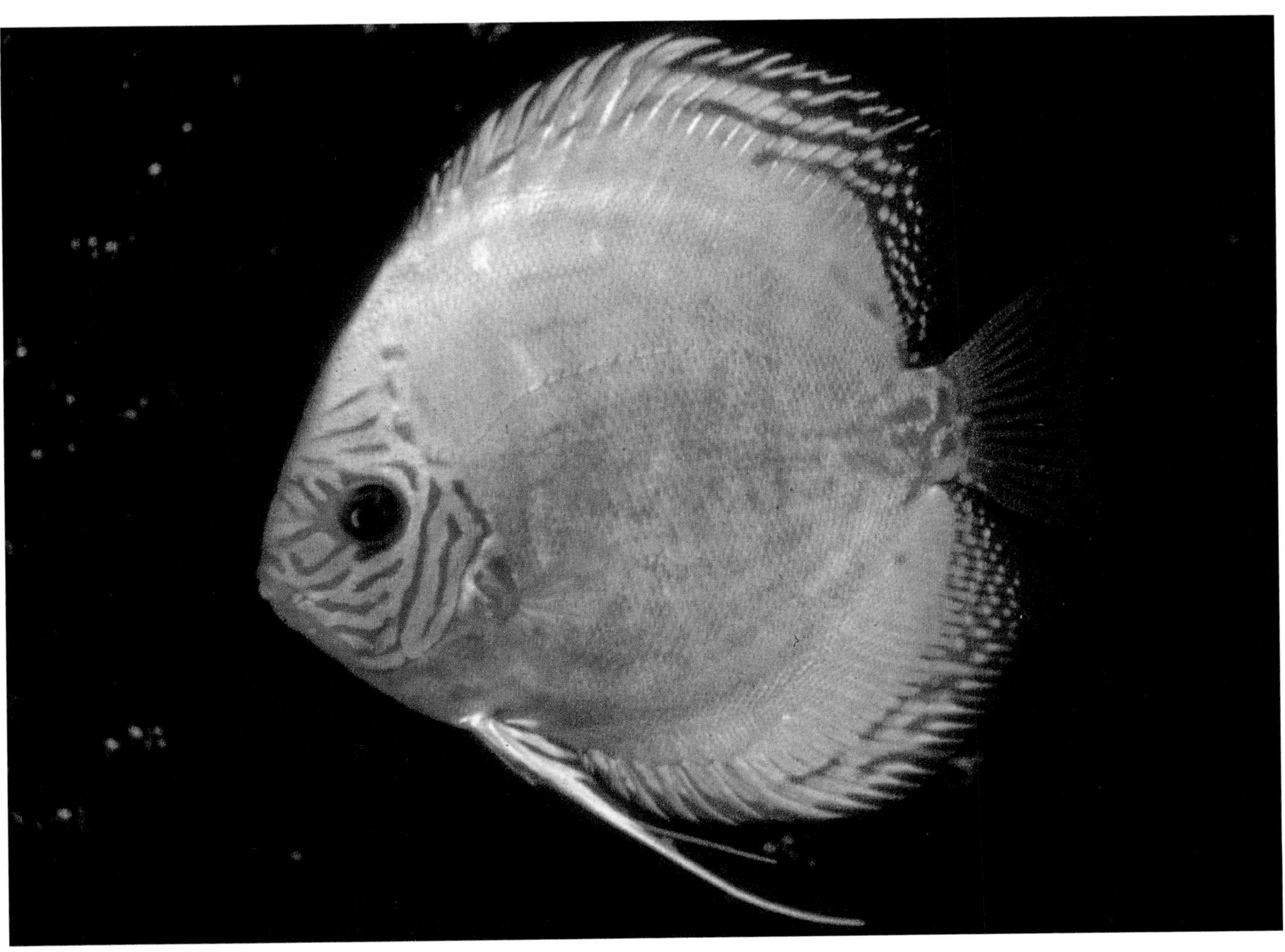

Kobalt blaue Diskus

Im Gegensatz zu den „Blue Diamond“ Diskus aus Hong Kong, weisen die „normalen“ Kobaltblauen Diskus Südostasiens im Bereich der Kiemendeckel und des Kopfes, noch eine Braunstreifung auf. Auch in der Körpermitte besitzt dieser flächige Diskus noch nicht die kräftige Blaufärbung, wie sie den „Blue Diamond“ Diskus zu eigen ist. Im Kopf- und Rückenflossenbereich ist hier die Blaufärbung allerdings auch sehr stark.

Cobalt Blue Discus

Regular cobalt blue discus have some brown lines around the head and on the gill covers. They are not as impressive as „Blue Diamond“ discus. But this is a good regular cobalt blue discus.

Photo	Aqualife, Taiwan

KOBALT GRÜNE DISKUS

Da auch mehr in Richtung grün tendierende flächige Diskusfische gezüchtet werden, mußte zur Unterscheidung eine eigene Gruppe für sie geschaffen werden. Die englische Bezeichnung „cobalt green" wird bei der Klassifizierung mit „CG" gekennzeichnet. Gerade in Südostasien war man jahrelang bemüht, mehr ins kräftig grün gehende flächige Diskusfische nachzuzüchten. Der japanische Markt verlangte solche Diskusfische. Und es gibt tatsächlich eine optische Unterscheidung zwischen flächig blauen Diskus und flächig grünen Diskusfischen. Welche Variante schöner anzusehen ist, bleibt Geschmacksfrage. Bei den flächig grünen Diskusfischen wurden verstärkt grüne Diskusfische eingekreuzt, so daß diese flächige grüne Farbe so weit stabilisiert werden konnte, daß auch die Nachzuchten fast hunderprozentig so ausfärben.

In Malaysia, auf der Insel Penang, gelang die Zucht von völlig flächig grünen Diskus, welche auch keinerlei Zeichnung mehr im Kiemendeckel- und Kopfbereich aufwiesen. Die Stabilisierung dieser Merkmale, daß die braune Linierung im Kopfbereich völlig fehlt, ist äußerst schwierig und deshalb erzielten die unter der Handelsbezeichnung „Ocean Green" Diskus gehandelten Fische sehr hohe Preise. Gerade die Japaner waren bereit, hier fast jeden Preis zu bezahlten. Diese flächigen grünen Diskusfische faszinieren tatsächlich durch ihre kräftige Grundfärbung und sie stellen das Ergebnis einer konsequenten Hochzucht dar. Durch Zuchtauslese und ein ständiges Bemühen des Züchters um seine Zuchtstämme, gelingt es, zwar mit erheblichen Aufwand, einen farbfesten Zuchtstamm aufzubauen dessen Jungtiere in ihrer Farbgebung voll befriedigen.

COBALT GREEN DISCUS

Breeders also tried to breed cobalt green discus so we had to classify them in a special group. They receive the code „CG".

Especially in Asia breeders tried for many years to obtain strongly colored full body green discus. The Japanese discus market was looking for such fish. There is really an optical difference between full body blue and full body green discus. Which kind is more beautiful depends on the tastes of the discus hobbyist. Full body green discus have been created by using more green discus in the breeds so that breeders could stabilize the green color at nearly 100%.

On the Malaysian island of Penang they bred full body green discus that did not show any lines on the gill cover or on the head. The stabilization of these color marking is very difficult, so the breeders from Penang use the trade name „Ocean Green" and they ask high prices for these discus, which are sold mostly to Japan. These full body green discus are fascinating; they are the result of line breeding and a lot of work.

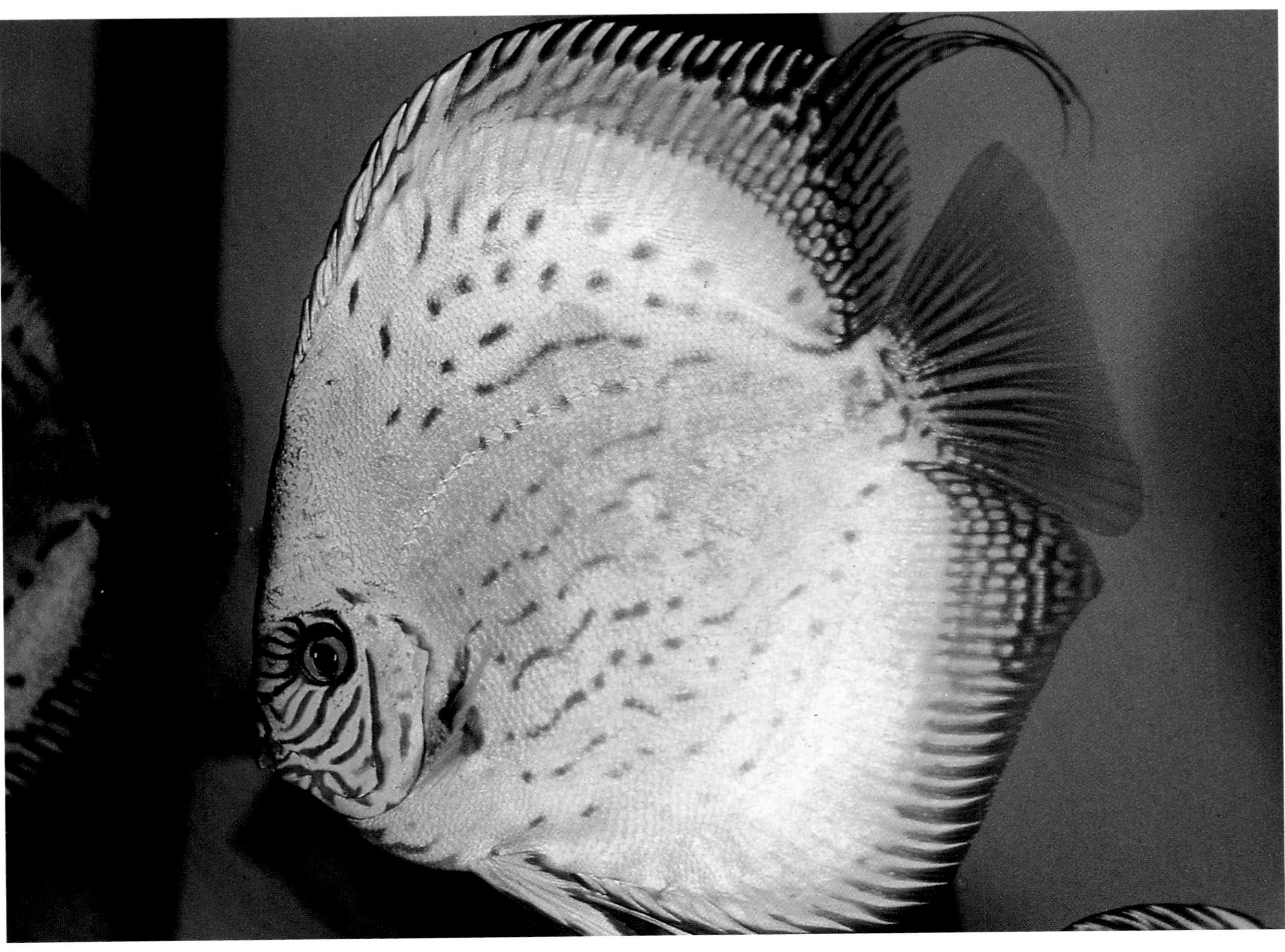

Kobalt grüne Diskus

Eine sehr hohe Körperform besitzt dieser Diskus, der auch eine eigentümlich stark ausgezogene Rückenflosse besitzt. Stark ausgezogene Rückenflossen können bei einer übermäßigen Hormonfütterung, die auch unbewußt durch Rinderherz vorkommen kann, auftreten. Sehr intensiv grün sind auch die Bauchflossen gezeichnet und der Gesamteindruck der Farbe dieses Fisches kann durchaus als brillant bezeichnet werden.

Cobalt green discus

This discus shows a high body and high fins. The extremely long fins could be a result of hormone feeding. Sometimes beefheart contains some hormones making breeding results uncertain. The fins are very intensively green, and the fish shows a real brillant coloration.

Photo	Bernd Degen
Besitzer/Owner	D. Putz

D 173

CG 2

Kobalt grüne Diskus

Auffallend intensiv ist dieser Diskus mit kräftig rotem Auge gefärbt. Die insgesamt grüne Färbung wird durch einen kräftigen Blauton im Kopfbereich unterbrochen. Das Zusammentreffen dieses blauen und grünen Farbtones, macht diesen Diskus besonders interessant. Die punktartige Zeichnung in der Afterflosse deutet noch stark auf grüne Wildfänge hin.

Cobalt green discus

This brilliantly colored discus has a red eye, and the green coloration is combinated with some blue color in the head region. The meeting of blue and green color in this discus gives it a special interest. Some spots in the fins hint of the wild green blood.

Photo W. Besancon
Besitzer/Owner W. Besancon

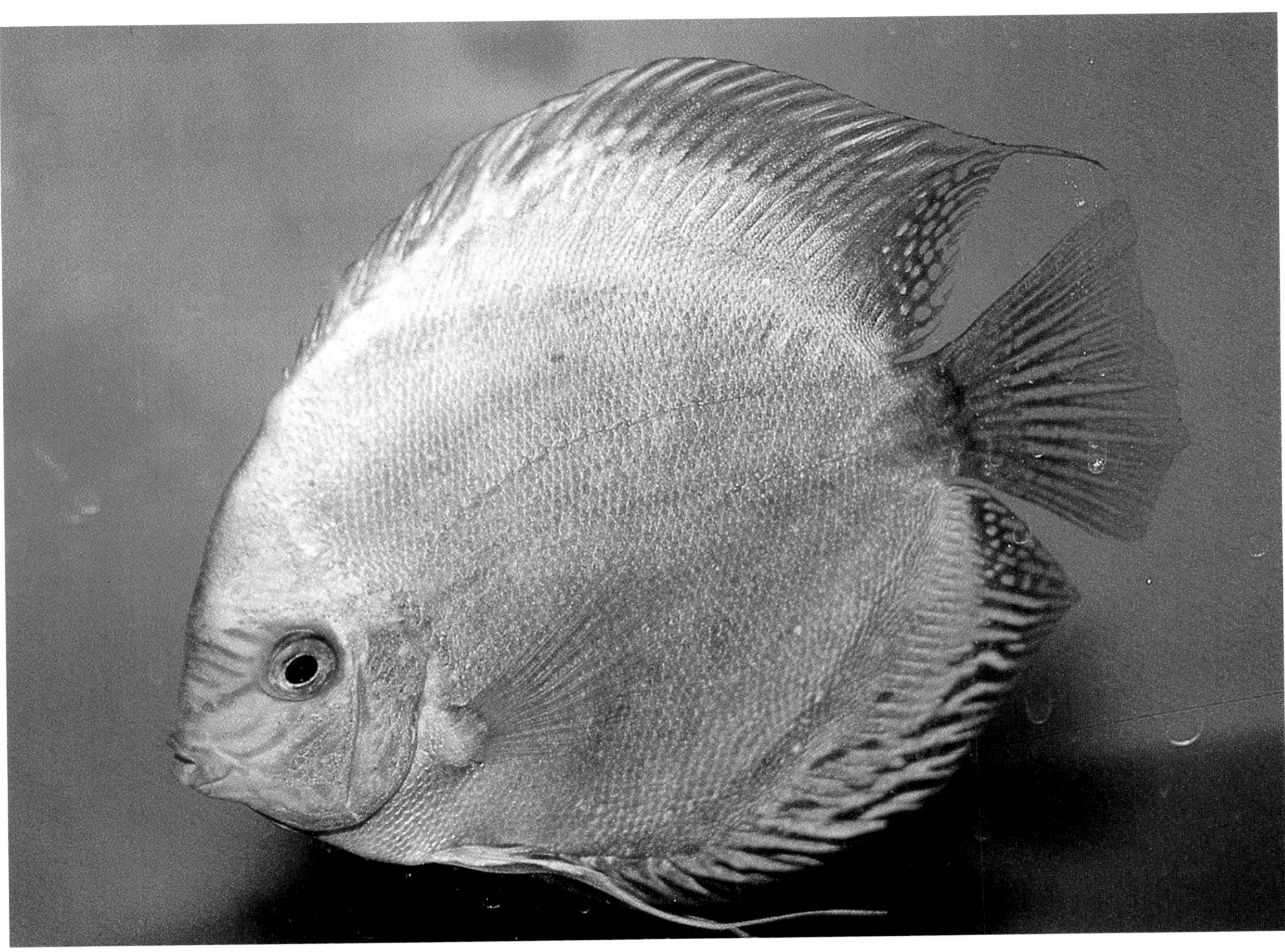

Kobalt grüne Diskus

Flächig grün ist dieser Diskus mit sehr großer Schwanzflosse, die deutlich absticht. Nur in der Bauchflosse befindet sich noch etwas Zeichnung, ansonsten ist dieser Diskus makellos flächig grün.

Cobalt green discus

This brilliantly colored discus has a red eye, and the green coloration is combinated with some blue color in the head region. The meeting of blue and green color in this discus gives it a special interest. Some spots in the fins hint of the wild green blood.

Photo	Bernd Degen
Besitzer/Owner	H. Kleykers

D 175

CG 4

Kobalt grüne Diskus

Sehr intensiv ist die grüne Grundfärbung dieses flächigen Türkis-Diskus, der als perfekt angesehen werden kann. Sowohl die Farbe als auch die Körperform überzeugen.

Cobalt green discus

Very intense green is the basic coloration of this full body turquoise discus. Not only the color but also the body shape is perfect.

Photo Bernd Degen
Besitzer/Owner H. Kleykers

Kobalt grüne Diskus

Asiatischer „Ocean Green" Diskus aus Malaysia. Sehr schöne hohe Körperform und perfekte Beflossung. In den Flossen keinerlei Zeichnung mehr, sondern flächig deckende grüne Färbung. Sehr schön korrespondierendes rotes Auge.

Cobalt green discus

„Ocean Green" discus from Malaysia that has a high body and perfect fins. No more marking are seen in the fins, and the whole body is covered with a strong green color. The red eye adds special interest.

Photo Bernd Degen

D 177

CG 6

Kobalt grüne Diskus

Flächig türkiser Diskus, wie er in den 80iger Jahren in Deutschland sehr gesucht war. Damaliges Spitzentier mit perfektem Körperbau.

Cobalt green discus

Full body turquoise discus as they were bred in the 1980s in Germany. At that time such discus were something special.

Photo Bernd Degen
Besitzer/Owner Diskus Center Royal Blecha

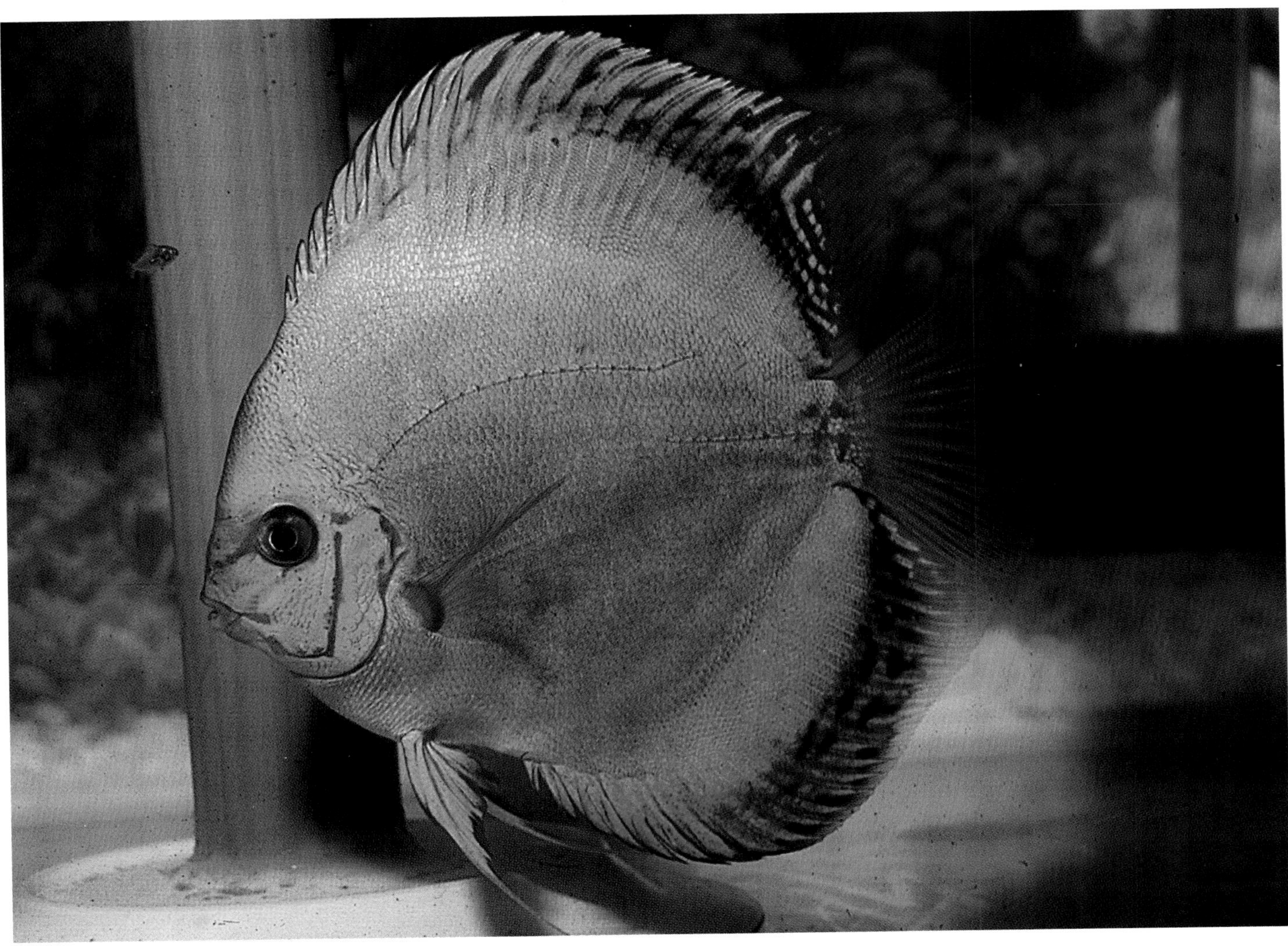

Kobalt grüne Diskus

In der Färbung unterscheiden sich die grünflächigen Diskus dieser Gruppe von der vorangegangenen Gruppe der Kobaltblauen Diskus erheblich. Die Grünfärbung muß allerdings auch so intensiv sein, daß der ganze Fisch gleichmäßig flächig mit dieser Farbe überzogen ist. Bei diesem Diskus tritt der kräftige schwarze Flossensaum besonders deutlich hervor. Auch die sehr hohe Körperform sticht sofort ins Auge, ist aber Zuchtziel in Südostasien. In Malaysia wird diese Zuchtvariante als „Ocean Green" Diskus gehandelt.

Cobalt green discus

This discus is different from the cobalt blue discus. The full body green color is so intense that the whole fish looks metallic green. This discus also shows the black band in the fins from wild green discus. The body is very high; in Malaysia they call this fish „Ocean Green".

Besitzer/Owner Chow Wai, Hong Kong

D 179

CG 8

Kobalt grüne Diskus

Noch nicht ganz flächig ist dieser große Diskusmann gezeichnet. In der Körpermitte befinden sich noch Reste der braunen Linierung. Zuchtziel wird sein, diese restlichen Linien noch aufzulösen. Sehr intensiv ist die flächige Grünfärbung in der oberen und unteren Körperhälfte. In den Flossensäumen ist auch ein erheblicher Rotanteil zu erkennen. Hier handelt es sich um einen typischen Wattley Türkis-Diskus, wie er zu Beginn der Zuchterfolge mit flächigen Diskus, enorme Preise erzielte.

Cobalt green discus

The body is not fully covered in this discus male. The middle of the body shows some brown lines. Breeders will try to breed discus without these lines. The intensely green color on the body is a good possibility to breed into future full body colored discus. The fins show some red. This discus is a typical Wattley turquoise discus, which have been very famous since Wattley began to breed them.

Photo J. Wattley
Besitzer/Owner J. Wattley

CG 9

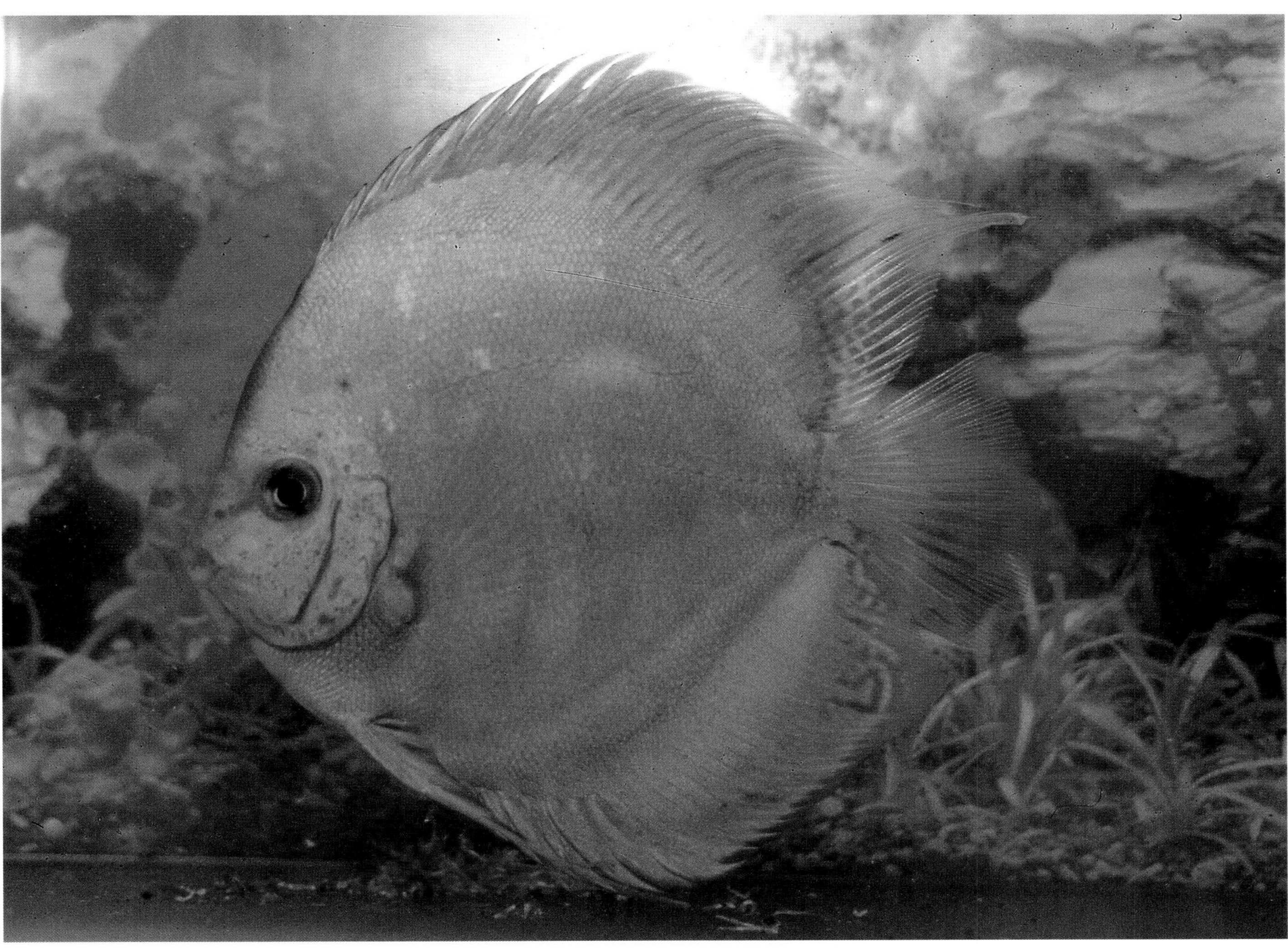

Kobalt grüne Diskus

Typischer „Ocean Green" Diskus aus Südostasien. Auffallend ist auch hier die kräftige, flächige Grünfärbung, die diese Diskusfische doch deutlich von den Kobaltblauen Flächendiskus unterscheidet. Die intensive Grünfärbung setzt sich bis in die Flossenspitzen fort. Bei „Ocean Green" Diskus darf auf den Kiemendeckeln und im Kopfbereich keine braune Linierung mehr sichtbar sein. Obwohl dieser Fisch von der Körperform besticht, weist er noch etwas Zeichnung im Gesicht auf, die mit Abstrichen zu belegen ist. Insgesamt aber ein sehr auffallender Diskus dieser Farbgruppe.

Cobalt green discus

Typical „Ocean Green" from Asia. The strong green coloration which differentiates this discus from cobalt blue discus is interesting. The fins are also covered with green. „Ocean Green" discus also have color on the gill covers and head. No brown lines should be seen. This discus has a perfect body shape, but the face still shows some small brown marks. But it is nonetheless a very impressive discus in this color group.

Besitzer/Owner Tung Shu Kee, Hong Kong

D 181

CG 10

Kobalt grüne Diskus

Imposanter Diskus mit perfekter metallischer Grünfärbung, die flächendeckend ist. Keinerlei Streifung mehr auf dem gesamten Körper. Augenproportion im Verhältnis zur Körpergröße ideal. Zuchtform aus Südostasien, die in Taiwan als „Ocean Green“ gehandelt wird.

Cobalt green discus

Beautiful discus with a perfect metallic green color. No more lines are seen on the whole body. The size of the eye is very good. Theis breeding form is from Malaysia and is sold there and in Taiwan as „Ocean Green“.

Photo Bernd Degen

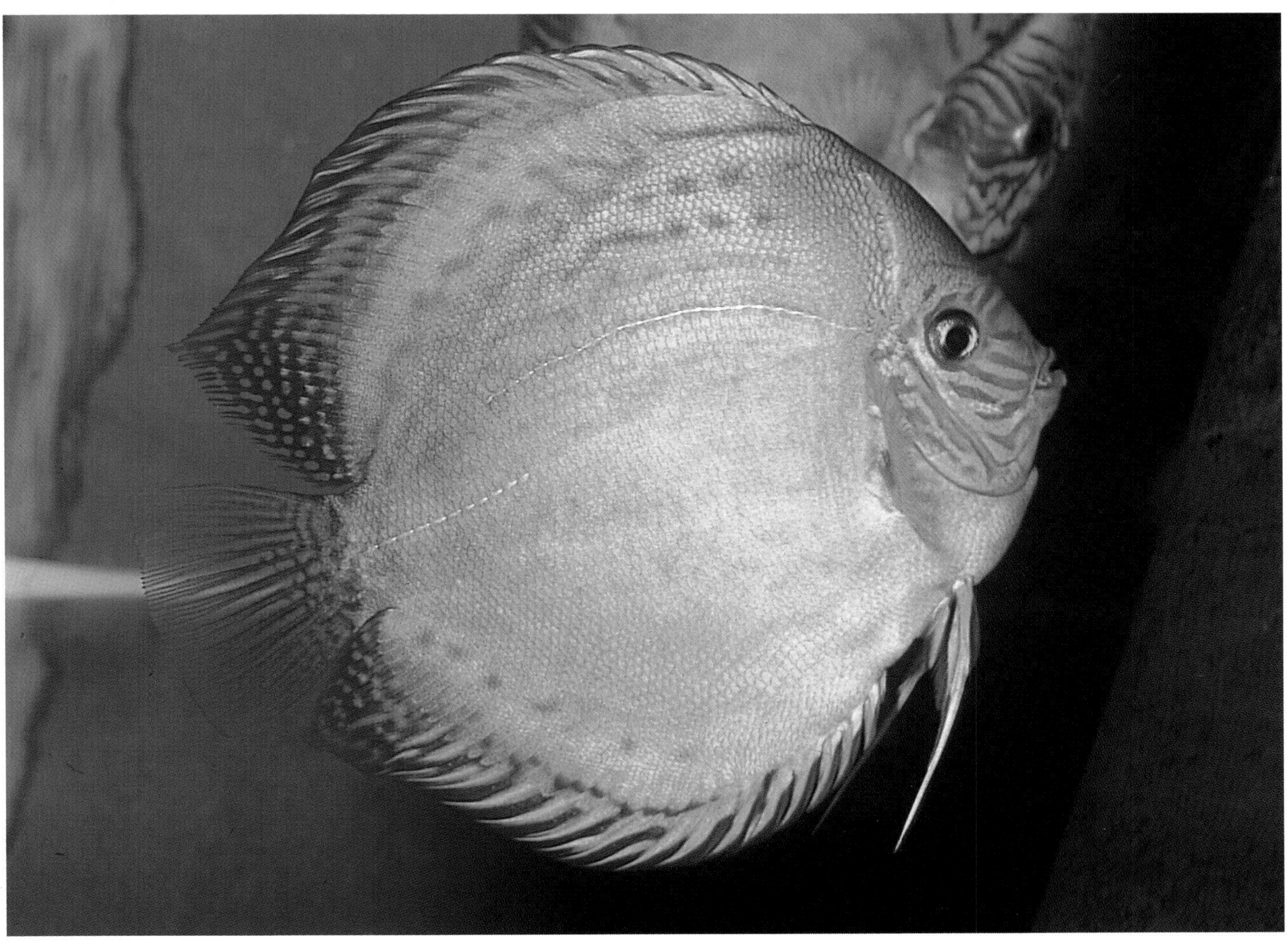

Kobalt grüne Diskus

Bereits bei jungen Tieren im Alter von zehn Monaten war hier deutlich zu erkennen, daß diese flächig grün werden würden. Die restlichen Punkte, bzw. braunen Streifen in der Rückenpartie verschwanden mit zunehmendem Alter völlig. Diese Zuchtvariante besaß eine sehr gute Körperform und alle Diskus erschienen fast kreisrund, was ja auch ein Zuchtziel sein sollte.

Cobalt green discus

Young discus at an age of ten months already shows strong green color. The spots and brown lines on the back and in the fins will disappear later. This breeding variation had a perfect body shape, which should be a credit to the breeder.

Photo	Bernd Degen
Besitzer/Owner	Dieter Putz

HYBRIDE GRÜN

HYBRID GREEN

Da inzwischen weltweit unzählige Hybrideformen auf dem Markt sind, soll hier erstmals eine Klassifizierung nach der Grundfärbung erfolgen. Aus diesem Grunde wurden fünf Hybridefarbformen ausgewählt. Es handelt sich hierbei um grüne, braune, blaue und rote Varianten. Die Diskusfische dieser Gruppen lassen sich nur schwer in eine der vorgenannten Gruppen einordnen und deshalb ist es wohl sinnvoller, sie separat zu betrachten.
Beginnen wir mit der grünen Hybrideform, die Diskusfische beeinhaltet, die aus Zuchtversuchen stammten, die entweder zufällig oder gewollt, diese Farbvariante hervorbrachten. Da ja, wie bereits mehrfach erwähnt, Diskusfische untereinander kreuzbar sind, kommt es durch gewollte oder ungewollte Verpaarungen immer wieder zu Nachzuchten die Mischfarben aufweisen. In der ersten Gruppe stehen Diskusfische, bei welchen die grüne Farbe im Vordergrund steht, bzw. wo die Eltern den Grünen Diskus zuzuordnen sind. Hybrideformen zeigen oft beeindruckende Körperformen und gerade in den südostasiatischen Züchtereien ist man stets bemüht, Hybrideformen zu entdecken.

So many hybrid forms are now on the market that at this point we have to break them into separate groups. We have chosen five hybrid color groups. These groups are: green, brown, blue, red, and cross forms. It´s very difficult to classify discus in regular groups and this is why we have put them in extra single groups.
Let´s start with the green hybrids, which include discus that have been bred by random crossings. All discus are able to breed with each other, so new color variations are always possible. In the first group we show discus that are almost green and have parents that are more or less green discus. Hybrid forms sometimes can have very impressive body shapes. Asian breeders especially like to breed hybrid discus.

Hybride Grün

Hier ist deutlich die Verwandschaft zu Grünen Wildfang-Diskusfischen zu erkennen. Auffallend ist hier die fast flächige grau-grüne Farbe, die jedoch besonders in der hinteren Körperhälfte als unschön zu betrachten ist. In der vorderen Körperhälfte treten Türkiszeichnungen fast perlartig auf. In der Färbung ein völlig unausgewogener Diskus.

Hybrid green

Here you can see that this discus was bred from wild green discus. Typical is the full body gray green color, which doesn´t look so well at the rear of the fish. The front of the body shows turquoise pearls. The coloration of this discus is unequal.

Photo Bernd Degen

D 184

HGR 2

Hybride Grün

Kreuzungsprodukt aus Grünen und Braunen Diskusstämmen, wie sie in der früheren DDR gezüchtet wurden. Auffallend ist die enorme Körpergröße dieser Diskusfische. In der Färbung fallen sie allerdings sehr unterschiedlich aus. Dieser Diskus zeigt eine zu unausgewogene Farbe.

Hybrid green

Cross product from green and brown discus bred in the former German Democratic Republic. They are enormous but very strange in color.

Photo Bernd Degen
Besitzer/Owner Hilmar Blischke

HGR 3

Hybride Grün

Aus der gleichen Zuchtlinie wie HGR 9 stammt dieser Diskus, der jedoch erheblich mehr Braun- und Rottöne zeigt. Hier ist die Bezeichnung „Tangerine Green“ eher zu verstehen, denn die rotbraunen Farbtöne erinnern eher an eine Tangerine, die ja mit einer Orange vergleichbar ist. Sehr schön ist die kräftige rote Linierung, die besonders in den Flossenbereichen deutlich zu erkennen ist. Die Körperform ist sehr gut und insgesamt macht dieser Diskus einen imposanten Eindruck.

Hybrid green

This discus comes from the same breeding line as HGR 9. But this discus shows more brown and red color. The name „Tangerine Green“ is descriptive, because the red brown coloration looks like a tangerine orange. The strong red lining in the fins is especially beautiful. The body shape is perfect, and this is an impressive discus.

Photo	Shaifullah Yeng
Besitzer/Owner	Shaifullah Yeng

D 186

HGR 4

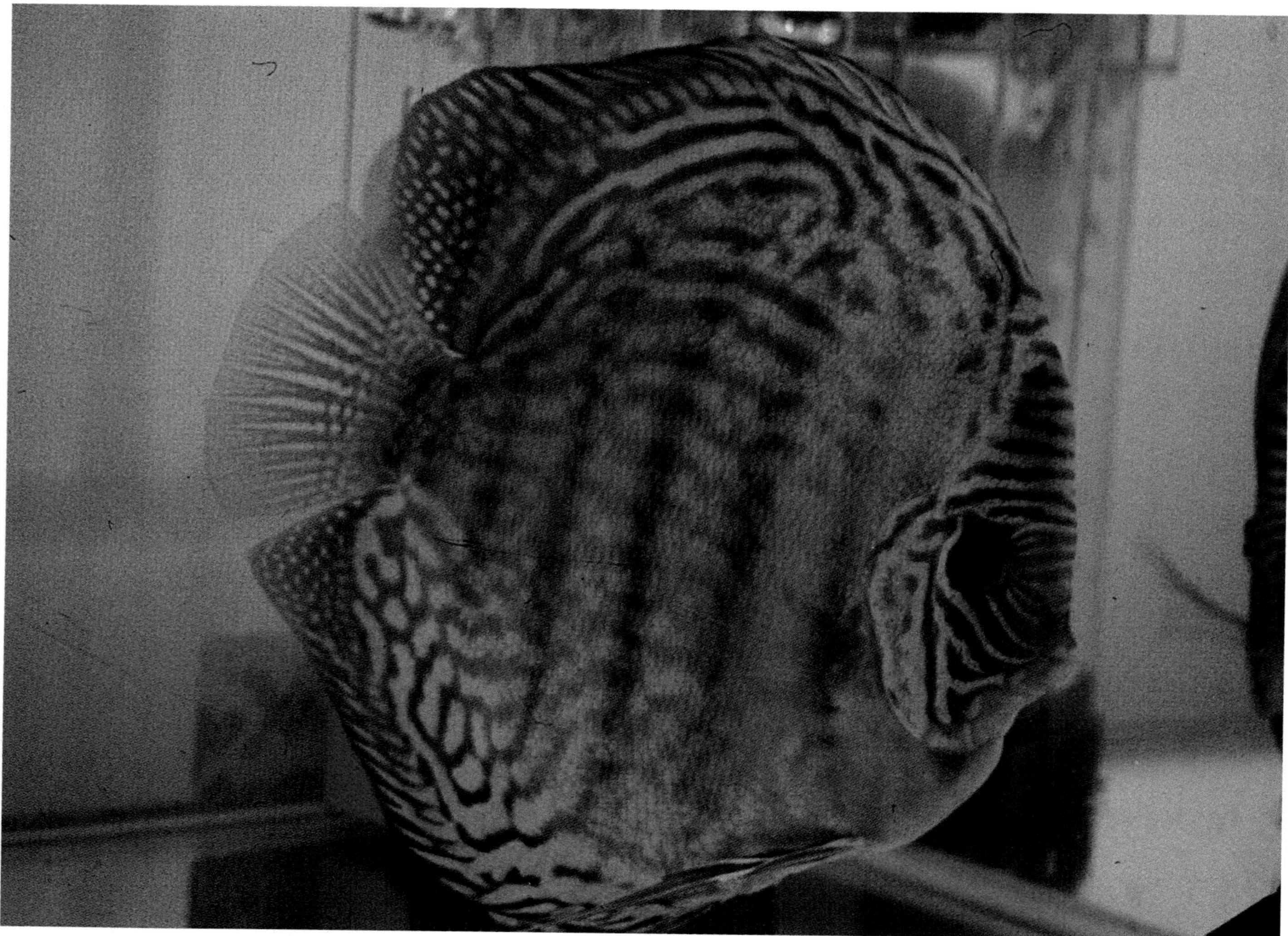

Hybride Grün

Asiatische Kreuzungsvariante mit sehr eigenwilliger Kopfform und unausgeglichener Körperzeichnung. Diesesm Diskus fehlt auch die farbliche Brillanz. Kreuzungsprodukt aus einer Vielzahl von vorausgegangenen unkontrollierten Kreuzungsversuchen bei Diskusfischen. Dieser Diskus wurde während der Aquarama in Singapur ausgestellt.

Hybrid green

Asiatic cross with extremely large head and body. The coloration and the body marks are strange. Some brilliant color is missing. Hybrid from many varieties where the breeders were careless about the coloration. This discus was shown during the Aquarama in Singapore.

Photo Bernd Degen

Hybride Grün

Sehr große Kreuzungsvariante mit interessanter Körperform, aber unklarer Körperzeichnung. Auffallend ist das kleine Auge im Verhältnis zur Körpergröße, was Rückschlüsse darauf zuläßt, daß dieser Diskus während der Aufzucht niemals erkrankt war. Sehr schöne Färbung im Flossensaumbereich, was auf eine Verwandschaft zu Tefé Diskus schließen läßt.

Hybrid green

Very large cross with interesting body shape but unclear color marks. The eye size is perfect in relation to the body size, which shows that these discus never had any disease during their juvenile stage. In the fins the color is very strong and the typical black band is seen. This shows that green discus blood is in this fish.

Photo	Bernd Degen
Besitzer/Owner	Dieter Putz

D 188

HGR 6

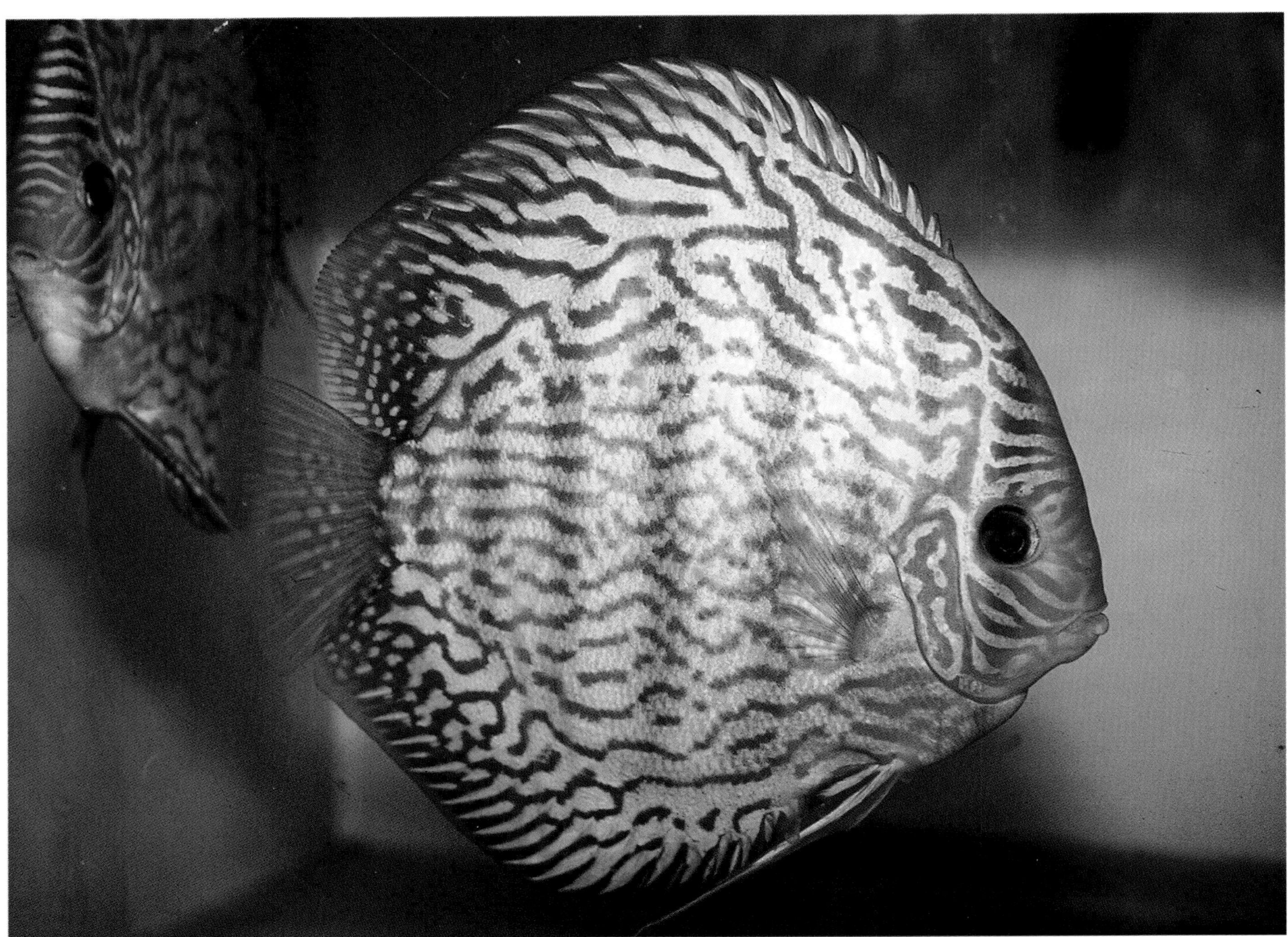

Hybride Grün

Die sehr unruhige und unterbrochene Linierung macht diesen Diskus optisch sehr interessant. Ob sich allerdings bei Nachzuchten von ihm die gleiche unterbrochene Linierung einstellen würde, bleibt fraglich. Bei guter Körperform und sehr schöner Beflossung kann es durchaus interessant sein, einen solchen Diskus zuchtmäßig weiterzuverfolgen. Durch das unruhige Muster ist dieser Diskus sehr anziehend.

Hybrid green

Optically interesting lines and spots show on the body of this discus. But it´s not sure that the offspring will show the same body coloration. For those seeking perfect body shape, interesting coloration and colored fins it could be very interesting to breed with this discus.

Photo	Bernd Degen
Besitzer/Owner	Bernd Degen

Hybride Grün

Sehr gut ausgefärbter asiatische Diskusvariante mit ebenfalls sehr stark unterbrochener Körperlinierung, die diesem Diskus ein interessantes Aussehen verleiht. Die Türkisgrüne Körpergrundfärbung ist durchgehend gleich stark, was als Qualitätsmerkmal zu werten ist. Sehr schönes Auge, sehr interessante Kopfzeichnung und Linierung bis in die Flossensäume. Dieser Diskus wurde während der Aquarama in Singapur gezeigt.

Hybrid green

Very good colored discus from Asia with interesting streaking. The turquoise basic coloration is strong, and this is a high quality discus. The coloration and lines extend to the fins. The head marks are very impressive. This discus was shown during the Aquarama in Singapore.

Photo Bernd Degen

D 190

HGR 8

Hybride Grün

Fast flächiger türkis-grüner Diskus mit leichter punktartiger Zeichnung, bzw. Streifenzeichnung, die allerdings schon fast völlig von der Körpergrundfarbe verdrängt wurde. Zuchtziel könnte sein, solche Diskusfische mit zarten rot-braunen Punkten auf türkiser Grundfärbung zu züchten.

Hybrid green

Nearly a full body turquoise is this hybrid with some spots and lines on the body. The breeder should try to breed full body turquoise discus with some red spots.

Photo Bernd Degen

Hybride Grün

Als „Tangerine Green" Diskus bezeichnet der Züchter diese Farbvariante und deshalb ordnen wir sie auch in diese Fischgruppe ein, obwohl sie vom Erscheinungsbild besser zu Rot-Türkis-Diskus passen würden. In Malaysia werden sehr schön gelb-rote flächige Diskus nachgezüchtet und hier wurden Türkis-Diskus mit diesen gelb-roten Flächendiskus verpaart. Das Ergebnis ist ein intensiv gefärbter Rot-Türkis-Diskus. Die sehr schöne Körperform und die perfekte Beflossung ist auffallend.

Hybrid green

The breeder of these discus used the name „Tangerine Green", so we put them in this discus group. They look more like red turquoise discus but we respected the name given by the breeder. In Malaysia they breed yellow red full color discus and this color form was paired off with turquoise discus to create this intensely colored red turquoise discus with perfect body shape and fins.

Photo	Shaifullah Yeng
Besitzer/Owner	Shaifullah Yeng

D 192

HGR 10

Hybride Grün

Sehr auffallend gemustert ist dieser Kreuzungsdiskus aus grünen Wildfängen und Türkis-Diskus. Besonders schön gezeichnet ist die Gesichtsmaske mit den vielen Punkten. Auch in der oberen Körperhälfte sind Türkispunkte im Bereich der Rückenflosse zu erkennen, die diesen Diskus interessant machen. Ein sehr schöner Kontrast ist auch die hellbraune Färbung im Kehlbereich. Das Auge ist wohl proportioniert im Verhältnis zur Körpergröße. Die Beflossung ist sehr gut und besonders die Rückenflosse ist durch ihre Spitze sehr beeindruckend.

Hybrid green

A very impressive coloration is shown by this hybrid male from wild green discus and turquoise discus. The face in particular shows interesting marks. Also in the upper body part you can see many turquoise spots, giving this discus a lot of interest. Also the light brown coloration under the gill covers is beautiful and the eye has a good size in proportion to the body size. The fins are very large.

Photo	Bernd Degen
Besitzer/Owner	Dirk Mouvet

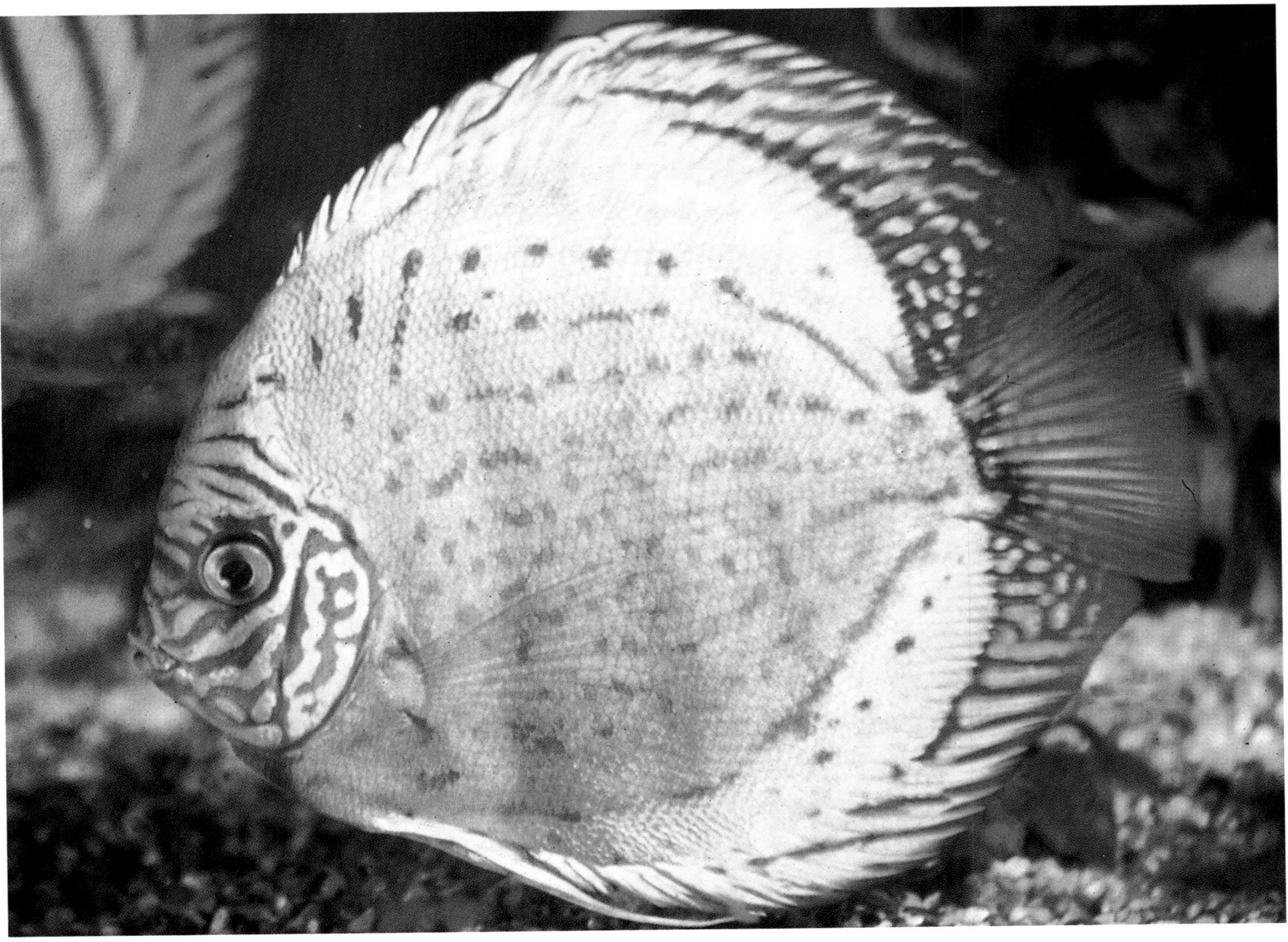

Hybride Grün

Eine interessant gefärbte Kreuzungsvariante aus Südostasien mit sehr heller, fast flächiger türkisblauer Grundfärbung und einigen rotbraunen Flecken. Sehr intensiv blau gefärbt ist der Kopf im Bereich des Auges. Diese Variante wurde aus flächig grünen Diskus herausgezüchtet und geht schon mehr in eine blaß-silbrige Färbung über. Körperform und Beflossung ist sehr gut ausgeprägt.

Hybrid green

The light color of this hybrid from Asia is interesting because the nearly full body turquoise coloration shows some red-brown spots. Around the head much blue color is shown. This hybrid variation was bred from full body green discus and shows a lot of light silver color. Body shape and fins are quite good.

Photo Aqualife, Taiwan

Die Farbe Braun ist eine „Alte" Diskusfarbe und sie gelangt immer dann zu großem Erfolg, wenn besonders braunrote Diskusfische auftauchen. Braune Diskusfische vererben sehr viel Körpermasse und so ist es nicht uninteressant gerade sie für Zuchtzwecke und Kreuzungsversuche einzusetzen. So werden z. B. verstärkt braune Diskusfische mit Pigeon blood Diskus verpaart, wenn es Probleme bei der Sekretbildung von Pigeon blood Diskus gibt. Der braune Diskus übernimmt bei solchen Paaren dann die Hauptaufgaben der Brutpflege.

In Thailand gelang die Nachzucht von kräftig rotbraunen Diskusfischen, die schon fast als flächig rot bezeichnet werden können. Diese Diskushybriden wurden aus braunen Wildfängen aus der Gegend von Alenquer gezogen. Bei einer Verpaarung von zwei solchen roten Fischen ist das Zuchtergebnis laut Züchter immer sehr schlecht, was die rote Farbe angeht. Erst wenn eine Kombination aus einem rotem und einem braunen Diskus zur Zucht angesetzt wurde, ergab es sich, daß unter den Jungfischen eine erhebliche Anzahl von rot ausfärbenden Diskusfischen zu finden war. Der braune Diskus spielt also eine bedeutende Rolle bei Kreuzungsversuchen und der Suche nach neuen Diskusvarianten. So tauchen auch immer wieder goldfarbene Diskusfische auf, die aus hellbraunen Diskusfischen gezüchtet wurden. Diese Hybrideformen sind sehr interessant und gerade in Südostasien wird ständig in diese Farbrichtung gezüchtet.

The brown color is an old discus color and always is successful when brown discus with some red color are available. Brown discus to pass on body size to their offspring, so breeders can get good results by crossing with brown discus. Brown discus are good producers of bodyslime for the babies to feed on, so they have been paired off with pigeon blood discus, which have problems with producing mucus in that way the brown discus can deliver it´s body mucus to feed the babies.

In Thailand breeders had success with breeding red brown discus with a lot of full body red coloration, and it´s now possible to call these discus „Red Discus". These discus hybrids have been bred by using wild brown discus from the area of Alenquer. Pairing to red discus is not good, because the result in red coloration is very poor. Only the combination of a red and a brown discus produces a lot of the babies that will have a good red coloration. The brown discus plays an important part in breeding interesting hybrids like the light golden discus. These hybrid forms are especially popular in Asia among breeders who try to create new color variations.

D 194

HBR 1

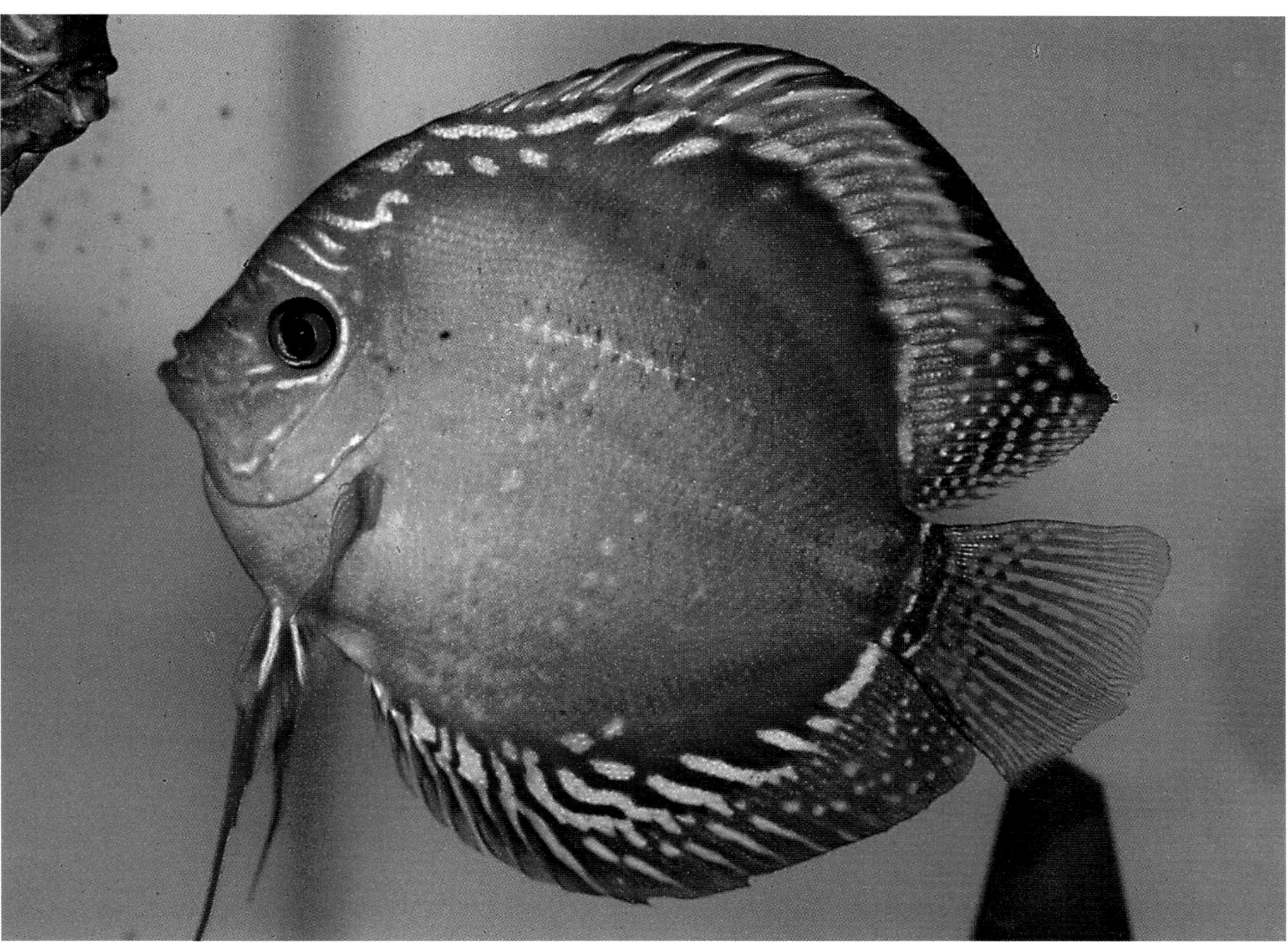

Hybride Braun

Dieses eigenartig flächig gezeichnete braune Diskusweibchen stammt aus einer Zuchtlinie, in welcher sehr viele Rot-Türkis-Diskus dominant waren. Einige wenige Weibchen zeigten jedoch keine Körperzeichnung und dafür ein schönes Braun. Sehr interessant ist die Zeichnung in der Rücken- und Afterflosse, sowie im Kopfbereich. Auch von der Form her, ist dieses Diskusweibchen sehr interessant.

Hybrid brown

This strange full body color brown female was from a breeding line in which red turquoise was the dominant color. Only a few females now showed body lines but had a beautiful brown coloration. The lines in the fins and around the head are very interesting. The body shape of this female is also very interesting.

Photo	Bernd Degen
Besitzer	Bernd Degen

D 195

HBR 2

Hybride Braun

Als sogenannten Hong Kong Red bezeichnen die Asiaten dieses Diskusfische aus Hong Kong, die aber den Marlboro-Diskus aus Thailand ähneln. Möglicherweise Nachzuchten aus den ersten rot-braunen Alenquer-Diskus. Obwohl dieser Diskus schon sehr schön rot-braun gezeichnet ist, kann er doch noch nicht die Qualität der Marlboro-Diskus erreichen.

Hybrid brown

These discus from Hong Kong are called „Hong Kong Red“, but they look more like the Marlboro Discus from Thailand. Maybe these hybrids have been bred from wild Alenquer discus. This is a beautiful red brown discus, but the color and quality of Marlboro Discus are better.

Photo N. Chiang, Fish magazine, Taiwan

HBR 3

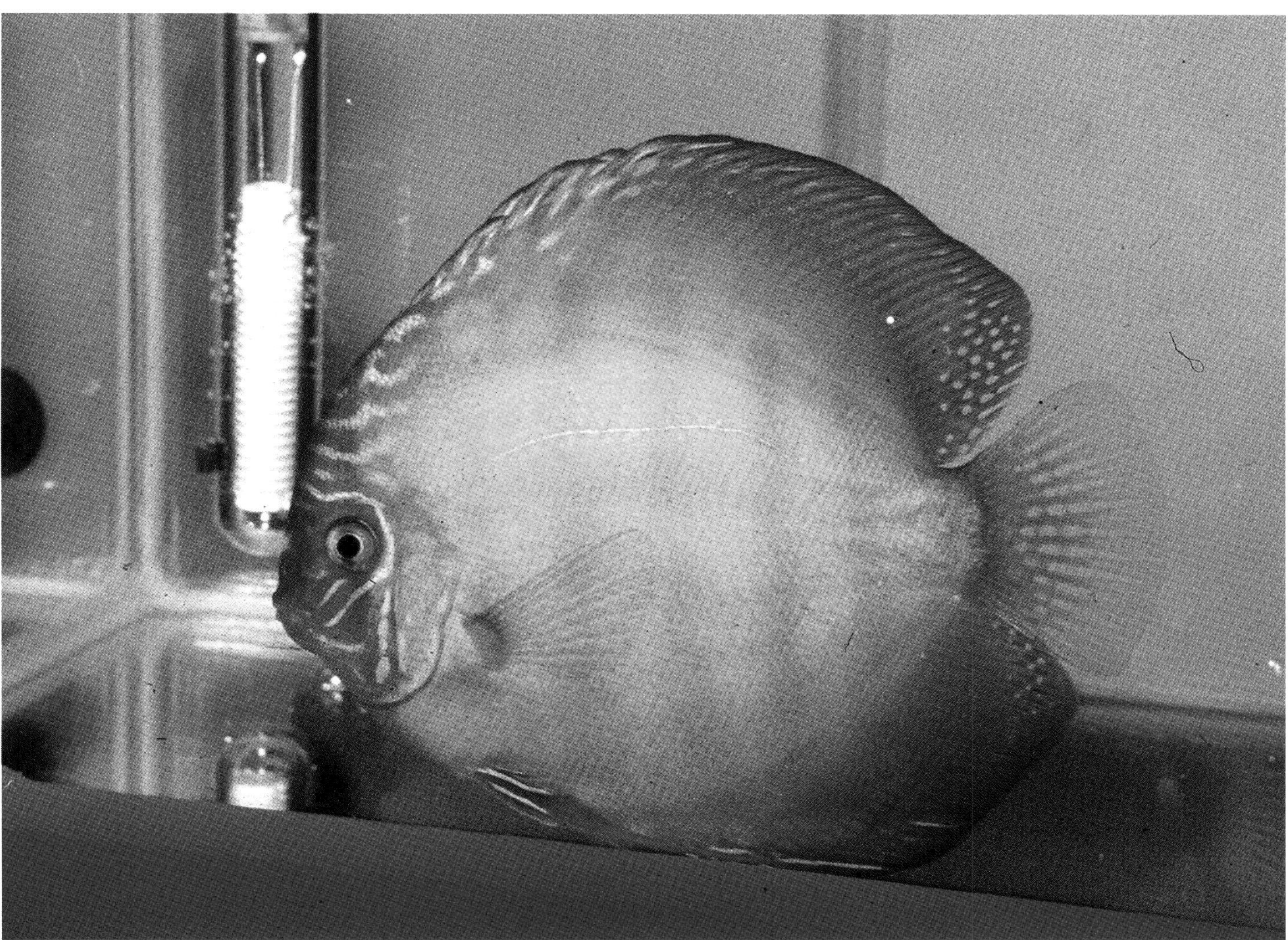

Hybride Braun

Während der Aquarama in Singapur wurden auch einige braune Varianten gezeigt, jedoch ist hier die Farbrichtung gold-gelb oder gold-braun gefragt. Solche Diskusfische werden dann als Golden Discus oder mit anderen Phantasienamen belegt. Sehr schöne gleichmäßige braune Färbung und kaum noch Türkisstreifung zu erkennen.

Hybrid brown

During „Aquarama" in Singapore a few brown hybrids have been displayed. In this fish the color variation gold-yellow or gold-brown is shown. Such discus are offered as „Golden Discus" or with some other trade names. The full body brown coloration is perfect and some turquoise lines can only be seen around the head.

Photo Bernd Degen

D 197

HBR 4

Hybride Braun

Ebenfalls aus Südostasien stammt diese Kreuzungsvariante aus Pigeon Blood und Braunen Diskus. Häufig werden jetzt Braune Diskuswildfänge in bestehende Zuchtlinien eingekreuzt. Nur im hinteren Körperbereich ist noch deutlich braune Färbung zu erkennen, ansonsten ist der Diskus fast blaß-rosa. Solche Diskusvarianten bekommen spezielle Handelsnamen.

Hybrid brown

This hybrid from pigeon blood and brown discus also comes from Asia. Mostly wild brown discus have been used for inbreeding to create new breeding lines. Only in the back part of the body can some brown coloration be recognized. The other parts of the body exhibit a light red coloration. Such discus are sold under special trade names.

Photo Bernd Degen

Hybride Braun

Eine sehr eigenwillige Zeichnung besitzt dieser Hybrid-Diskus, der von seinem Züchter als „Alenquer Red“ bezeichnet wird. Allerdings ist die typische rotbraune Alenquerfärbung hier nicht sehr stark vertreten. Von der Zeichnung und Linierung deutet dieser Diskus eher auf eine Kreuzungsvariante mit Blauen Diskus hin. Nur im Kopfbereich und Afterflossenbereich ist die Zeichnung gut und auffallend. In der Körpermitte und zur Schwanzwurzel hin ist nur eine verwaschene Braunfärbung sichtbar, die diesen Diskus weniger attraktiv macht.

Hybrid brown

This hybrid discus, which was sold by the breeder as „Alenquer Red“ has quite strange coloration and lines on the body. The typical red brown Alenquer color is not so strong. This discus looks more like a cross with blue discus. Only in the head and in the fins are the body lines clear. In the middle of the body the coloration is bad, which makes this discus much less attractive.

Züchter/Breeder Eddy Wong, Hong Kong

D 199

HBR 6

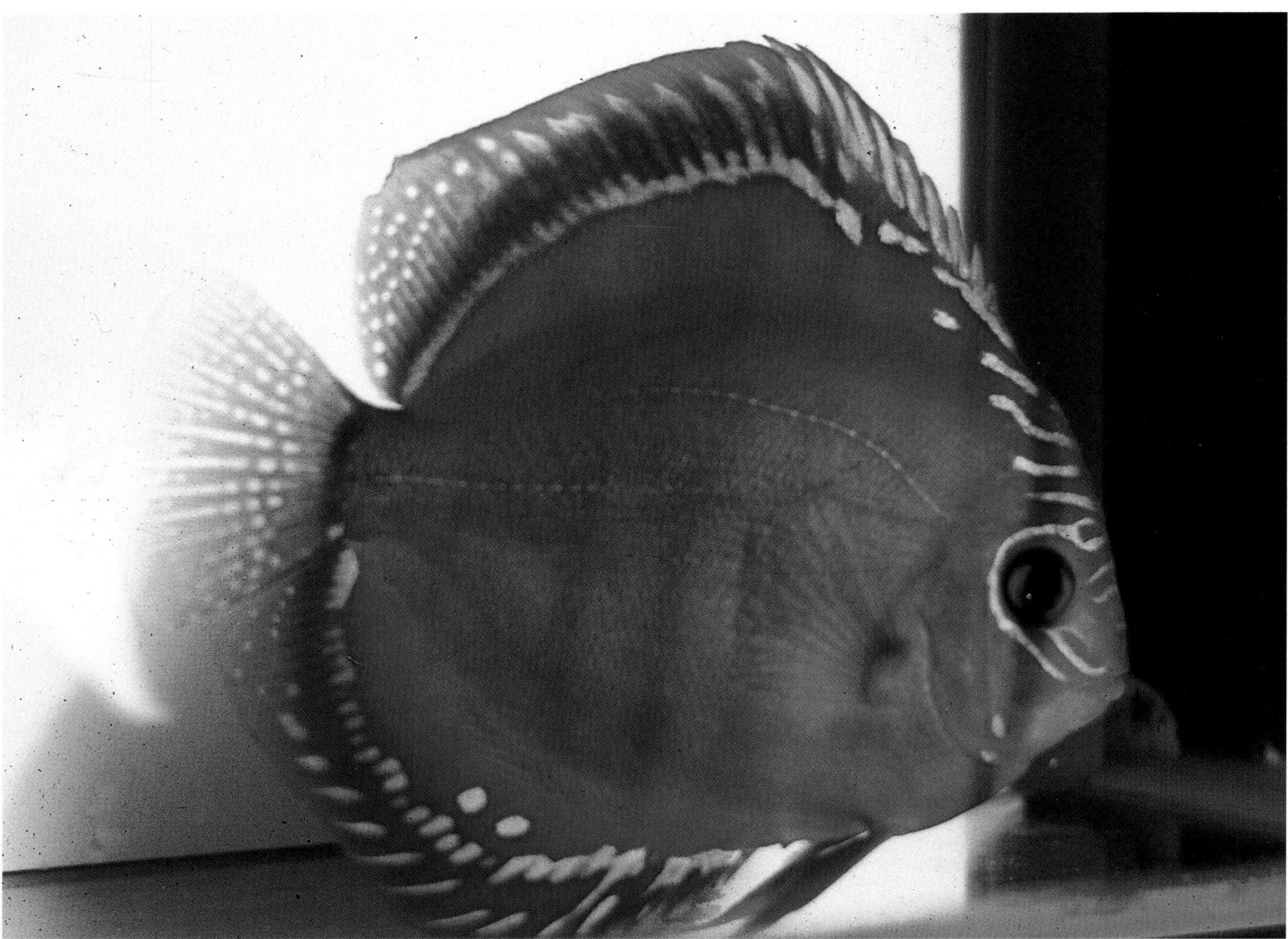

Hybride Braun

Die Bezeichnung „Alenquer Red“ tauchte sehr schnell in den Preislisten Südostasiens auf, als erstmals Bilder von sogenannten Alenquer-Diskus veröffentlicht worden waren. Hier ist es gelungen, einen sehr intensiv rotbraunen, flächigen Diskus nachzuziehen, der schon sehr beachtlich gefärbt ist. Auch die Körperform für diesen jungen Diskus ist in Ordnung. Sehr schön kontrastieren die feinen blauen Linien im Kopfbereich mit der kräftigen rotbraunen Färbung. Auch der rote Saum der Rückenflosse ist bestechend schön.

Hybrid brown

The designation „Alenquer Red“ can often be found in discus price lists in Asia since pictures of so called Alenquer Discus have been published there. This discus shows a strong red brown color and is very impressive. The fine blue lines around the head and fins makes a good combination with the strong red brown coloration.

Besitzer/Owner Mak Hoi Kzung, Hong Kong

HBR 7

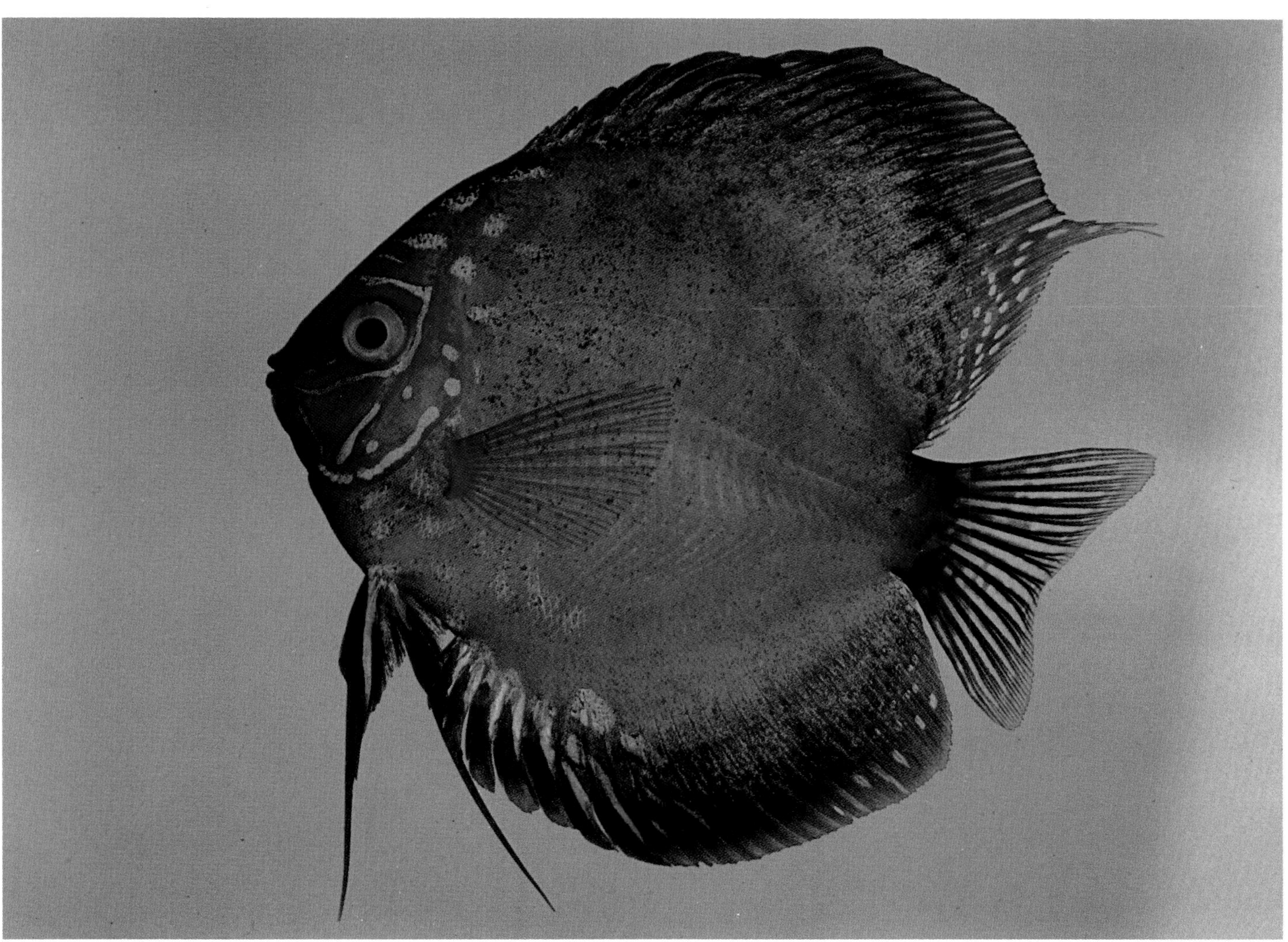

Hybride Braun

Eine sehr eigenwillige Zuchtform kommt aus Singapur, einer der Hochburgen der südostasiatischen Diskuszucht. Hier wurden Braune Diskus mit Pigeon Blood Diskus gekreuzt und dabei entstand diese schwarzbraune Färbung. Die Schwarzzellen in den Flossensäumen machen diese Fische nicht sonderlich attraktiv. Die geringe Türkiszeichnung im Kopfbereich ist nur schwach ausgebildet. Auch die Körperform ist sehr eigenwillig.

Hybrid brown

This discus comes from Singapore and Singapore is a center of discus breeding. This discus is a result of a crossing with brown and pigeon blood discus. The black coloration comes from the pigeon blood. The black color in the fins is not very attractive in this fish. The turquoise coloration around the head is very soft. Also, the body shape is quite strange.

Photo	Theo Mee Ming
Besitzer/Owner	Gan Discusfarm, Singapur

D 201

HBR 8

Hybride Braun

Aus der gleichen Zuchtlinie wie HBR 7 stammt dieser Diskus, der eine etwas gleichmäßigere Körperform besitzt. Auffallend ist auch hier die sehr starke Beflossung, wobei allerdings die Rückenflosse sehr stark gerundet erscheint. Die braune Grundfärbung wird durch die Schwarzzellen negativ beeinflusst. Bei diesem Diskus handelte es sich um ein Weibchen, was vielleicht auch Rückschlüsse auf die gerundete Rückenflosse zuläßt. Möglicherweise besitzen die Männchen ausgezogene Rückenflossen im Gegensatz zu den Rückenflossen der Weibchen.

Hybrid brown

This discus comes from the same line as HBR 7. The body shape is better and the fins are very wide. The shape of the upper part of the fin is very round and strange. The brown basic coloration shows too much black color. This discus is a female and maybe this is why the fins have a rounded shape. The males might have a different fin form.

Photo Theo Mee Ming
Besitzer/Owner Gan Discusfarm, Singapur

D 202

HBR 9

Hybride Braun

Junger brauner Hybriddiskus mit sehr zartem goldbraunem Farbton. Die Senkrechtstreifen sind nur sehr schwach ausgeprägt und dies ist auch ein Merkmal für diese Zuchtvariante. Diskus mit zartem Goldton sind in Südostasien sehr beliebt und bei dieser Diskusvariante ist keinerlei Türkisfärbung mehr zu erkennen.

Hybrid brown

Young brown hybrid discus with a very soft gold brown coloration. The nine body bars are not very evident, which is also a typical sign for this variation. Discus with golden color are very famous in Asia and this variation exhibits practically no turquoise color.

Photo	Hin Sun Discus Farm, Penang
Besitzer/Owner	Hin Sun Discus Farm, Penang

D 203

HBR 10

Hybride Braun

Sehr hell ist die braune Grundfärbung bei diesem Diskus. Auch die Türkisfärbung im Flossenbereich ist sehr zart, wechselt sich aber sehr schön mit einer kräftigen roten Linierung ab. Die Körperform dieses Diskus ist gleichmäßig rund und das Auge ist von guter Proportion im Verhältnis zur Körpergröße. Insgesamt eine interessante Diskuszuchtvariante aus Malaysia.

Hybrid brown

The brown basic color of these discus is very light. The turquoise coloration in the fins is also very soft. The strong red lines are interesting. Body shape and eye size are perfect. This is an interesting hybrid form from Malaysia.

Photo Hin Sun Discusfarm, Penang
Besitzer/Owner Hin Sun Discusfarm, Penang

HBR 11

Hybride Braun

Bei dieser Zuchtvariante ist im Gegensatz zu HBR 10 die Grundfärbung goldbraun, was diesem Diskus auch sofort einen Handelsnamen eingebracht hat. Er wird als „Golden Sunflower" gehandelt. Die rote Zeichnung in den Flossensäumen und im Kopfbereich macht diesen Diskus wirklich attraktiv. Auch auf der Körpermitte sind noch einige wenige rote Punkte zu erkennen.

Hybrid brown

This variation exhibits less gold brown color than HBR 10 and so the breeder used a new trade name „Golden Sunflower". The red marking in the fins and head give this discus an attractive look. Some red spots can be seen in the middle of the body.

Photo	M. Irudayasamy
Besitzer/Owner	Hin Sun Discusfarm, Penang

D 205

HBR 12

Hybride Braun

Hier gehen die Zuchtbemühungen deutlich in Richtung Rot. In der Beflossung ist die Farbe Rot schon deutlich zu erkennen. Insgesamt soll hier ein flächig roter Diskus gezüchtet werden, was aber noch nicht perfekt gelungen ist. Die Farbansätze sind allerdings deutlich zu erkennen. Das sehr intensiv gefärbte rote Auge paßt sehr gut zu dem Gesamteindruck dieses Diskus. Diskusfische dieser Farbvariante werden sicherlich auf dem asiatischen Diskusmarkt in Zukunft eine größere Rolle spielen.

Hybrid brown

Here the breeders have tried to get a red discus. This discus shows clear red color in the fins but in the future the whole body should be covered with red color. You can see that this should be possible, and that red colored discus will be a very important part of the discus market in the future.

Photo	M. Irudayasamy
Besitzer/Owner	Hin Sun Discusfarm, Penang

Hybride Braun

Diese braune Hybridform begeistert nicht nur durch die fast kreisrunde Diskusform und eine entsprechende Körpergröße, sondern auch durch die goldbraune Färbung und das kräftig rote Auge. Solche Varianten werden durch Mischkreuzungen aus Braunen Diskus und Pigeon Blood Diskus.

Hybrid brown

This brown hybrid has a perfect round body shape and also an enormous body size. The interesting gold-brown color and the red eye are very nice. Such discus variations can be produced by using brown and pigeon blood discus.

Photo	Bernd Degen
Besitzer/Owner	Steven Yeung

Die Palette der Hybridediskus, die hohe blaue Farbanteile haben, ist sehr weit gefächert und reicht von Mischkreuzungen aus Royal Blue Diskus bis hin zu Mischformen in welchen Geister-Diskus oder Pigeon blood Diskus eingekreuzt wurden. Die hier gezeigte Palette von Hybrideformen zeigt Ihnen deutlich wie vielfältig die Zuchtversuche sind. Gerade bei den Hybrideformen ist noch viel dem Zufall überlassen und erbfeste Farbstämme herauszuzüchten ist äußert schwierig.
Durch das Einkreuzen von Pigeon blood Diskus sind die Hybrideformen sehr widerstandsfähig geworden und ihre Farben fallen innerhalb eines Wurfes völlig verschieden aus. Die Farbnuancen reichen vom kräftigen rot der Pigeon blood bis hin zum blassen weißblau der Geister-Diskus, denn inzwischen wurden so ziemlich alle Zuchtformen miteinander einmal verpaart. Die aus Hong Kong stammenden „Blue Diamond" Diskus und die aus Malaysia stammenden „Ocean Green" Diskus sind ebenfalls faszinierende Hybrideformen, bei welchen die flächige blaue Farbe den ganzen Körper überzieht und auch nicht vor den Kiemendeckeln und dem Kopfbereich halt gemacht hat. Eine solche Farbintensität herauszuzüchten ist ein beachtlicher Zuchterfolg gewesen und sollte auch entsprechend gewürdigt werden. Auch der Geister-Diskus von der Insel Penang erregte 1990 großes Aufsehen, als er urplötzlich als Zuchtform auftrat. Aus besonders hellen Flächentürkis-Diskus wurde dieser Geister-Diskus gezüchtet. Allerdings konnte er sich in dieser Form mengenmäßig kaum am Markt durchsetzen. Für Kreuzungsversuche wurden diese Diskusfische sehr häufig eingesetzt und es ergaben sich bei Verpaarungen immer wieder verblüffende Zuchtergebnisse.
Auch Jack Wattley hat sich mit Kreuzungsvarianten befaßt, die hier in diesem Kapitel zu betrachten sind. Bei den Hybrideformen treten immer wieder sehr große Diskusfische auf und auch in der hohen Körperform gibt es interessante Ansatzpunkte unter den Hybride-Diskus.

This group of blue hybrid discus exhibit many color variations in which ghost discus or pigeon blood discus have been crossed in. Mostly these discus appear as single discus and it´s difficult to stabilize these colors in the offspring. Especially with hybrids you don´t find any guarantee of the color. For example hybrids with red brown spots on full blue bodies are very impressive. The use of pigeon blood discus can also create color forms that differ in their offspring. The colors can extend from the red of pigeon bloods to the silver blue of ghost discus because most strains have been crossed with each other. But this kind of wild breeding causes problems and today so many unstable discus varieties have been crossed with others to get new colors that nobody knows what´s really happen. The discus from Hong Kong named „Blue Diamond" and the „Ocean Green" from Malaysia are also fascinating hybrid forms that exhibit a full body coloration. To create such strong color is a real success story in breeding discus. The ghost discus from Penang was a milestone when it was developed in 1990. Extremely light colored turquoise discus have been the basis for these ghost discus. Ghost discus have been used quite often for cross variations and the offspring were always very interesting.
Very large discus can sometimes appear and so the breeders have a new chance to breed something special in hybrid discus.

Hybride Blau

Sehr großer Diskus mit über 20 cm Körpergröße aus südostasiatischer Zucht. Die bullige Körperform wird durch den hohen Stirnansatz verstärkt. Sehr gute Beflossung. Die ausgewogene Zeichnung mit je zur Hälfte türkisen und rotbraunen Streifen, geben diesem Diskus ein sehr interessantes Aussehen. Augengröße im Verhältnis zur Körpergröße perfekt. Intensivste Blaufärbung in der Afterflosse.

Hybrid blue

Very large discus of more than eight inches from an Asian strain. The body is enormous and the head is quite high. The form of the fins is impressive and the coloration, with turquoise and red brown lines, is wonderful. The eye size is perfect and the intense blue color of the fins is good.

Photo Bernd Degen

D 208

HBL 2

Hybride Blau

In der Körpermitte sind die Streifen leider nicht so stark ausgeprägt wie am Rand. Deutlich geht schon Streifung in der Körpermitte verloren und teilweise gehen die Streifen in den Flossensäumen schon senkrecht nach oben bzw. unten. Auch hier ist noch sehr viel Wildfangblut zu erkennen.

Hybrid blue

This discus has horizontal lines that are reminiscent of wild royal blue discus. But in the middle of the body the lines are not very good. Also the brown and blue lines in the fins are vertical. Anyway, this fish has a lot of wild blood.

Photo P. Buschhoff

HBL 3

Hybride Blau

Sehr eigentümliche Diskuskreuzung aus Heckel-Diskus der Blauen Form mit blauen Wildfängen bzw. deren Nachzuchten. Sehr interessanter Diskus, bei welchen allerdings die schwarze Zeichnung in der Rückenflosse etwas untypisch ist, denn sie deutet verstärkt auf Grüne Diskus hin. Heckelstreifen noch verwaschen zu erkennen, sehr schön ist die kräftige Türkisfärbung im Kopfbereich. Ein absolutes Einzeltier.

Hybrid blue

Quite strange hybrid from a cross between Heckel discus and wild blue discus or their offspring. Not very typical is the black coloration in the dorsal fin because this is a characteristic of green discus. The fifth Heckel bar can be seen but it is already quite weak. This discus is more or less an individual fish.

Photo Bernd Degen

D 210

HBL 4

Hybride Blau

Hier ist durch zahlreiche unkontrollierte Kreuzungsversuche ein Diskus entstanden, der eine sehr unruhige Körperzeichnung besitzt, die ihm aber ein interessantes Aussehen verleiht. Leider ist die Türkisfärbung etwas blaß und die braune Linierung nicht stark genug farblich ausgeprägt, um einen deutlichen Kontrast zu bilden. Hier müßten intensiv gefärbtere Diskusfische eingekreuzt werden. Körperfom und Auge sind jedoch perfekt.

Hybrid blue

This discus is a result of many uncontrolled crossings and so this fish exhibits unstable body lines, but it still has an interesting appearance. The turquoise color is too weak and the blue lines are not strong enough for a clear contrast. More intensely colored discus should be crossed with this discus.

Photo Bernd Degen

Hybride Blau

Bei sehr imposanter Beflossung kann dieser Diskus eine auffallende Körperzeichnung vorzeigen. Auf dem türkisfarbenen Körper sind feine rotbraune Linien und Punkte zu erkennen. Zuchtziel ist, diese Linierung noch feiner ausfallen zu lassen. Bedauerlich ist, daß dieser Diskus einen Streifenfehler bei der Senkrechtstreifung aufweist. Leider kommt es gerade bei Nachzuchtdiskus immer wieder zu solchen Streifenfehlern. Die Verwandschaft zu Grünen Wildfängen ist deutlich zu erkennen.

Hybrid blue

The fins are very broad and the color marking are very impressive. The fine red brown lines and spots makes a good contrast to the turquoise colored body. This discus has an anormaly in the fourth bar. Some home bred discus always show these bar anormalies. In this discus you can also recognize the relationship with the green discus.

Photo	Bernd Degen
Besitzer/Owner	Dieter Putz

D 212

HBL 6

Hybride Blau

Aus Südostasien stammt dieser eigenwillig gemusterte Blaue Diskus. Der gesamte dunkle Farbeindruck dürfte daraus resultieren, daß sich dieses Tier im Moment nicht ganz wohlfühlt. Der Körper ist übersät mit dunkelbraunen unterbrochenen Streifen, die sehr schön zu dem kräftigen Blau harmonieren. Die Form ist sehr gut.

Hybrid blue

This blue discus comes from Asia. But the dark color indicates that this fish was not feeling very well when the picture was taken. The body exhibits a lot of dar brown spots and lines that contrast beautifully with the blue color. The body shape is very good.

Photo Chan

D 213

HBL 7

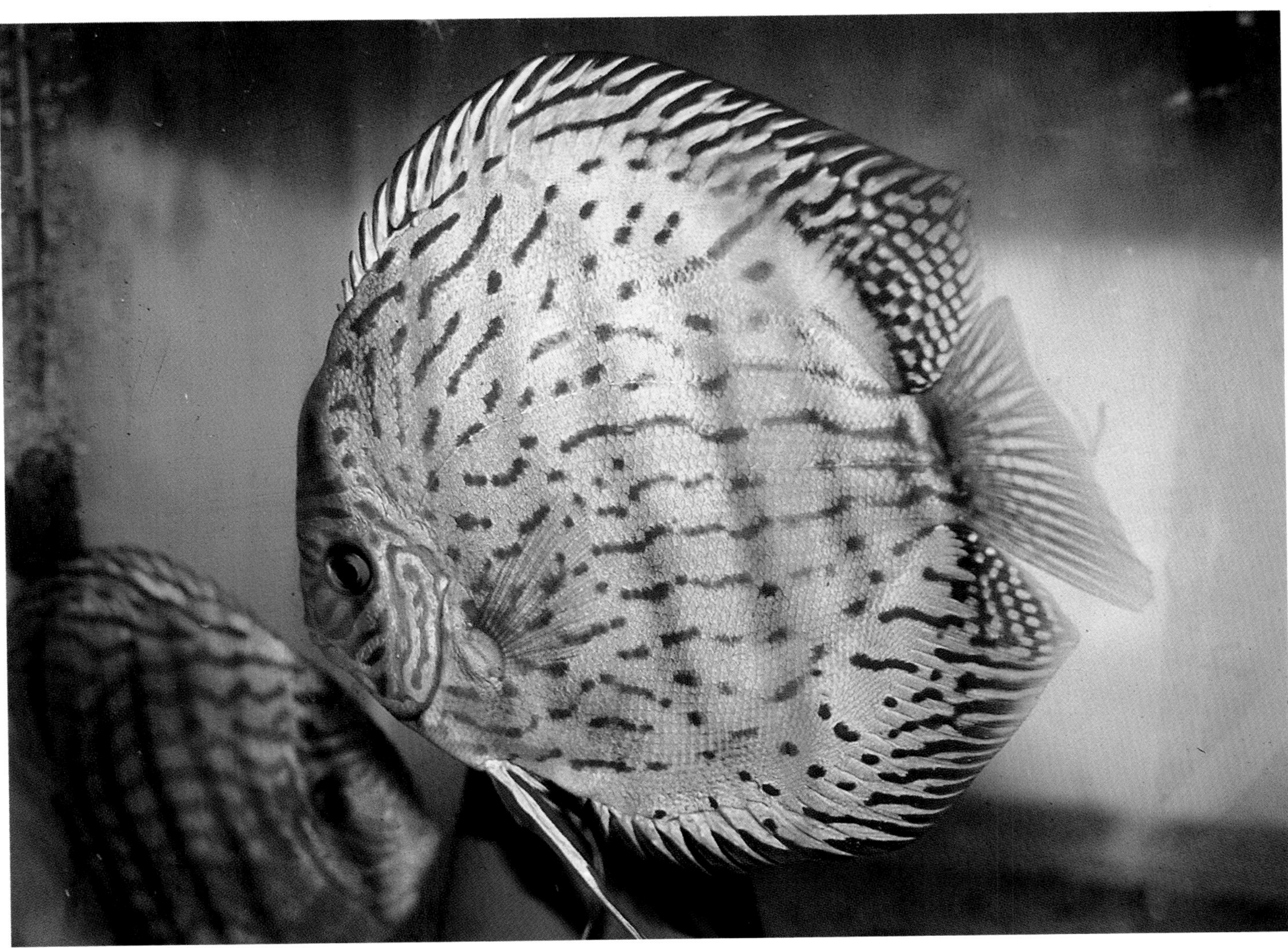

Hybride Blau

Bei brillanter Körpergrundfärbung überzeugt dieser Diskus durch ein feines rotes Netz von Körperlinien. Teilweise haben sich auch schon Punkte gebildet. Diskuszüchter versuchen immer wieder flächig blaue Diskus, mit roten Punkten übersät, zu züchten.

Hybrid blue

The brillant basic color overlays the red-brown color of the body lines. The red spots are nice and the breeder will try to breed a full body blue fish with only red spots.

Photo	Bernd Degen
Besitzer/Owner	H. Stendker

D 214

HBL 8

Hybride Blau

Aus Südostasien stammt dieser Diskus mit eigenwilliger Linierung. Im Kopfbereich sind die sonst auf dem Körper waagerecht angeordneten Streifen bereits senkrecht verlaufend. Zuchtziel ist hier, alle waagerecht verlaufenden Streifen senkrecht anzuordnen. Zu 90% ist dies bei Diskuszuchten aus Singapur von der Familie Gan bereits erreicht worden.

Hybrid blue

This discus with strange color lines is from Asia. The lines are vertical around the head and in the fins. The breeder wants to create a discus with vertical lining over the entire body. The breeder Gan has had a huge success in breeding such discus.

Photo Bernd Degen

HBL 9

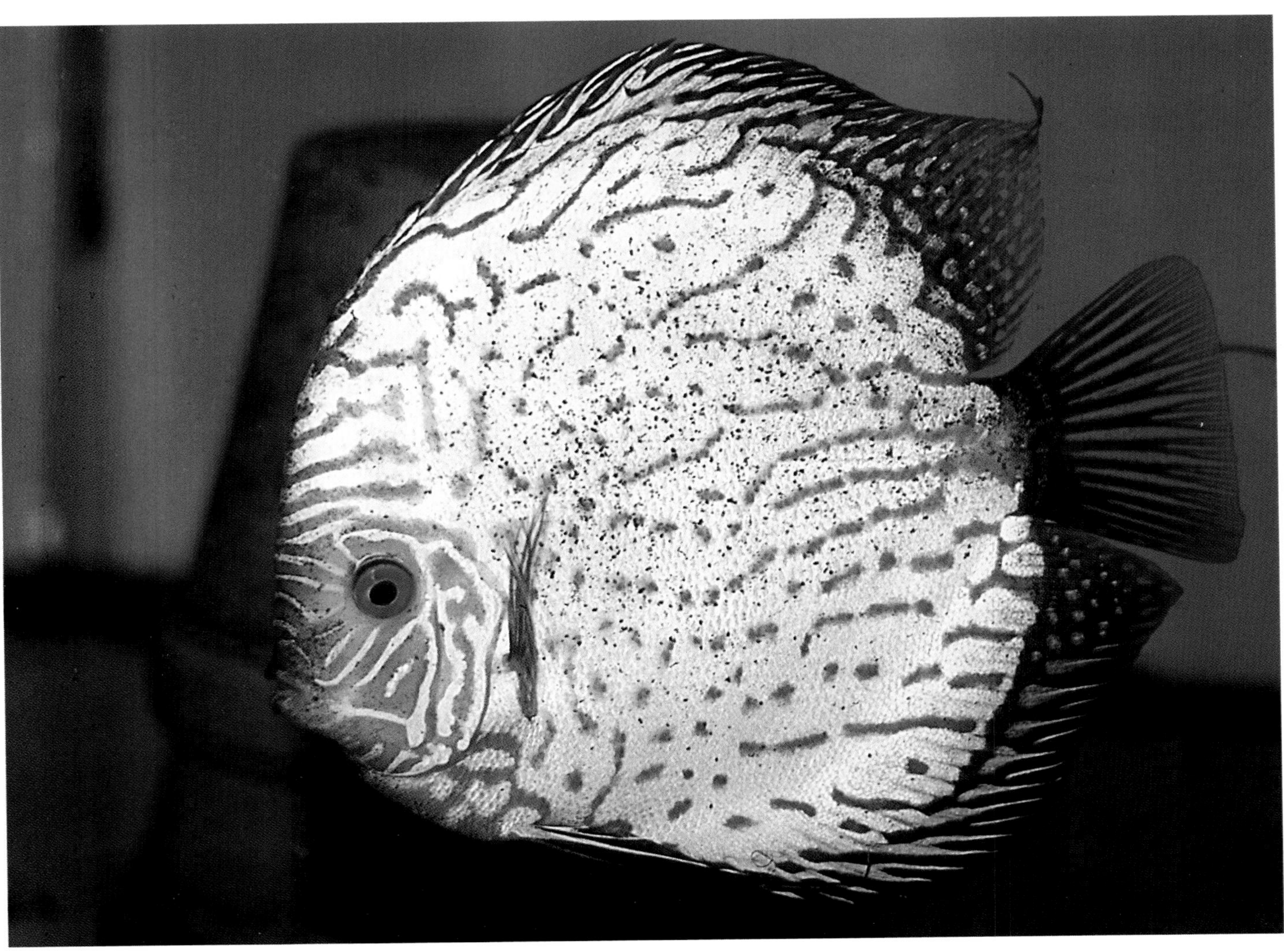

Hybride Blau

Kreuzungsvariante aus Pigeon Blood und Türkis-Diskus mit sehr intensiver feiner roter Zeichnung auf dem türkisfarbenen Körperuntergrund. Diese Diskusvarianten werden in Südostasien speziell in Thailand gezüchtet. Teilweise gibt es große Probleme bei diesen Zuchtvarianten mit der Nährschleimbildung während der Führung der Jungfische. Teilweise wird deshalb mit Ammenaufzucht gearbeitet.

Hybrid blue

A cross between pigeon blood and turquoise discus with fine red lines on a turquoise body. This kind of discus is bred especially in Thailand. Sometimes the parents can´t supply the fry with mucus and so the breeders have to use brown pairs with babies to help grow up the babies of these hybrid discus.

Photo	Bernd Degen
Besitzer/Owner	Dieter Putz

D 216

HBL 10

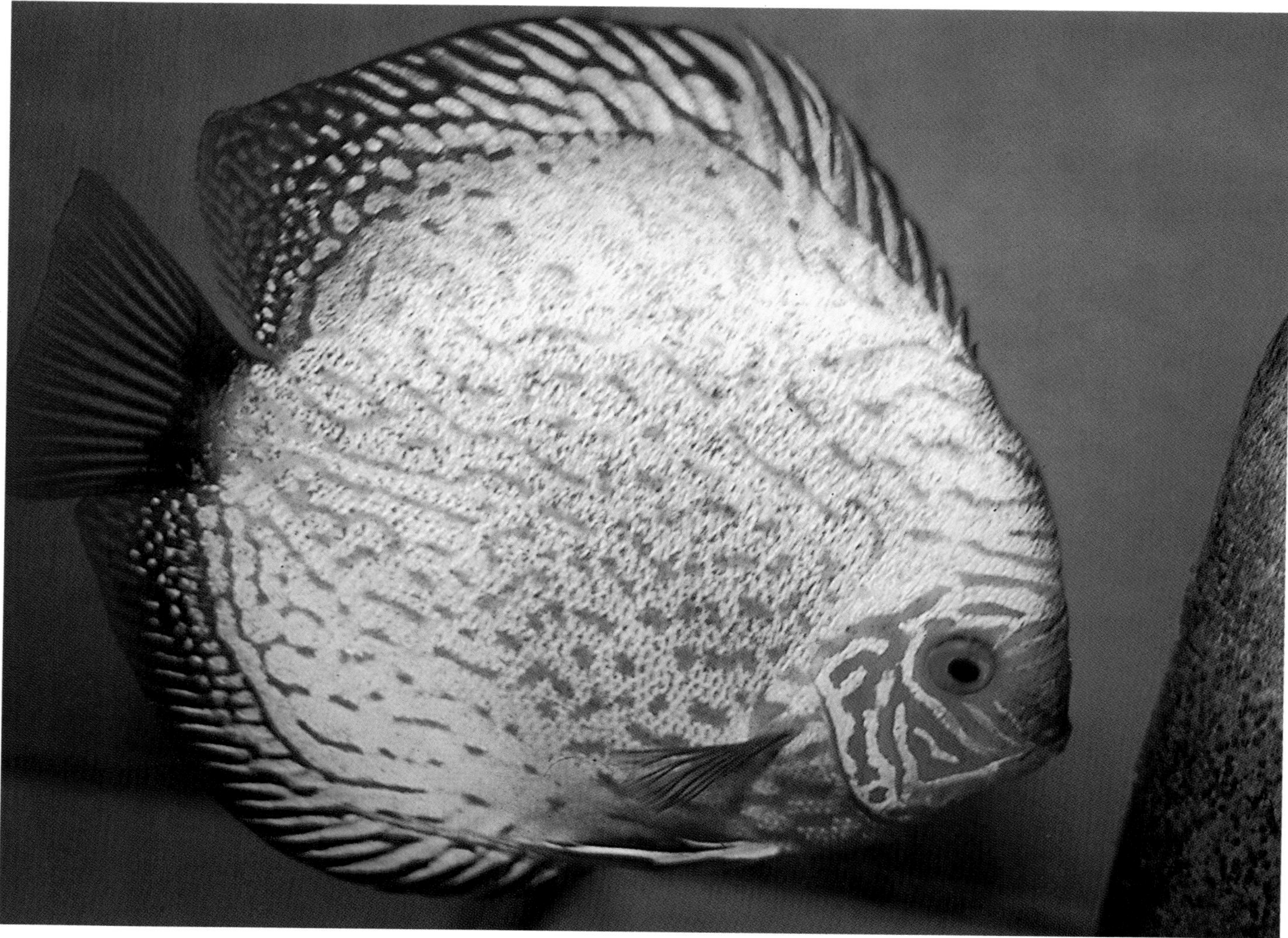

Hybride Blau

Ähnlich HBL 9 gefärbter Kreuzungsdiskus aus Südostasien mit interessanter Rotzeichnung auf dem türkisfarbenen Körper. Auch hier ist die Körpergröße und Körperform auffallend. Pigeon Blood Kreuzungsformen sind im allgemeinen sehr widerstandsfähig und lassen sich sehr gut aufziehen.

Hybrid blue

This discus looks like HBL 9 and also shows some red color marking on the turquoise body. The body size and body shape are extreme. Pigeon blood discus crossings are mostly strong fish and easy to raise.

Photo	Bernd Degen
Besitzer/Owner	Dieter Putz

Hybride Blau

Als Blue Diamond bezeichnen die Asiaten gerne Diskusfische, die ein kräftiges Blau besitzen und völlig flächig gezeichnet sind. Allerdings zeigt dieser Diskus noch etwas Zeichnung auf dem Kiemdeckel. Blue Diamond Diskus wurden ursprünglich aus Hong Kong importiert, wo sie gezüchtet wurden. In Malaysia hat man aus diesem Farbschlag sehr schnell eine neue Variante, nämlich den „Ocean Green“ gemacht.

Hybrid blue

The Asian breeders name discus with strong blue coloration and full body color „Blue Diamond“. This discus still has some brown spots on the gill covers. „Blue Diamond“ discus were exported from Hong Kong where they were bred for the first time. In Malaysia, the breeders created a new color variation with more green color which they called „Ocean Green“.

Photo N. Chiang, Fish magazine, Taiwan

D 218

HBL 12

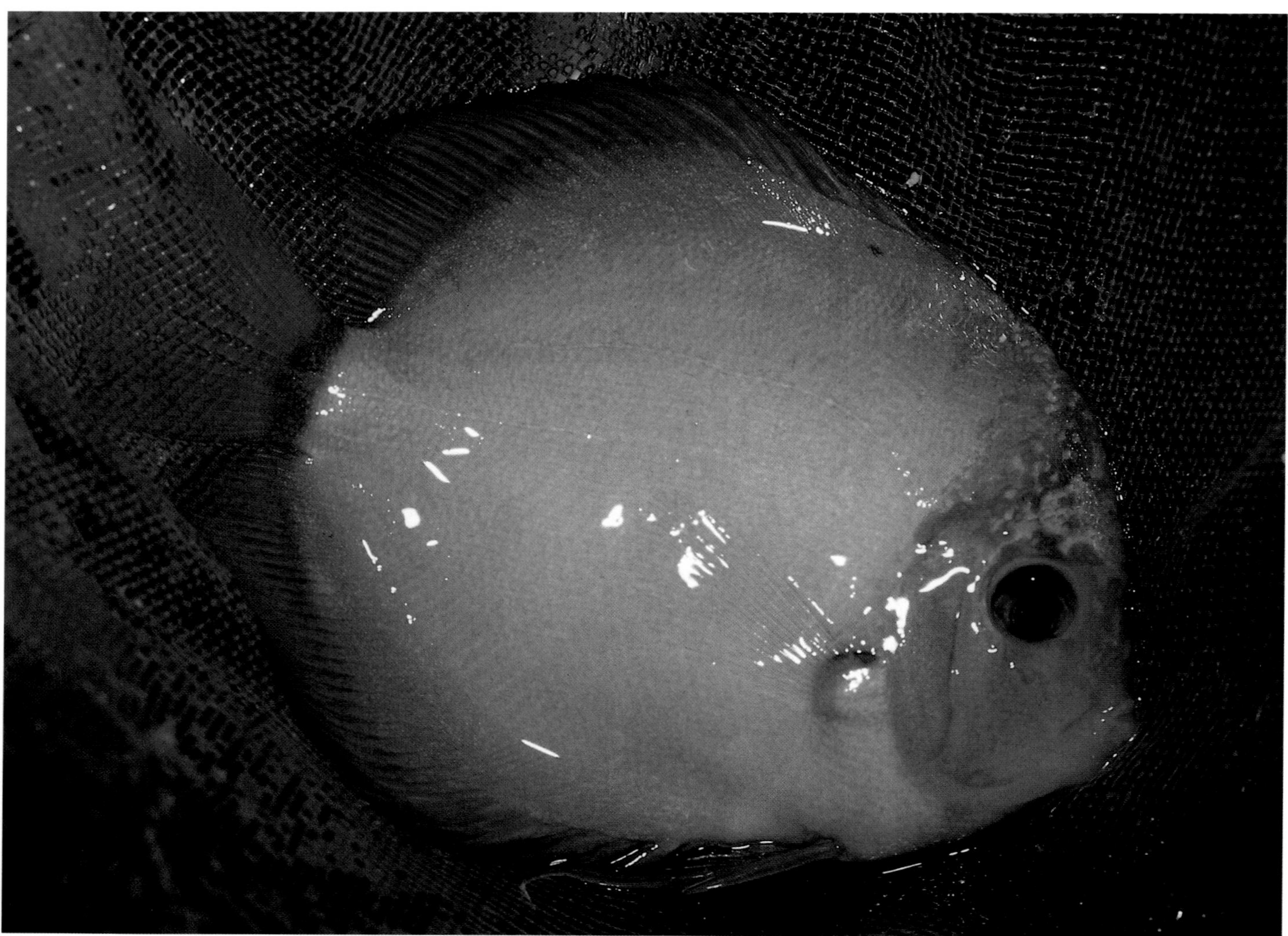

Hybride Blau

Erste 1990 veröffentlichte Aufnahme des Geisterdiskus aus Malaysia von der Insel Penang. Zuerst wurden von dem Züchter diese Diskus als Silver Dream bezeichnet. Später setzte sich jedoch der Name Ghost-Diskus durch. Angeblich gelang die Zucht aus besonders hellen Flächentürkis-Diskus. Der Ghost-Diskus ist sehr häufig zum einkreuzen verwendet worden.

Hybrid blue

In 1990, the first picture of a ghost discus from Malaysia (Penang Island) was published and the breeder called this discus „Silver Dream". Later, everybody called this discus the ghost discus. The breeder reported that he was able to get ghost discus through crossings with very light colored turquoise discus. Ghost discus are commonly used for inbreeding.

Photo Bernd Degen
Züchter/Breeder Cheang Thean Ewe

Hybride Blau

Kreuzungsdiskus zwischen Geister-Diskus und Pigeon Blood Diskus. Allerdings ist hierbei sicherlich auch ein Türkis-Diskus unter den Urahnen zu finden. In Südostasien werden alle Diskusarten miteinander verkreuzt, um neue interessanten Farbformen zu kreieren. Hier sind die Schwarzzellen sehr dominant und beeinträchtigen den Gesamteindruck dieses Fisches.

Hybrid blue

A cross between ghost discus and pigeon blood discus but the turquoise discus might also be an ancestor. In Asia all kinds of discus variations have been crossed with each other to develop new color variations. This discus has a lot of black color cells.

Photo Bernd Degen

D 220

HBL 14

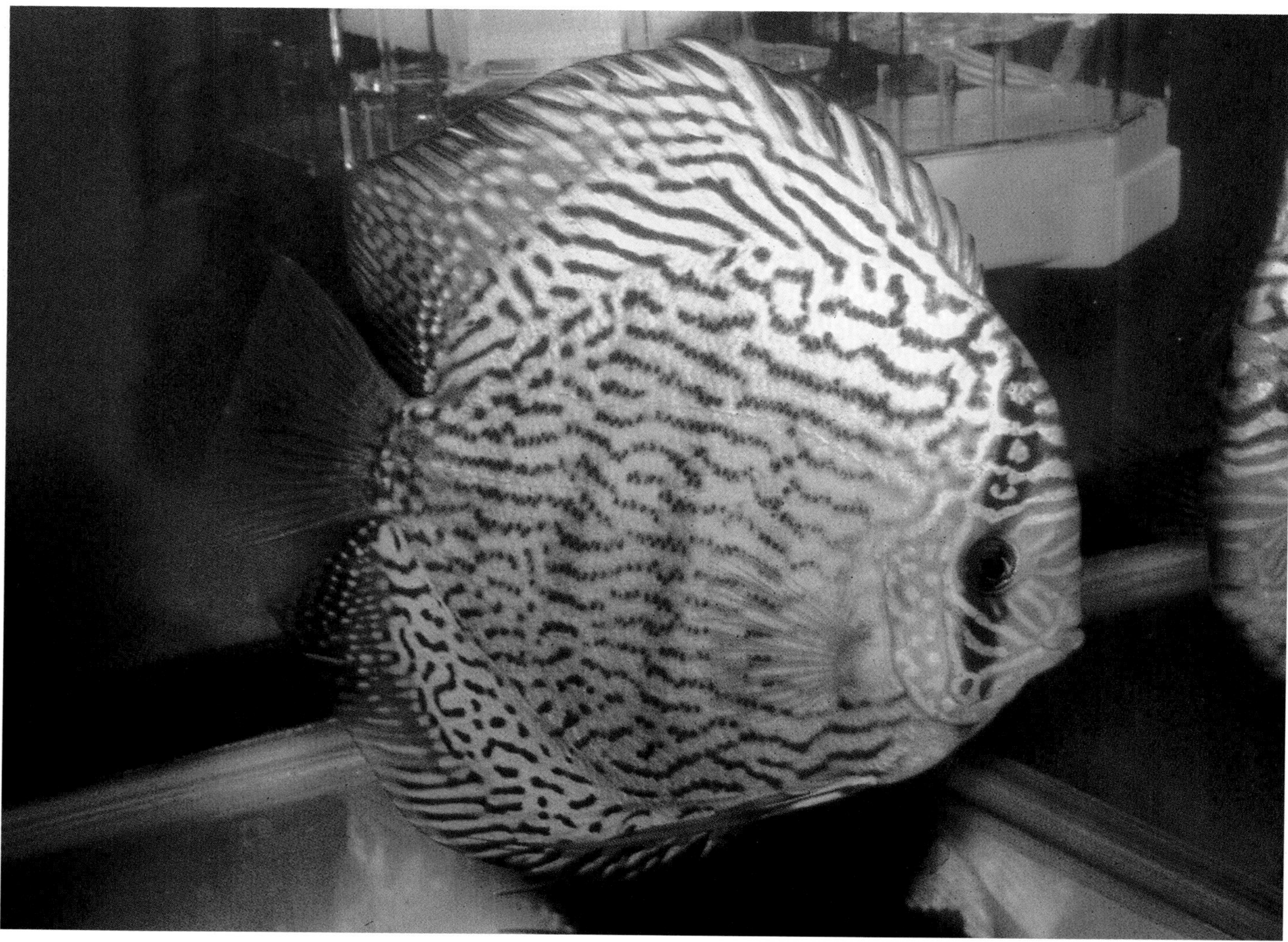

Hybride Blau

Interessante Hybridform aus Blauen Diskus mit fantastischer Zeichnung. Während in der Körpermitte sowohl die türkisen als auch die braunen Streifen geradlinig verlaufen und nur wenig unterbrochen sind, ist in der Afterflosse ein interessantes punktartiges Muster aufgetreten. Die Körperform dieses Diskus ist perfekt. Auch die Beflossung kann überzeugen.

Hybrid blue

Interesting hybrid from blue discus with fantastic color marking. In the middle of the body the turquoise and brown lines are horizontal but in the fins they look more like spots. The body shape and fins are perfect.

Photo J. Wattley
Besitzer/Owner J. Wattley

Hybride Blau

Sehr schöne Blaue Hybridform mit hoher Körperform und extrem guter Beflossung. Die Blaufärbung im Kopfbereich und in den Flossensäumen ist sehr brillant. Auf türkisblauem Untergrund bilden die feinen, aber deutlich ausgeprägten braunen Streifen eine starken Kontrast. Typische südostasiatische Zuchtform.

Hybrid blue

Beautiful blue hybrid with a high body and broad fins. The blue color around the head and in the fins is very brilliant. On the basic turquoise color you can see many brown broken lines. This is a typical asiatic breeding form.

Besitzer/Owner Ng Lai Shing, Hong Kong

D 222

HBL 16

Hybride Blau

Als Blauen Diskus bezeichnet der Besitzer diesen Fisch und tatsächlich ist die Körpergrundfärbung intensiv blau. Besonders in der Afterflosse ist diese Blaufärbung deutlich zu erkennen. Daß hier blaues Wildfangblut vorhanden ist, zeigt die geradlinige Körperstreifung im Bereich der Körpermitte. Insgesamt ein Kreuzungsprodukt, welches nicht exakt einzuordnen ist.

Hybrid blue

The owner says that this discus is a blue discus and, really, the basic color is bright blue. Especially the fins are strongly blue colored. The vertical lines indicate that these discus also come from wild blue ancestors. This fish is very difficult to classify.

Besitzer/Owner Chu Hoe Por, Hong Kong

D 223

HBL 17

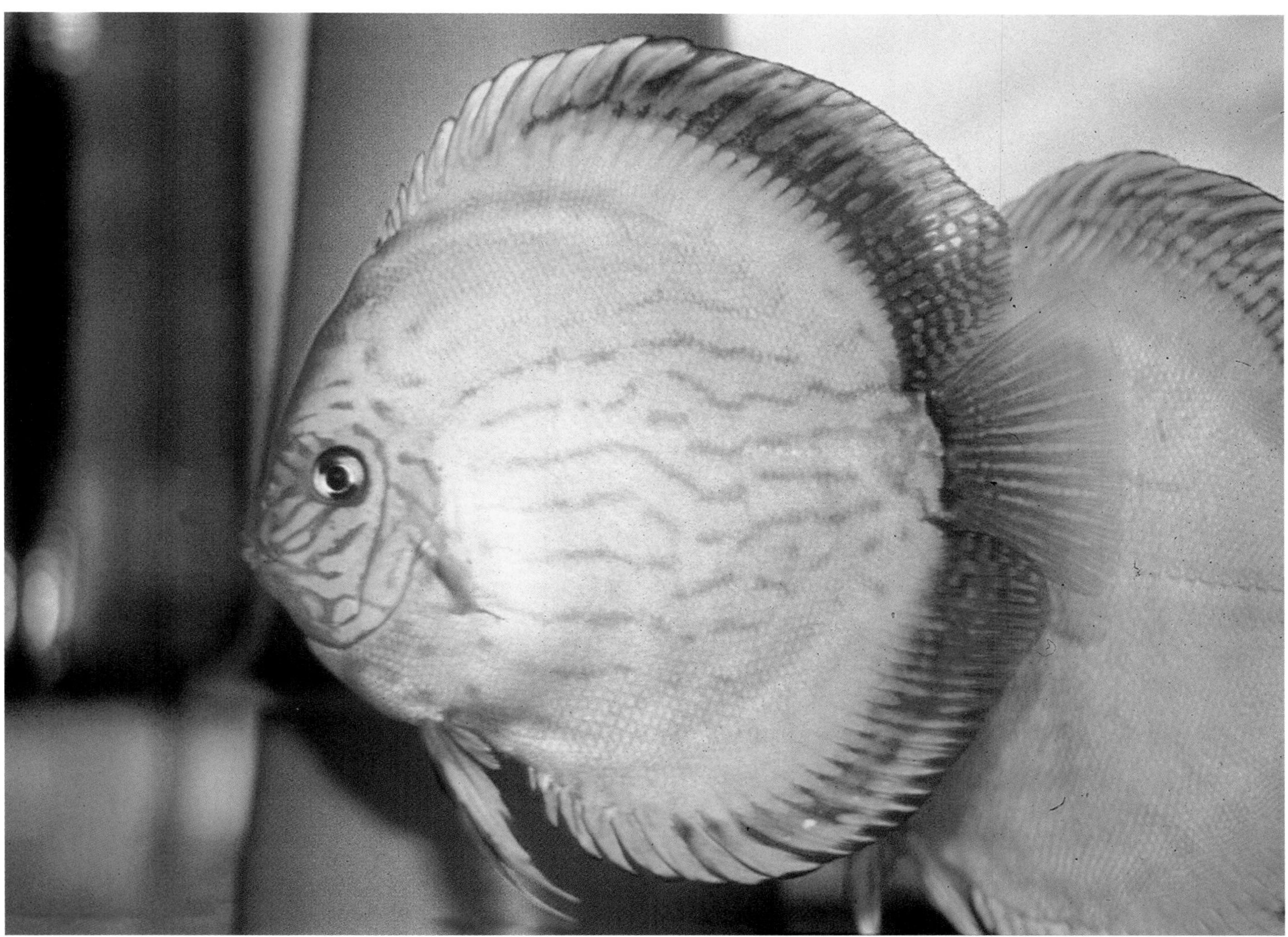

Hybride Blau

Gleichmäßig blau ist dieser Wattley-Diskus gefärbt, obwohl schon etwas Verdrängung durch ein helles Silber vorherrscht. Der Kontrast durch das schwarze Flossenband, welches möglicherweise über Flächentürkis-Diskus eingezüchtet wurde, ist sehr auffallend. Leider befriedigt die Augenfarbe nicht. Die Körperform ist perfekt und auch die Beflossung kann als sehr gut eingeordnet werden.

Hybrid blue

This Wattley discus is almost blue but it also has some silver color. The contrast with the black band in the fins is very strong and comes from turquoise green discus. The eye color is not very good but the body shape and fins are perfect.

Photo	J. Wattley
Besitzer/Owner	J. Wattley

D 224

HBL 18

Hybride Blau

Eine typische Hybridform von „Blue Diamond“ Diskus ist dieser flächige High Body Diskus, der tatsächlich eine gigantische Körperform aufweist. Die mächtige Körpermasse ist gepaart mit einer hohen Körperform, die diesem Fisch ein interessantes Aussehen verleiht. Leider ist in der Körpermitte die Blaufärbung nicht so gut ausgeprägt und wird noch von sehr viel Brauntönen überdeckt. Sehr schönes rotes Auge und intensiv gefärbte, blaue Gesichtsmaske.

Hybrid blue

Typical hybrid form of „Blue Diamond“ with a high body. The body is very large. The size and it´s high body make this fish very special. The blue coloration in the middle of the body is not very strong and exhibits too many brown parts. The red eye and the blue face are beautiful.

Besitzer/Owner Lo Kam Po, Hong Hong Kong

Hybride Blau

Als pastellblau bezeichnet der Diskuszüchter die Farbe seiner Diskus. In Japan werden solche Diskus als „Shirase Thunder Flash“ bezeichnet. Diese japanischen Diskus sind sehr bekannt und beliebt in Japan. Die kräftige flächige Blaufärbung, die hier sogar über die Kiemendeckel verläuft, verleiht diesen Fischen einen metallischen Ausdruck. Während der Laichzeit verstärkt sich der schwarze Flossensaumrand besonders in der Rückenflossen, wie bei diesem Diskus hier deutlich zu erkennen ist.

Hybrid blue

The color of this discus is light blue. In Japan they are sold under the trade name „Shirase Thunder Flash“. These Japanese discus are very famous in Japan. The strong blue color, which also covers the gills, is metallic. During the breeding time the black band in the fins is more evident than can be seen in this discus.

Photo	Akimitsu Shirose
Besitzer/Owner	A. Shirose

D 226

HBL 20

Hybride Blau

Ein imposanter flächiger Diskusmann aus einer Hochzucht aus Hong Kong. Die imposante Körpergröße ist gepaart mit einer sehr intensiven hellblauen Färbung und einem kräftigen roten Auge. Der Züchter gab dieser Diskusvariante die Bezeichnung „Sky Blue". Bei diesem riesigem Diskus ist die Rückenflosse stark ausgezogen und auch die anderen Flossen besitzen eine beachtliche Größe. Beachten Sie die absolut fehlerfreie Grundfärbung dieses Diskus.

Hybrid blue

An impressive full blue colored male from Hong Kong which has an enormous body and a light blue coloration with a red eye. The breeder sells this kind of discus as „Sky Blue". The fins are extremly broad. Look at the perfect coloration of this beautiful discus.

Photo David Lam
Besitzer/Owner Ceylon Aquarium, Hong Kong

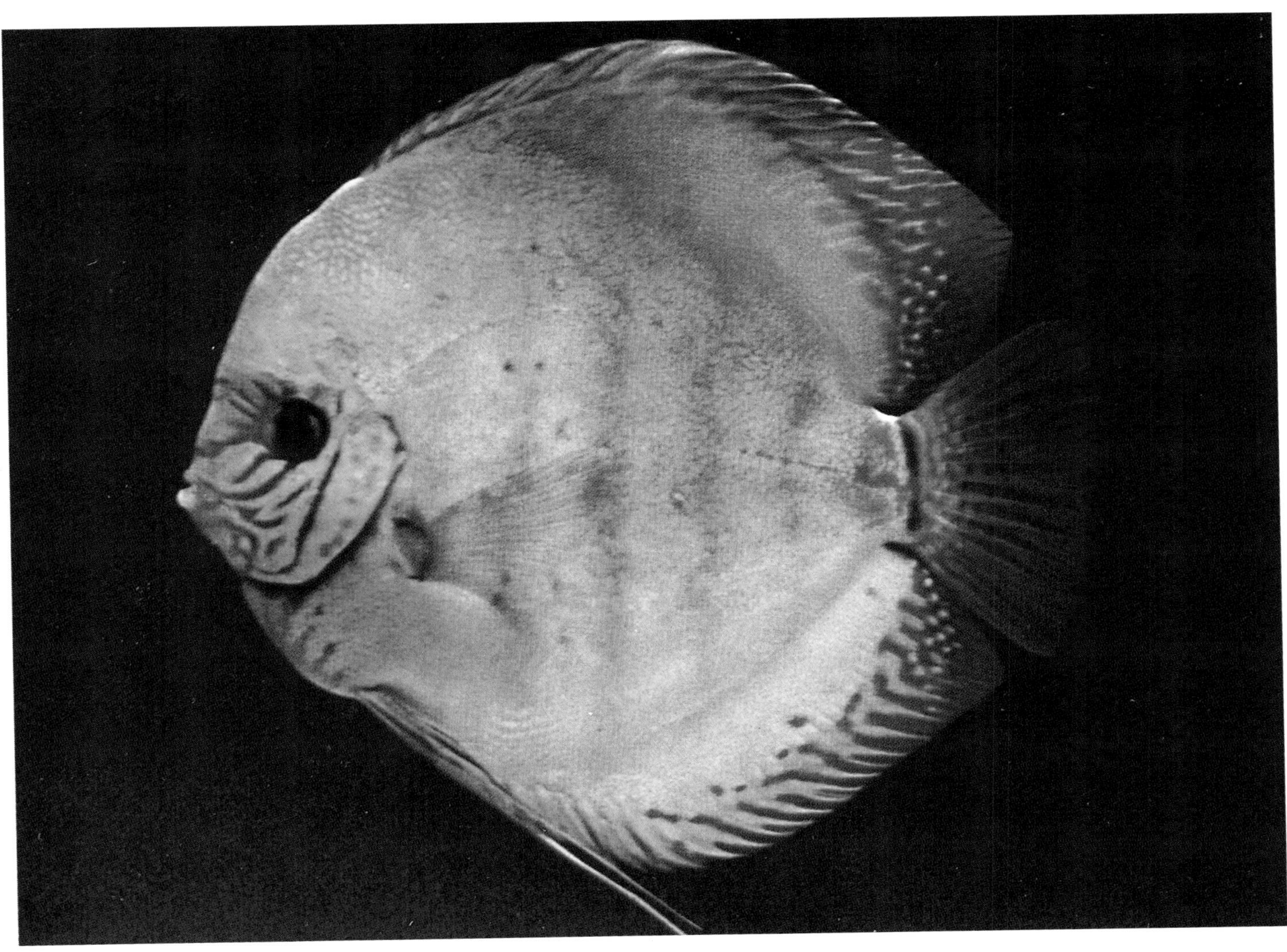

Hybride Blau

Sehr großwüchsige Diskusart mit intensiv blau gefärbter Kopfpartie. Das kräftige Blau zieht sich bis weit in den Rücken fort. Im Kontrast zu dem kräftigen Blau steht die zartrosa Färbung der Rückenflosse. Ein imposanter Diskus mit sehr schöner Zeichnung und Färbung. Die kreisrunde Körperform wird durch die perfekte Beflossung noch deutlich unterstrichen.

Hybrid blue

A very large discus hybrid with a blue head. The contrast of the strong blue color with the light red coloration in the dorsal fin is very interesting. A well shaped discus with a perfect body size and impressive fins.

Photo	Hadi, Indonesien
Besitzer/Owner	Hadi, Indonesien

D 228

HBL 22

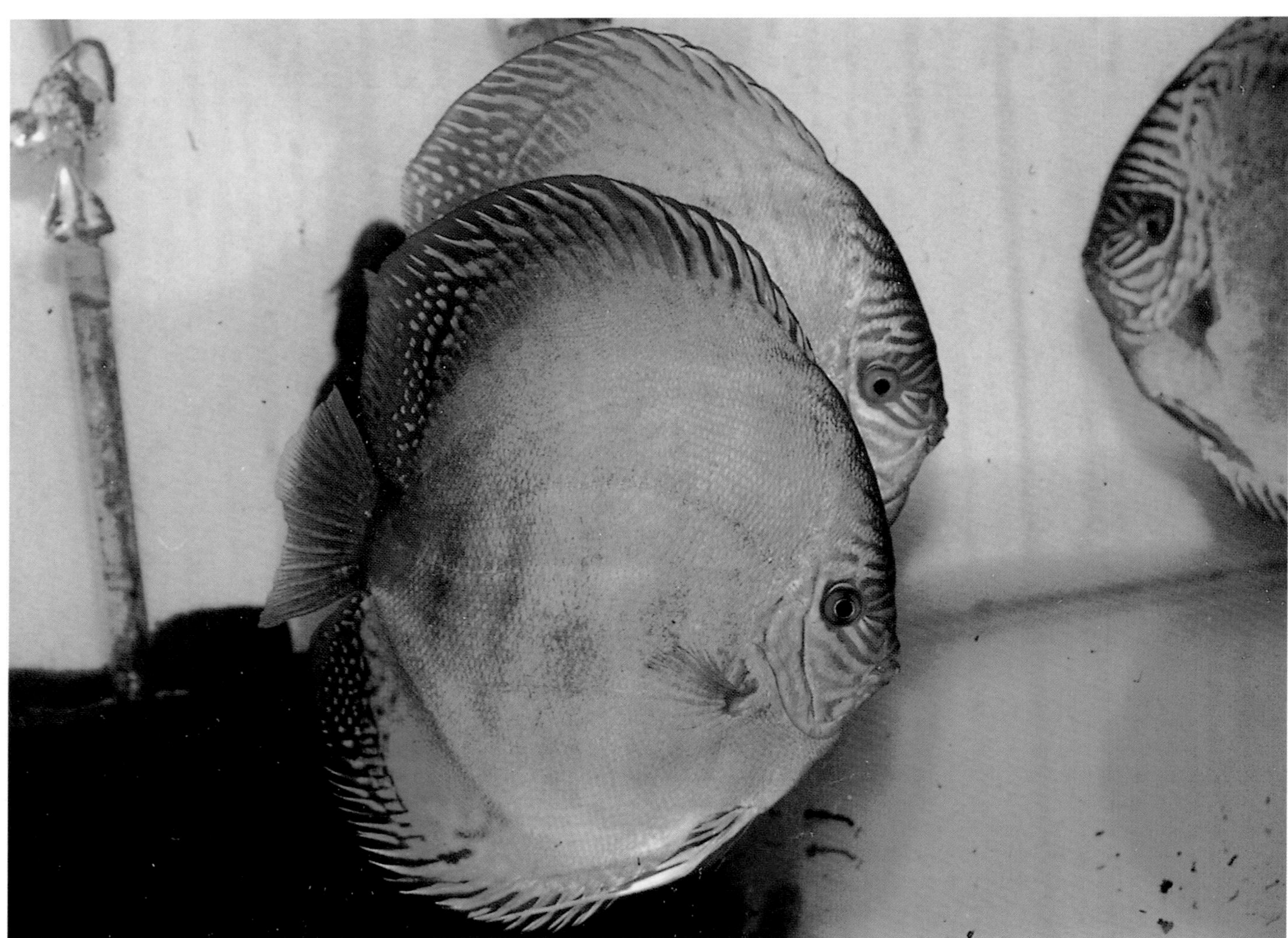

Hybride Blau

Deutlich auf Körpergröße wurden diese Diskusfische gezüchtet. Die Männchen erreichen eine Größe von bis zu 22 cm und auch die Weibchen erreichen mühelos 20 cm Körpergröße. Die intensive Blaufärbung im Kopf- und Flossenbereich ist hier auffallend. Auch die kräftige Rotfärbung der Flossenspitzen ist beachtenswert und wertet diese Fische deutlich auf. Die Körperform ist insgesamt rund, mit Tendenz zu einem typischen „Hi-Body“ Diskus, wie er in Südostasien gerne gezüchtet wird. Sehr beachtlich ist das kleine Auge im Verhältnis zur Körpergröße dieser Diskus.

Hybrid blue

The breeders tried to create extremly oversized discus. The males are up to nine inches in length and the females grow to more than eight inches. The intense blue coloration around the head and in the fins is also attractive. The fins also show red color. The body is a typical Asian „Hi-Body“. The eye is very small in relation to the oversized body.

Photo	Y. S. Leung
Besitzer/Owner	Sze Sun Breeder Discus, Hong Kong

Hybride Blau

Deutlich ist die Verwandschaft zu der ursprünglichen Wildfom „Royal Blue“ zu erkennen. Auffallend ist die perfekt waagerechte Linierung dieser Diskusart und auch die identische Breite der einzelnen Streifen. Hier handelt es sich noch um eine recht ursprüngliche Kreuzungsvariante, die sehr viel Wildfangblut besitzt.

Hybrid blue

Here you can see the relationship with wild „Royal Blue“ discus because the lines are strong and absolutely horizontal. This is a typical wild cross from the old days.

Photo P. Buschhoff

Die rote Farbe bei Zierfischen hat Aquarianer immer fasziniert uns so mußte es bei Diskusliebhabern natürlich auch der rote Diskus sein, der als Wunsch auf der Liste ganz oben stand. Lange Jahre mußten Diskusfreunde warten, bis der erste richtige rote Diskusfisch gezüchtet worden war. Zuerst war es nur möglich, über Rottürkis-Diskusfische die Rotfärbung beim Diskus zu stabilisieren. Jedoch mußte sich hier die Farbe Rot mit der Farbe Türkis, die Zeichnung der Diskusfische teilen. Erst durch die Einführung von rotbraunen Alenquer-Diskus gelang es immer intensiver rot gefärbte Diskusfische zu züchten. Auch durch die Zuchtform Pigeon blood wurde vermehrt das Rot in die Diskusfische hineingezüchtet. So kamen viele Faktoren zusammen, die es ermöglichten, daß vor kurzen flächig rote Diskusfische gezüchtet werden konnten. Allerdings ist dabei auch anzumerken, daß diese rote Farbe erbfest ist und nicht durch Farbfutter erzielt wird. Teilweise besitzen diese rot gefärbten Diskusfische aber einen hellen Kopf, der sicherlich über kurz oder lang auch noch weggezüchtet werden wird, so daß ein absolut roter Fisch verfügbar ist, der keinerlei andere Farben mehr als Farbfehler aufweist. Die Entwicklung ist in dieser Hybridevariante sehr rasant und immer wieder tauchen während eines Jahres Fotos von neuen roten Diskusfischen auf, die den Betrachter echt verblüffen. Wir werden Sie in dieser Angelegenheit auf dem Laufenden halten und im Welt-Diskus-Atlas Band 2 sicherlich verstärkt solche roten Diskus zeigen.
Inzwischen ist es auch schon gelungen, die Pigeon blood Diskus so rot zu züchten und die Schwarzzellen so stark zurückzudrängen, daß diese Diskusfische fantastisch schön sind. Solche Pigeon blood Kreuzungen mit ihrer enormen Körpergröße und ihrer kreisrunden Körperform, sind gesuchte Diskusfische, die vor allem den Vorteil haben, daß sie in ihrer Hälterung viel anspruchsloser sind, als andere Hochzuchtdiskus.
Lassen Sie sich also von den hier gezeigten roten Hybrideformen begeistern oder nutzen Sie diese Bilder zur Diskussion mit Ihren Diskusfreunden.

The red color was always fascinating to aquarists and of course discus hobbyists also like red colored discus very much. For many years the red discus was on top of the list for all discus lovers. But they had to wait many, many years until the first real red discus was bred. In the beginning it was only possible to stabilize the red color in red turquoise discus, but in these discus the red color was always accompanied by turquoise color. But with the red brown Alenquer discus it was possible to produce a redder discus. The pigeon blood strain could also offer more red color for the breeders. So, in the end it was possible to breed full body red discus. This red color is now stabilized and no color enhancing food is needed. These red discus mostly have a light brown head, but eventually breeders will be able to produce full colored red discus. During the past year we received some pictures of new red varieties and we are often really surprized with their color. You will soon see a second volume of this discus atlas to keep you always informed of new developments. Now it´s also possible to produce red pigeon blood crosses with an enormous body size. Such pigeon blood crosses are easy to maintain and useful for crossings with other discus. Sometimes people say that Asian discus are very sickly, but most of the diseases are the result of poor conditions during the transfer from the breeder to the hobbyist. So it´s necessary to quarantine all new discus when you buy them.

Hybride Rot

Als „German Red" werden in Taiwan solche Diskusfische mit großen Rotanteilen bezeichnet. Besonders deutsche Diskusfische besitzen in Südostasien einen hohen Stellenwert. Dieser Diskus zeigt, daß hier rotbraune Diskus mit Türkis-Diskus verpaart worden waren. Ungleichmäßig verteilt sind über dem Körper türkisfarbene Flecken, bzw. Streifen. Interessant ist die kräftige Rotfärbung in der Afterflosse. Auch der Flossensaum und die Bauchflossen sind kräftig rot gefärbt. Eine interessante Farbbasis für weitere Zuchtversuche in Richtung Rot.

Hybrid red

Such discus are sold in Taiwan as „German Red". They exhibit a lot of red color. German discus are especially prized by Asian hobbyists. This discus was a result of a cross between red brown and turquoise discus. The turquoise color is seen in some of the lines and spots. The red color in the fins is interesting. This discus would be very useful for breeding more red discus.

Photo N. Chiang, Fish magazine, Taiwan

D 231

HRE 2

Hybride Rot

Als Hong Kong Red wurden solche rot-braunen Diskusfische in Südostasien bezeichnet. Es handelt sich allerdings auch hier um einen Phantasienamen. Dieser Diskus zeigt zu wenig rote Farbe. Auffallend ist die schöne gleichmäßige Braunfärbung und die Türkisfärbung in den Flossensäumen, welche wiederum auf Kreuzungsversuche mit Grünen Diskus schließen läßt. Die Bauchflossen sind sehr intensiv rot gefärbt.

Hybrid red

These discus are called Hong Kong red in Asia. But Hong Kong red is also a trade name. This discus doesn´t exhibit enough red color. The bright brown color is accompanied by turquoise color in the fins. This discus also has wild green blood. The fins are red colored.

Photo N. Chian, Fish magazine, Taiwan

HRE 3

Hybride Rot

Als F2 von Rio Ica Diskus wurden diese kräftig rotbraunen Diskusnachzuchten bezeichnet. Dieser Diskus erinnert allerdings stärker an Wildformen von Symphysodon aequifasciatus axelrodi, besitzt jedoch noch keine ausgewogene Körperform. Auch erscheint das Auge im Verhältnis zur Körpergröße zu groß zu sein. Das satte Braun bietet jedoch sehr gute Ansätze, um mit solchen Diskusfischen weiterzuzüchten.

Hybrid red

This discus was reported as an F2 from a breed of Rio Ica discus. But it shows a lot of the marking of a wild Symphysodon aequifasciatus axelrodi. The body shape is not perfect yet. Even the eye is too large in relation to the body size. But the brown color is of interest for further breeding.

Photo	N. Chiang, Fish magazine, Taiwan
Besitzer/Owner	Sunrise Discus Farm

D 233

HRE 4

Hybride Rot

Sehr eigenwillig gefärbter Diskushybride, wie er während einer Diskusshow in Singapur gezeigt wurde. Die rote Körperfleckung ist hier oberstes Zuchtziel. Vermutlich wurde die Rotfleckung durch Einkreuzung von Tefé Wildfängen mit hohem Rotanteil erreicht. Erst wenn der Körper ganz mit solchen roten Flecken überzogen ist, wird dieser Züchter sein absolutes Zuchtziel erreicht haben.

Hybrid red

This is a strangely colored hybrid shown during the discus show in Singapore. The red spots are very interesting for the breeder. The red spots are produced by using wild Tefé discus with many red spots. If the body would develop more red spots this fish would be a perfect new variation.

Photo Bernd Degen

Hybride Rot

Ebenfalls während der Diskusshow in Singapur wurde auch dieser Diskus, der HRE 4 ähnelt, gezeigt. Allerdings waren diese beiden Fische nicht miteinander verwandt. Hier ist es bereits gelungen, den ganzen Körper mit dieser eingentümlichen Punktzeichnung zu überziehen. Wenn es jetzt noch gelingt, die rote Farbe zu intensivieren, wäre ein interessanter Diskus wieder auf den Markt gekommen.

Hybrid red

This discus was also displayed during the show in Singapore and it looks like HRE 4, but this fish does not come from the same strain. This discus has more clear spots but not enough red color.

Photo	Bernd Degen

D 235

HRE 6

Hybride Rot

Als Super Flagship bezeichnet der Besitzer dieses Diskusfisches sein Zuchtergebnis. Die türkise Linierung ist auf der gesamten Körpermitte bereits durch rotbraune Linien so unterbrochen, daß eine perlartige Struktur entstanden ist. Solche Diskus werden dann auch gerne als Perldiskus verkauft. Von der Größe und Form her ein gelungener Diskus.

Hybrid red

The trade name given by the breeder was „Super Flagship". Of course this name is only to interest new customers. The turquoise lines and spots are very interesting and this discus looks more like a pearl discus. Size and shape are perfect.

Photo N. Chiang, Fish magazine, Taiwan

Hybride Rot

Das Motto „Je mehr rot, desto besser“ ist hier schon wieder ein Stück weitergekommen. Vom farblichen Gesamteindruck kann dieser Diskus schon überzeugen. Die kräftige rot-braune, ja fast rote Grundfärbung, harmoniert sehr schön mit dem kräftigen Türkis-blau. Wegen des perlartigen Musters, wurde dieser Diskus als roter Perldiskus eingestuft. Die Farbe Rot ist im chinesischen Einflußbereich eine äußerst bedeutende Farbe und Fische mit kräftigen roten Farben können astronomische Preise erzielen.

Hybrid red

Breeders always try to obtain more red discus. In this discus it was possible to stabilize the strong red brown basic color. This basic color harmonizes perfectly with the strong turquoise coloration. This discus was called „Red Pearl“. The red color is very important to Chinese breeders and such discus are easy to sell.

Photo N. Chiang, Fish magazine, Taiwan

D 237

HRE 8

Hybride Rot

Sehr imposant ist die Form und der Gesamteindruck dieses asiatischen Diskus. Hier ist die Perlzeichnung noch deutlicher zu erkennen, als bei vorausgegangenen Diskusfischen. Allerdings ist die Rotfärbung nicht ganz so intensiv. Eine sehr interessante Hybridform, die sicherlich vom Züchter weiterverfolgt wird.

Hybrid red

The body shape and the coloration of this Asian discus is very impressive. The pearl spots are very clear but the red coloration is not so intense. This is a very interesting hybrid discus.

Photo N. Chiang, Fish magazine, Taiwan

Hybride Rot

Im Malysia auf der Insel Penang, gelang die Nachzucht sehr schöner, intensiv rot gefärbter Pigeon Blood, wo die Schwarzzellen stark zurückgedrängt werden konnten, so daß die Fische einen kräftigen gold-braunen Ton erhielten und das Rot in intensivem Kontrast dazu stand. Vermutlich wurden hier auch Türkis-Diskus mit eingekreuzt. Gerade in Penang werden qualitativ hochwertige Diskusfische nachgezüchtet.

Hybrid red

This red pigeon blood comes from Malaysia. The black color cells almost disappeared and so the discus shows a gold brown coloration with a lot of red marking. Turquoise discus had also been used in this crossing. Especially in Penang the breeders are able to breed high quality discus.

Photo Bernd Degen

D 239

HRE 10

Hybride Rot

Pigeon Blood Variante mit relativ wenig Schwarzzellen und kreisrunder Körperform. Auffallend ist hier das typische blasse Auge, welches leider den meisten Pigeon Blood zu eigen ist. Je nach Zuchtlinie können Pigeon Blood Diskus völlig unterschiedlich ausfallen. Selbstverständlich wird versucht, die rote Farbe immer stärker zu intensivieren.

Hybrid red

Pigeon blood hybrid with a low quantity of black cells and good body shape. The eye coloration is not good but this is typical for most pigeon blood discus. The color range in pigeon blood discus is very wide but breeders try to stabilize more of the red color.

Photo Bernd Degen

Hybride Rot

Durch Einkreuzen von Türkis-Diskus, wurden diese Pigeon Blood Diskus in der Grundfärbung noch kräftiger türkisfarben. Sehr gut steht im Kontrast hierzu die kräftige rote Linierung. Auffallend bei diesem Diskus ist auch das schöne rote Auge, welches aus dem Kreuzungsversuch resultierte. Meist besitzen Pigeon Blood Diskus unschöne helle Augenfarben.

Hybrid red

This pigeon blood discus was from a strain with a cross between turquoise and pigeon blood discus. The red marking are very strong and the eye color is also good. The red eye color comes from the turquoise strain. The eye color of pigeon blood discus is mostly light yellow and not nice.

Photo Bernd Degen

D 241

HRE 12

Hybride Rot

Der bekannte thailändische Diskuszüchter Kitti, verpaarte Braune Diskus mit Pigeon Blood Diskus und erzielte dadurch wieder eine neue Zuchtvariante, die er später soweit vervollkommnete, daß die Türkisfärbung völlig verloren ging und die Diskus einen gleichmäßig einfarbigen roten Körper zeigten. Bei diesem Diskus ist in der Afterflosse und im Schwanzflossenbereich, sowie in den Spitzen der Rückenflosse noch die typische Schwarzfärbung der Pigeon Blood Diskus zu erkennen.

Hybrid red

The Thai breeder Kitti crossed brown discus with pigeon blood discus. The result was this discus. But later it was possible to breed full body red discus. This discus still has too many black color cells from the pigeon blood discus.

Photo Kitti´s Discus farm
Züchter/Breeder Kitti Phanaitthi

Hybride Rot

Zuchtvariante von Bernd Degen, die aus einer kräftigen rottürkisen Zuchtlinie entstanden. Gemeinsam war allen diesen Diskusfischen die sehr kräftige Körperform. Obwohl es sich um einen sehr großen Diskus handelte, war dieser Fisch ein Weibchen. Die Männchen waren völlig durchgezeichnet und zeigten auch im Schwanzwurzelbereich eine gleichmäßige Linierung.

Hybrid red

Breeding form of Bernd Degen discus from a red turquoise line. All these discus had a perfect body shape and the females also were bigger. The coloration of the males was always much better.

Photo	Bernd Degen
Besitzer/Owner	Bernd Degen

D 243

HRE 14

Hybride Rot

Ein interessanter und auffälliger Hybride mit starkem Rotanteil auf der braunen Grundfärbung ist dieser Diskus. Die rotbraunen Streifen wechseln sich mit intensiven türkisblauen Streifen in der Rückenpartie und in der Bauchpartie sehr schön ab. In der Körpermitte sind einige perlartige Muster zu erkennen. Auch der Kopf ist sehr schön gezeichnet. Wenn es gelingt, die Färbung im Bereich der Schwanzwurzel zu intensivieren, stellt dieser Diskus eine interessante Hybridvariante dar. Der Besitzer gab diesem Diskus den Namen „Red Spot Green“.

Hybrid red

An interesting hybrid with a strong red color on the basic brown. The combination of red and turquoise lines is very pretty. Some pearl spots can be seen in the middle of the body. If it would be possible to stabilize the coloration in the posterior part this discus it could be a good seller. The owner named this discus „Red Spot Green“.

Besitzer/Owner Wong Sin Wah, Hong Kong

Hybride Rot

Ebenfalls als „Red Spot Green“ Diskus wird diese Variante bezeichnet, die sich aber doch deutlich von HRE 14 unterscheidet. Hier ist der starke Einschlag von Tefé-Wildfängen mit ihrer typischen, roten Punktierung im Bauchbereich zu erkennen. Bei diesem Diskus wurde die Punktierung noch perfektioniert. Durch gezielte Zuchtauswahl ist ein herrlicher Diskus entstanden, der zahlreiche rote Markierungen besitzt. Einen sehr schönen Kontrast bildet die hellbraune Färbung im Bereich der Bauchflossen.

Hybrid red

This discus was also named „Red Spot Green“ but the difference between it and HRE 14 is very large. Here you can see very clearly the wild blood of the Tefé discus with their red spots. In this discus the red spot coloration is perfect and this is a result of strict line breeding and selection. The light brown coloration in the fins also provides a beautiful contrast.

Besitzer/Owner	Leung Wing Yiu, Hong Kong

D 245

HRE 16

Hybride Rot

Die Nachzuchten aus einer Kreuzung von einem Flächentürkis-Männchen und einem sogenannten „Panda“ Diskus-Weibchen, ergab neben rein flächig Blauen Diskus auch solche eigenwillig gezeichneten braunroten Türkis-Diskus. Der Name Panda-Diskus tauchte durch den Züchter Jack Wattley auf. Es handelte sich hier um eine Handelsbezeichnung aus Geister-Diskus und Pigeon-Blood-Diskus. Die Verwandschaft zu den Pigeon-Blood-Diskus ist bei dieser Variante deutlich zu erkennen. Der Kontrast der türkisblauen Zeichnung auf der braunroten Körperfarbe ist durchaus interessant.

Hybrid red

The offspring of a full body colored cobalt blue male and a so called „Panda“ discus female not only produced full body blue discus but also such strange colored brown red turquoise discus. The name „Panda“ discus was given by Jack Wattley to offspring of ghost and pigeon blood discus. The relation to pigeon blood discus can be seen very clearly. This discus is strange but interesting.

Photo	H. Chan
Besitzer/Owner	Fairy Lake Aquarium, San Fransisco

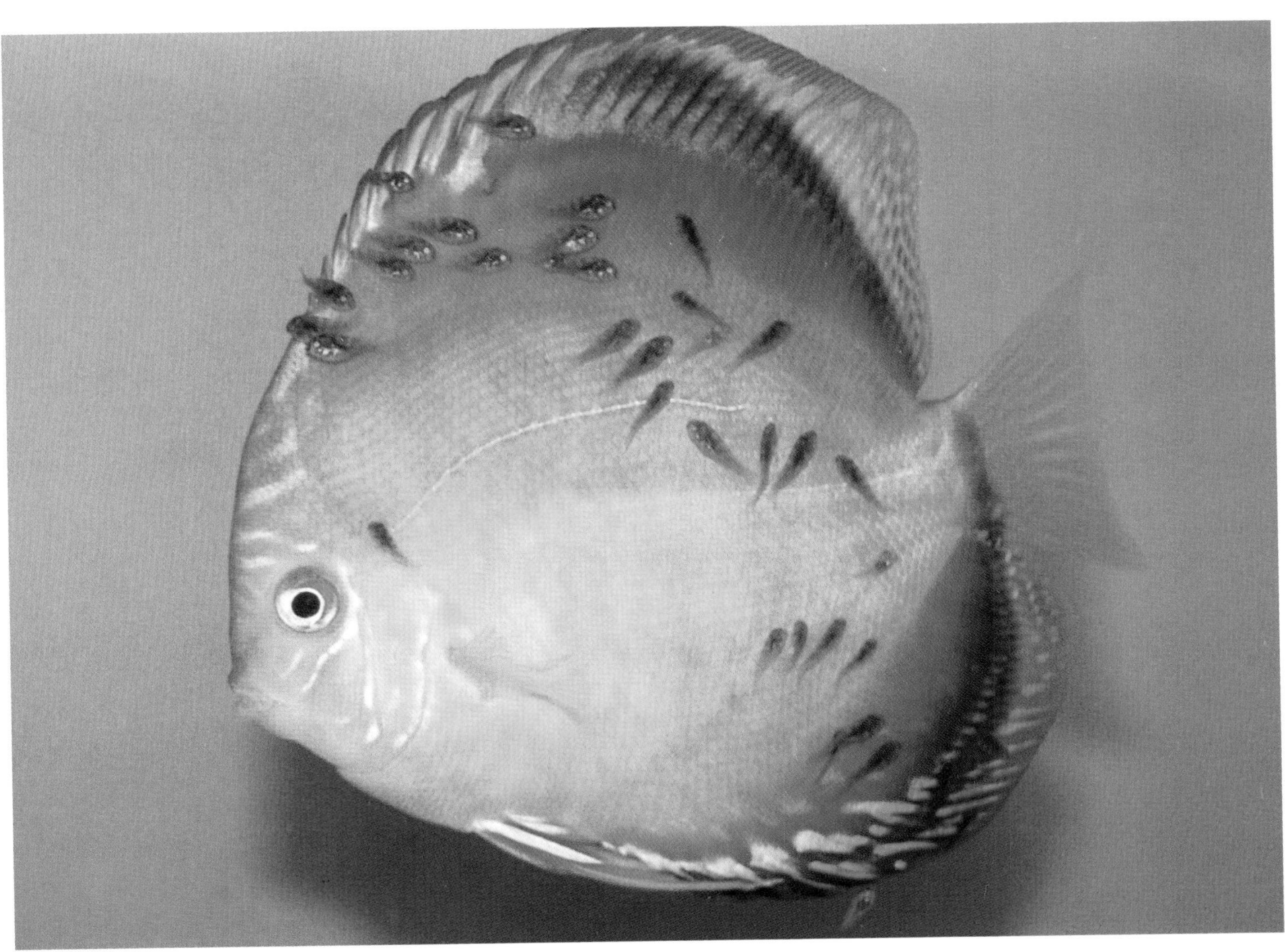

Hybride Rot

In Malysia wurde eine Diskusvariante mit dem Namen „Tangerine" Diskus gezüchtet. Diese Namensbezeichnung wurde durch den Zusatz Nura Red ergänzt, so daß eine Handelsbezeichnung „Tangerine Nura Red" Diskus entstand. Sehr schön ist die kräftige rotbraune flächige Grundfärbung, die mit dem türkisblauen Flossensaum sehr schön harmoniert.

Hybrid red

In Malaysia they breed „Tangerine" discus. The name was given by the breeder and they also added the name „Nura Red". So the new trade name is „Tangerine Nura Red". The full body red brown basic color with the light turquoise fins is beautiful.

Photo	Noac
Besitzer/Owner	Shaifullah Yeng

D 247

HRE 18

Hybride Rot

Als „Spotted Golden Turquoise" Diskus werden diese eigenwilligen Hybridformen gehandelt. In Malaysia ist man immer bestrebt, neue Farbvarianten auf den Markt zu bringen. Auffällig bei diesem Diskus ist die sehr helle Körpergrundfärbung, die weder als braun noch als grün bezeichnet werden kann, gepaart mit einer fast körperdeckenden roten Punktierung. Die Farbe Gold ist für asiatische Liebhaber eine bedeutende Farbe und wird deshalb gerne bei der Namensgebung verwendet.

Hybrid red

These strange hybrid discus are sold as „Spotted Golden Turquoise". In Malaysia breeders are always looking for new varieties. The light basic color, which is not brown but also not green, is very interesting. The many red spots are very impressive. The golden color is very important to Asian hobbyists and so the breeders always like to use the name „Golden Discus" if possible.

Photo M. Irudayasamy
Besitzer/Owner Hin Sun Discus Farm, Penang

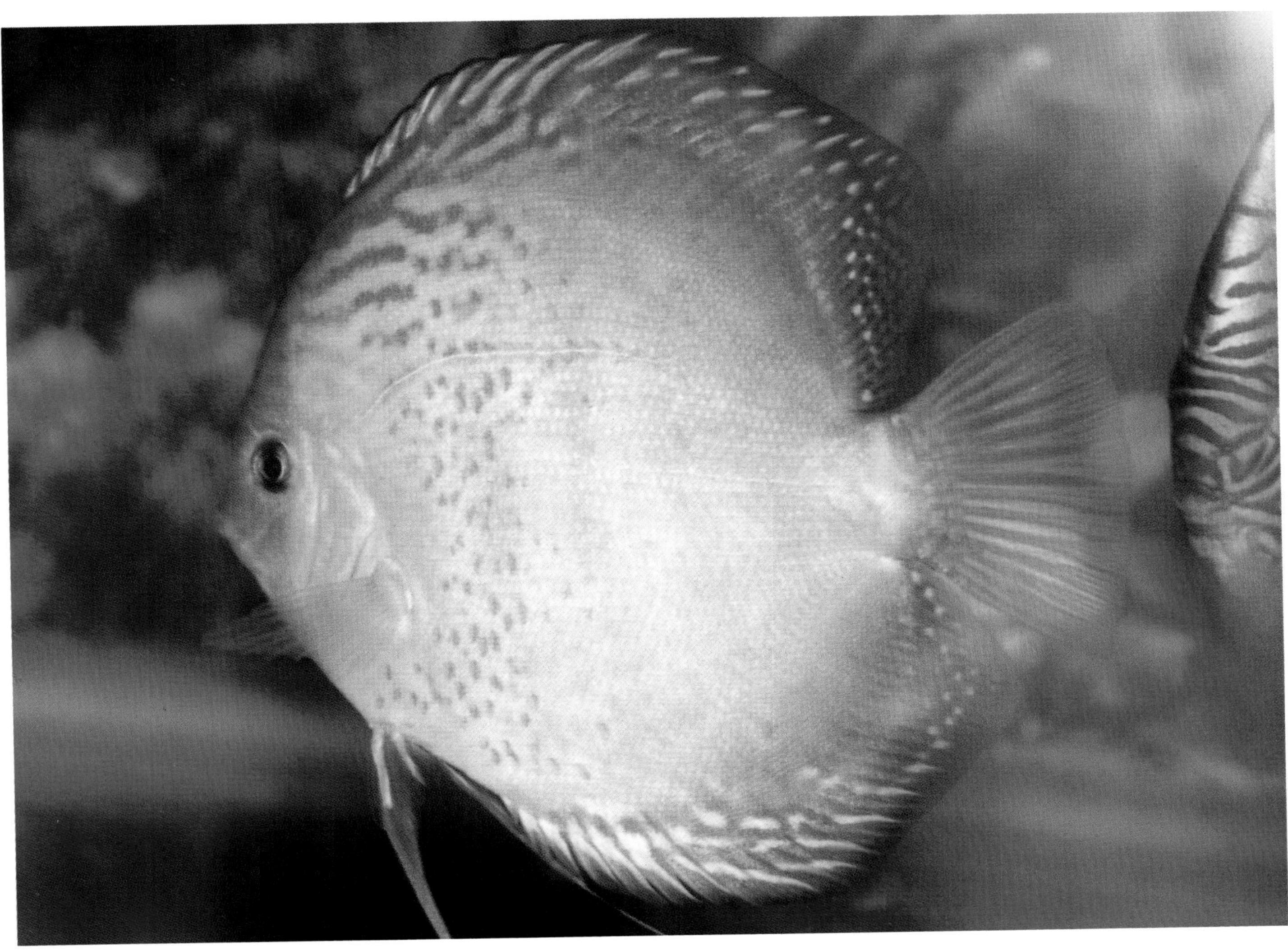

Hybride Rot

Aus Hong Kong stammt diese Hybridform, die allerdings nur im vorderen Körperbereich eine rotbraune Punktierung aufweist. Die hintere Körperhälfte ist graubraun und nicht ganz überzeugend. Verglichen mit HRE 18 zeigt dieser Diskus doch schwächere Farbmerkmale. Der Handelsname „Red Turquoise" ist sicherlich falsch gewählt für diesen Diskus.

Hybrid red

This hybrid comes from Hong Kong and it only has some red spots in the front part of the body. The back of the body is not as nicely colored. This discus doesn´t show the same strong color marking as HRE 18. The trade name „Red Turquoise" is not correct for this discus.

Photo	Y. S. S. Leung
Besitzer/Owner	Sez Sun Breeder Discus, Hong Kong

D 249

HRE 20

Hybride Rot

Pigeon Blood Männchen mit Jungfischen aus Thailand. Hier werden sehr intensiv rot gefärbte Pigeon Blood Diskus nachgezüchtet. Dieses Männchen zeigt eine sehr starke Beflossung und intensive Rottöne, vor allem im Kopfbereich. Die verstärkt auftretenden Schwarzzellen werden auch durch das Führen von Jungfischen verstärkt. Teilweise bilden Pigeon Blood Diskus doch Hautsekret, um ihre eigenen Jungen aufzuziehen.

Hybrid red

Pigeon blood male with babies from a Thailand strain. In Thailand they are able to breed intensely red colored pigeon blood discus. This male has very broad fins and strong red body colors especially on the head. The black cells become more intense when the fish is producing mucus for the babies. Sometimes pigeon blood discus can produce enough mucus to raise their young.

Photo Bernd Degen

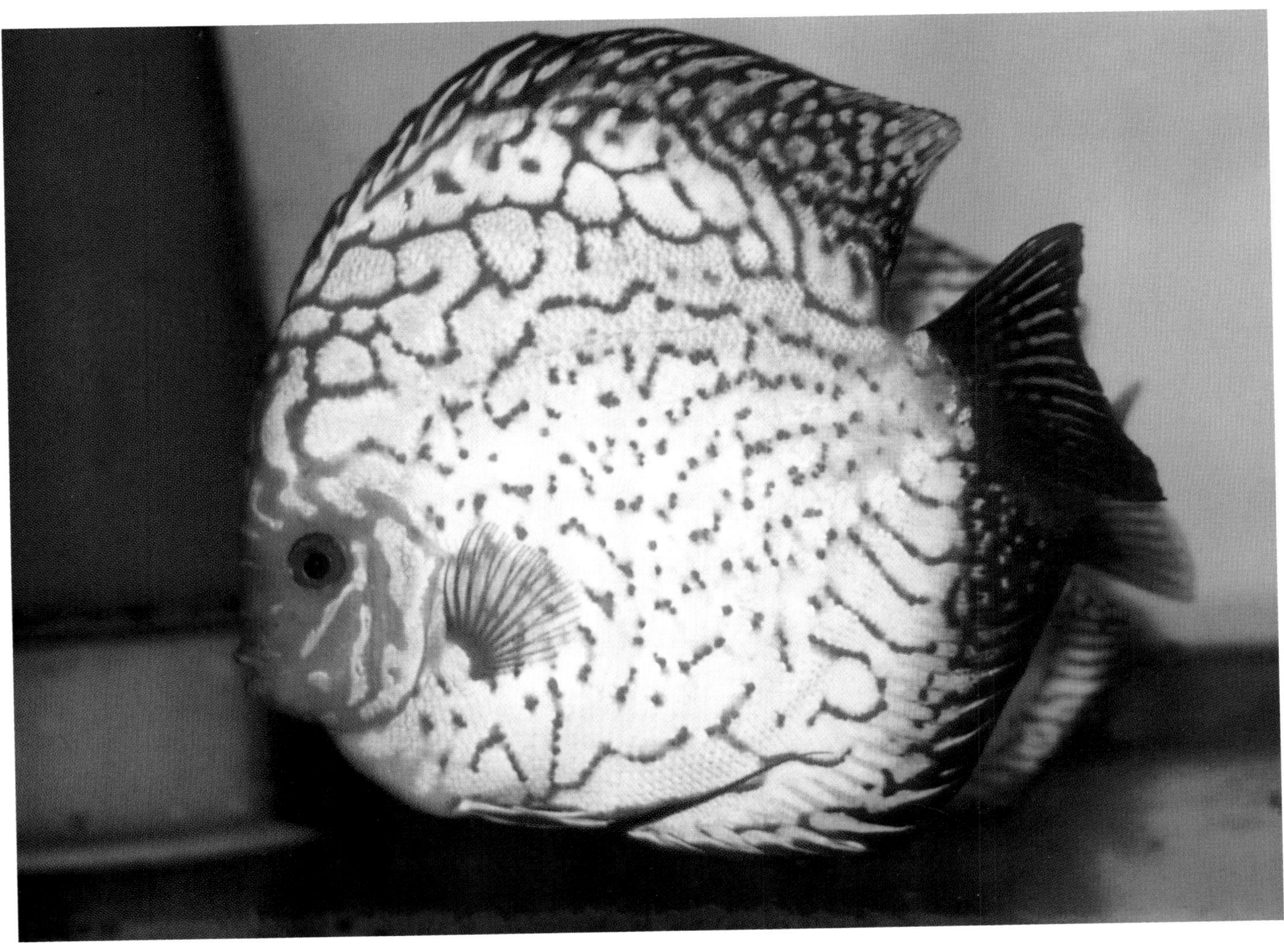

Hybride Rot

In Japan gelang die Nachzucht von Kreuzungstieren aus Pigeon Blood Diskus und sogenannten „Shirase Red". Der Name Shirase-Diskus ist in Japan ein Markenzeichen. Bei den Shirase-Diskus handelt es sich in erster Linie um flächig blaue Diskus. Die die Zusatzbezeichnung „Thunder Flash" besitzen.

Hybrid red

An interesting cross between pigeon blood and so called „Shirase Red" discus was possible in Japan. The name Shirase discus is a trade name for Japanese hobbyists. Almost Shirase discus are full body blue discus that are sold as „Thunder Flash" discus.

Photo	Akimitsu Shirose
Besitzer/Owner	A. Shirose

D 251

HRE 22

Hybride Rot

Durch die Einkreuzung von Pigeon Blood Diskus, mit ihren bedeutenden Rotanteilen, erzielen solche Kreuzungsvarianten aus flächig blauen Diskus und Pigeon Blood Diskus interessante Farbvarianten. Bei diesem Diskus ist im Gegensatz zu HRE 21 die rote Linierung nicht mehr so typisch wie bei Pigeon Blood Diskus, da sie nicht mehr kreisförmig, sondern in Streifenform verläuft. Die nahe Verwandschaft zu Pigeon Blood Diskus ist aber deutlich sichtbar.

Hybrid red

By using pigeon blood discus with many red marking it´s possible to get interesting new variations if they have been crossed with full body blue discus. This discus doesn´t have as strong red lines as HRE 21. The relationship with pigeon blood discus is quite clear.

Photo A. Shirose
Besitzer/Owner A. Shirose

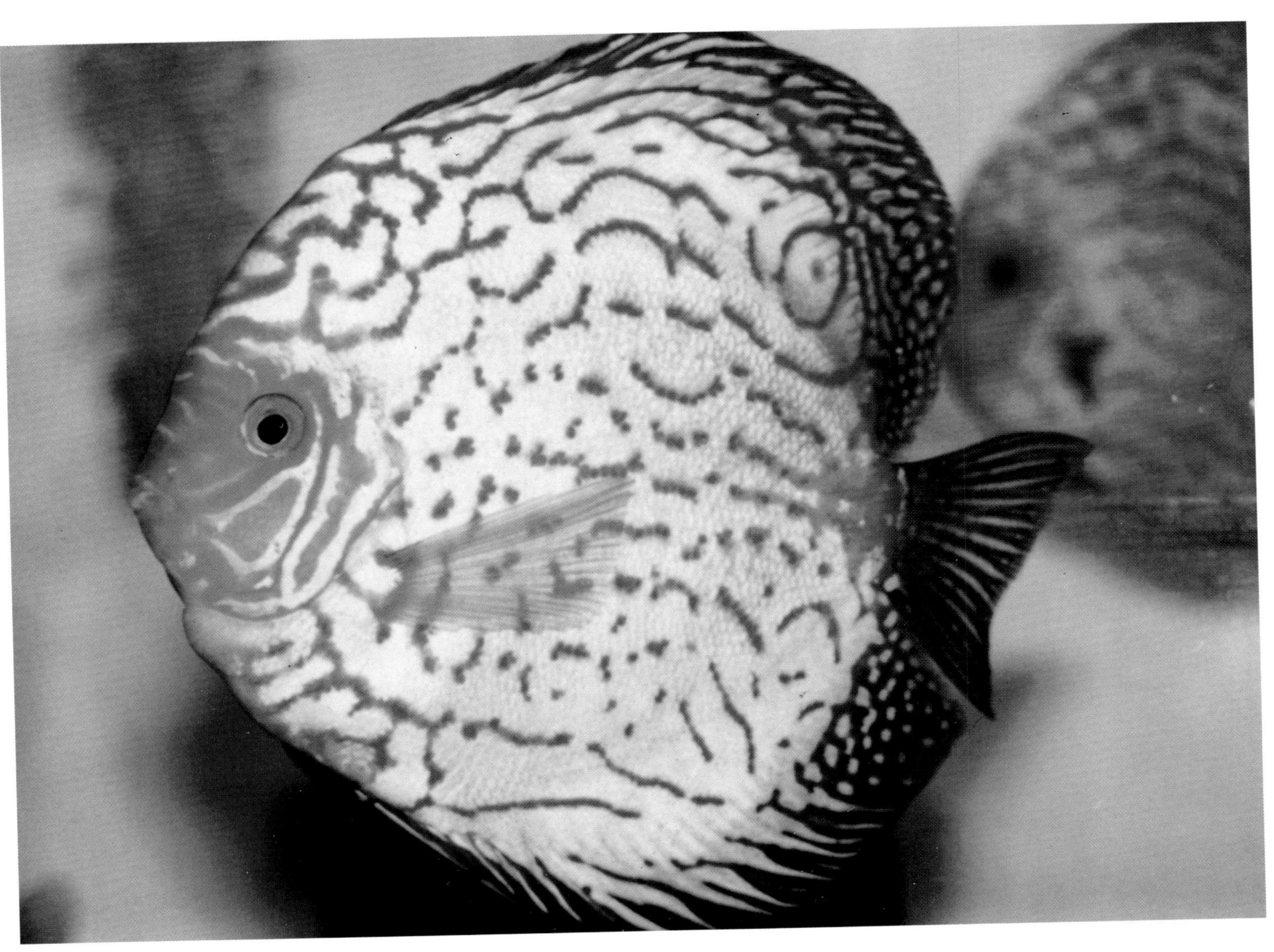

Hybride Rot

Zur gleichen Gruppe von Diskus zählt auch dieser „Shirase Red" Diskus, der die nahe Verwandschaft zu Pigeon Blood Diskus noch deutlich zeigt. Hier ist die Rotfärbung noch stärker ins Orangefarbene gegangen. Sehr schön gezeichnet ist die Rückenflosse mit ihrem Perlmuster. Der Kopf ist durch die starke orangerote Färbung sehr interessant gezeichnet. Form und Beflossung ist gut.

Hybrid red

This „Shirase Red" discus also shows it´s relationship with pigeon blood discus. But here the red coloration appear more orange. The fins have some interesting pearly marking. The head is very interesting with it´s orange red coloration. It´s shape and fins are perfect.

Photo	A. Shirose
Besitzer/Owner	A. Shirose Japan

D 253

HRE 24

Hybride Rot

Durch die Verpaarung von Pigeon Blood Diskus mit Braunen Diskus ist diese Farbvariante mit den großen perlartigen Flecken gelungen. Die türkise Zeichnung wird von roten Kreisen schön umrandet. Der links stehende Diskus zeigt in dieser Beziehung eine bessere und klarere Zeichnung. Die Beflossung ist gut ausgeprägt und voll durchgezeichnet. Die meisten Kreuzungsvarianten aus Pigeon Blood Diskus besitzen gelbe Augen. Bei diesem links stehenden Fisch ist jedoch das rote Auge als positives Merkmal anzuerkennen.

Hybrid red

By crossing pigeon blood discus with brown discus it was possible to obtain discus with larger pearly marking. The turquoise pearls are surrounded by red circles. The discus on the left shows the pearly marking more clearly. This fish also has a red eye. This is interesting because pigeon blood discus do not usually show red eyes.

Photo	Hadi
Besitzer/Owner	Hadi, Indonesien

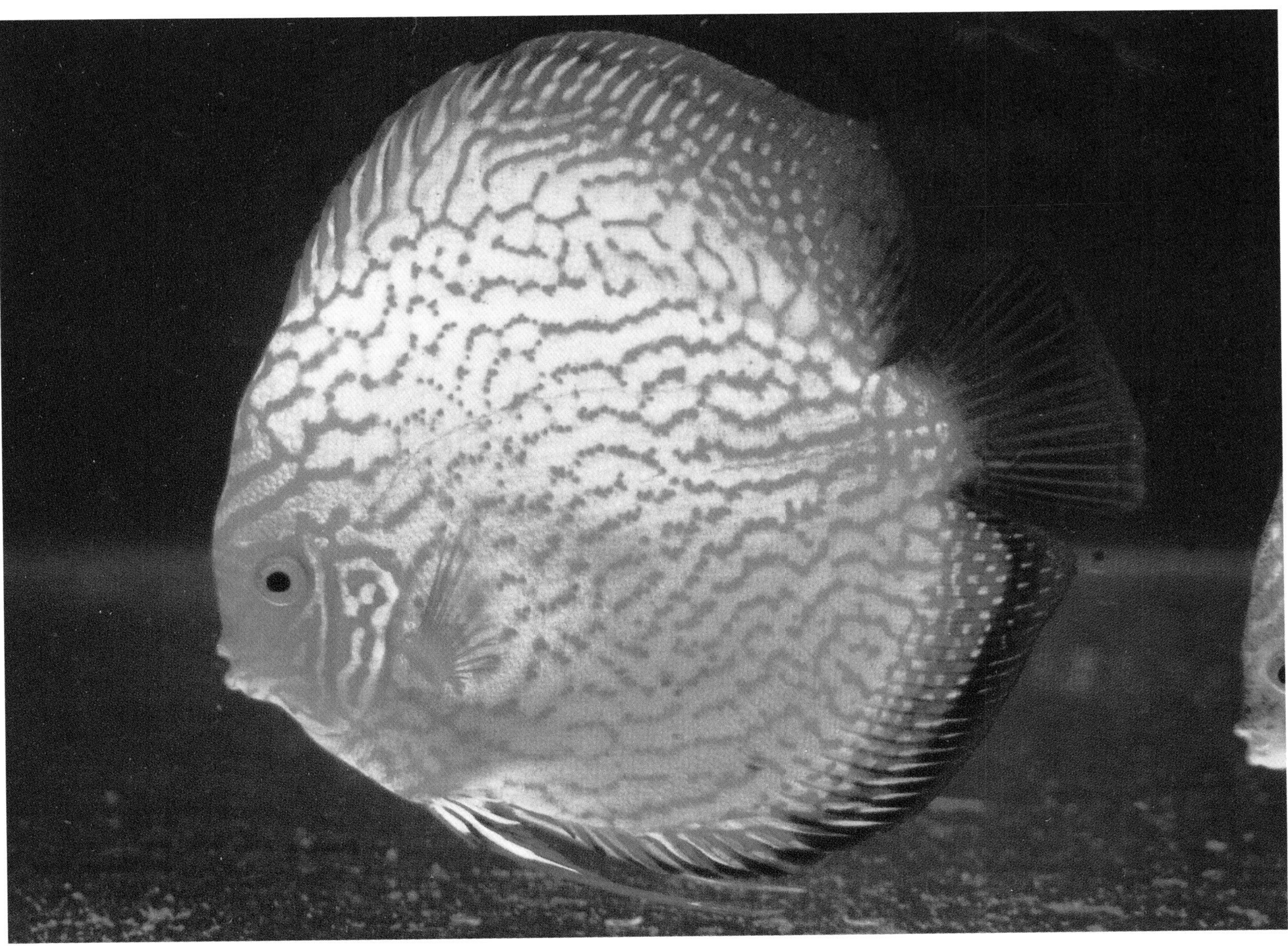

Hybride Rot

Sehr intensiv rot gefärbt ist dieser riesige Diskus, der ein sehr schönes Farbmuster besitzt. Die zarte rote Linierung ist teilweise unterbrochen und bildet einen herrlichen Kontrast zu der türkisfarbenen Grundfärbung. Durch die Aquarienbeleuchtung wurde die Farbe sicherlich etwas verfälscht, jedoch ist klar zu erkennen, daß dieser Diskus überdurchschnittliche Rotanteile besitzt. Auch hier handelt es sich um eine Kreuzungsvariante aus Pigeon Blood Diskus. Gerade in Thailand werden heute sehr intensiv rot gefärbte Pigeon Blood Diskus nachgezüchtet.

Hybrid red

This giant discus with a perfect coloration is very intensely red colored. The soft red lines makes a perfect contrast with the basic turquoise color. This discus has a very nice coloration and it was created by using pigeon blood discus. Today it´s possible to breed strong red colored pigeon blood discus in Thailand.

Photo	Taufans Fish Farm
Besitzer/Owner	Taufans Fish Farm, Bogor

D 255

HRE 26

Hybride Rot

Während der Diskusshow in Malaysia wurde dieser interessant gezeichnete Diskus gezeigt. Im vorderen Körperbereich fällt die intensive Rotfärbung auf. Der Diskus ist über den ganzen Körper mit perlähnlichen Türkiszeichnungen übersät. Diese Zeichnungen setzen sich sogar bis in die Flossenspitzen fort. Bei perfekter Körperform und guter Beflossung fällt auch das schön gefärbte Auge auf. Im Kopfbereich und im hinteren Körperbereich ist jedoch die Grundfärbung nur graubraun. Wenn es gelingt, diesen Diskus flächig rot in seiner Grundfarbe nachzuziehen, wird er sicher sehr gut verkauft werden können.

Hybrid red

This very interesting discus was shown during the discus show in Malaysia. In the front part the red coloration is very strong. This discus has turquoise pearls across the entire body. These pearls are also seen in the fins. Not only a perfect body shape, broad fins, and the coloration make this discus a beauty, but the red eye is also a highlight. If it were possible to develop such discus with a full body red coloration it would be possible to sell them very easily.

Photo Bernd Degen

Hybride Rot

Rote Diskusformen haben Diskuszüchter immer inspiriert und fasziniert. Diese sogenannten Alenquer-Diskus wurden von Dr. Schmidt-Focke erstmals nachgezüchtet. Besonders die rot-braun gefärbten Weibchen vererbten sehr gute Rotanteile. Auch hier das kräftige Rot-braun sehr schön zu erkennen. Die Männchen zeigen eine stärkere Türkislinierung.

Hybrid red

Red discus were always fascinating breeders. This so called Alenquer discus was bred for the first time by Dr. Schmidt-Focke. Especially the red brown colored females transmitted a lot of red color to their offspring. Here you can see the red brown color of the female on the right side. The males mostly exhibit more turquoise lines.

Photo	Bernd Degen
Besitzer/Owner	Dr. Schmidt-Focke

Bei dieser letzten Diskusvariante handelt es sich um Diskusfische, die von ihrem Erscheinungsbild her nur schwer in eine der vorausgegangenen Diskusgruppen einzuordnen ist. Auf dem Weg zu Neuzüchtungen entstehen bei der Masse, die an Diskusfischen in Südostasien nachgezüchtet wird, immer wieder Einzeltiere mit einer verblüffenden Zeichnung oder Musterung. Die Profizüchter achten schon sehr genau, ob unter Ihren unzähligen Nachzuchten nicht auch Diskusfische schwimmen, die durch eine besonders auffällige Zeichnung aus dem üblichen Rahmen fallen. Solche Fische werden dann von den anderen Diskus getrennt und aufgezogen. Erweist sich ein solcher Diskus tatsächlich als auffällig und von der Norm abweichend, dann ist bereits die Vorstufe für die Entstehung einer neuen Farbvariante erfüllt worden. So kann es durch Zufall auch zur Entdeckung der „Snake Skin" Diskus, wie sie ja heute in perfekter Farbform angeboten werden. Solche Hybrideformen lassen sich in keinen Rahmen pressen und sie müssen als Einzelarten gesehen werden.
Auch solche eigenwilligen Kreuzungsvarianten, wie HC 9 mit der goldenen Farbe, tauchen urplötzlich auf, können aber genauso schnell wieder verschwinden. Je nachdem, ob es dem Züchter gelingt, eine solche Farbnuance bei der Weiterzucht zu festigen, kann diese Form zu einem wirtschaftlichen Erfolg oder zu einem Mißerfolg werden.

This is the last discus variation in this atlas. Hybrid cross discus are very difficult to put in a color group. So we place them in a separate group. On the way to the creation of new color varieties a lot of strange looking discus were bred. Sometimes only a single discus or just a few of them exhibit this strange new coloration. The professional breeders watch their young discus very carefully to try and find something new. If they find a special discus they separate this fish and raise it. If this discus is really special or abnormal they try to breed it and to stabilize the color or body marking. In that way it was possible to develop the new, successfull variation „Snake Skin". These new discus varieties can´t be easily placed in a color section.
Such variations, like HC 9 with the golden color, appear suddenly but then disappear again. Only if the breeder could stabilize such color variations would it be a success.

Hybriden Kreuzungen

Als Full Color mutant wurde dieser Diskus in Taiwan bezeichnet. Die eigenartige Schwarzfärbung ist meist eine Zellschädigung, die sich jedoch völlig zurückbilden kann. Allerdings wurden in Hong Kong schon Diskusnachzuchten entdeckt, wo ganze Würfe eine solche Schwarzfärbung zeigten, die sie auch nicht mehr verloren.

Hybrid Cross

This discus was sold in Taiwan as „Full Color Mutant". The strange black coloration is mostly a cell defect. But this kind of defect can disappear and the color becomes normal again. But in Hong Kong they had discus where all the young had black tails and they didn´t loose the color when they grow up.

Photo N. Chiang, Fish magazine, Taiwan

D 258

HC 2

Hybriden Kreuzungen

Sehr eigenartig ist dieser Diskus gefärbt, der durch Einkreuzen von Geister-Diskus gezüchtet wurde. Der Diskus besitzt fast keine Farbe mehr und ist optisch sicher nicht sehr attraktiv, stellt aber etwas Besonderes vor und kann somit doch am Markt abgesetzt werden.

Hybrid Cross

This strange discus was created by using ghost discus. It hardly has any coloration. This discus is not so attractive, but unusual fish can be sold anyway.

Photo Bernd Degen

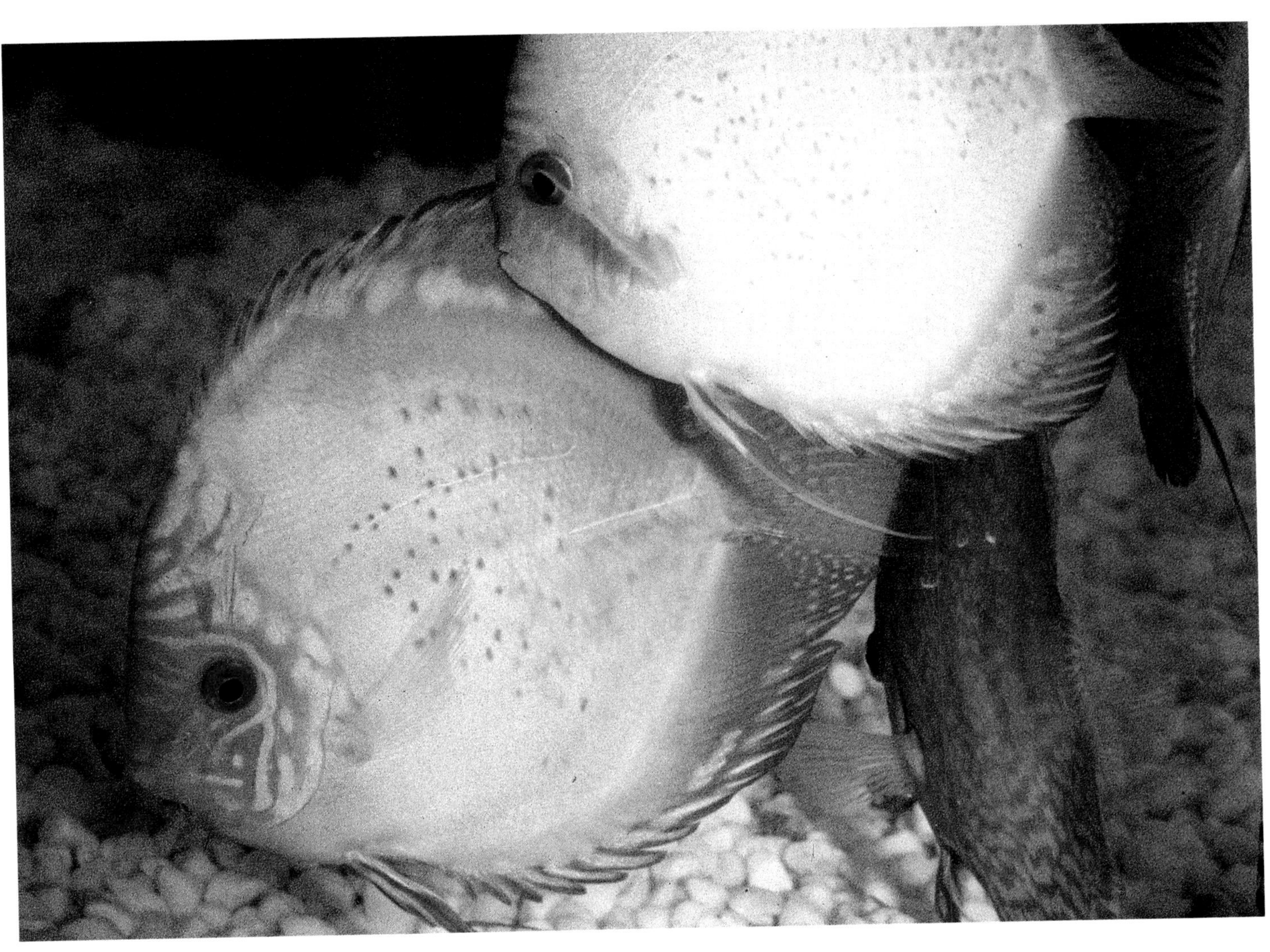

Hybriden Kreuzungen

Ähnlich HC 2 erscheinen diese beiden Diskusfische, die eine blaß-rosa-braune Farbe erkennen lassen. Auch sie können eigentlich nicht als attraktiv eingestuft werden. Es handelt sich hier ausschließlich um eine asiatische Zuchtvariante.

Hybrid Cross

These discus look like HC 2 with a soft red brown color, which is not so attractive. This is an Asian variation.

Photo Bernd Degen

D 260

HC 4

Hybriden Kreuzungen

Während der Aquarama in Singapur wurde dieser Diskus ausgestellt, der durchaus ansprechend gefärbt ist. Der flächig türkisblau gefärbte Körper ist übersät mit größeren rotbraunen Punkten. Würde es gelingen, die rotbraune Farbe intensiver rot zu bekommen, dann wäre dieser Diskus sicher ein Verkaufserfolg.

Hybrid Cross

During „Aquarama" in Singapore this discus was displayed and the color was quite interesting. The full body basic turquoise color also has some interesting red spots. If the red color of these spots could be made stronger this discus would be a good seller.

Photo Bernd Degen

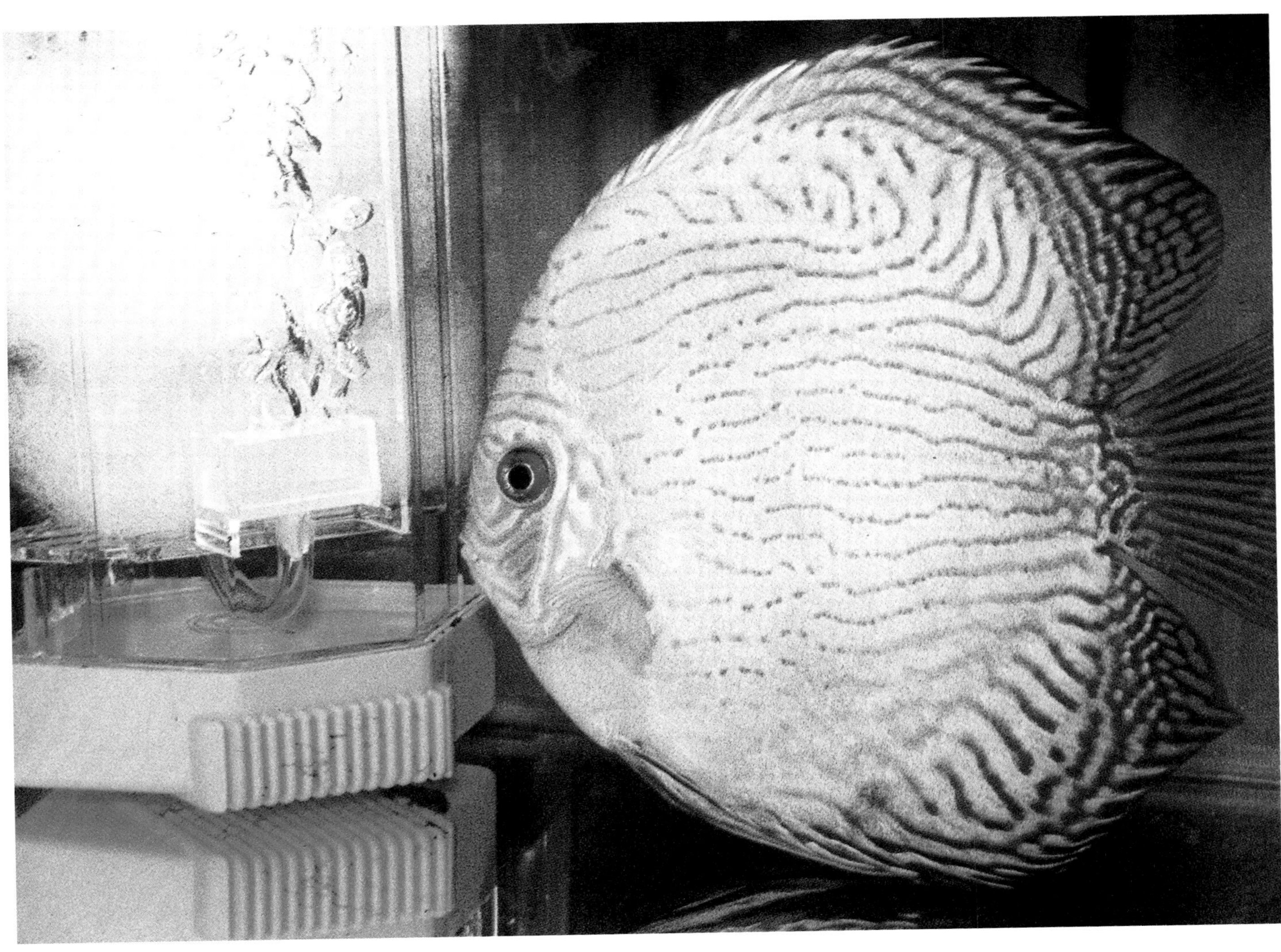

Hybriden Kreuzungen

Auf dem Weg zu Neuzüchtungen gelang es den Züchtern aus Penang, Diskus mit einem schlangenähnlichen Schuppenmuster zu züchten. Dieser Diskus ist noch eine Vorstufe des späteren „Snake Skin" Diskus. Auffallend fein ist die Linierung bei diesem Diskus. Auch das schöne rote Auge und die ausgewogene Körperform passen sehr gut zueinander.

Hybrid Cross

Hybrid cross from Penang with scales like a snake. This is a step before a „Snake Skin" discus. The lines are very fine and the body shape and red eye are perfect.

Photo Bernd Degen

D 262

HC 6

Hybriden kreuzungen

Hier ist der Schritt zum perfekten „Snake Skin" Diskus fast schon vollzogen. Allerdings ist die Farbe noch nicht so attraktiv und etwas verwaschen. Auffallend sind die feingemusterten Zeichnungen auf dem Körper.

Hybrid Cross

This is a step toward a perfect „Snake Skin". But the color is not very clear and later the breeders were able to breed more colorful „Snake Skin" discus.

Photo Bernd Degen

Hybriden Kreuzungen

Dieser Snake Skin Diskus aus Penang beeindruckt den Betrachter schon erheblich, denn sowohl die Form als auch die Körperzeichnung sind sehr interessant. Der Körper ist tatsächlich mit einer so feinen Musterung überzogen, daß der Eindruck einer feinschuppigen Schlangenhaut entsteht. Snake Skin Diskus erreichten 1995 ihren besten Bekanntheitsgrad und erzielten sehr hohe Preise.

Hybrid Cross

This „Snake Skin" discus from Penang is a very impressive fish with an interesting coloration and body shape. You really can „see" the scales of a snake. In 1995 „Snake Skin" discus were a best seller in the discus field.

Photo Bernd Degen

D 264

HC 8

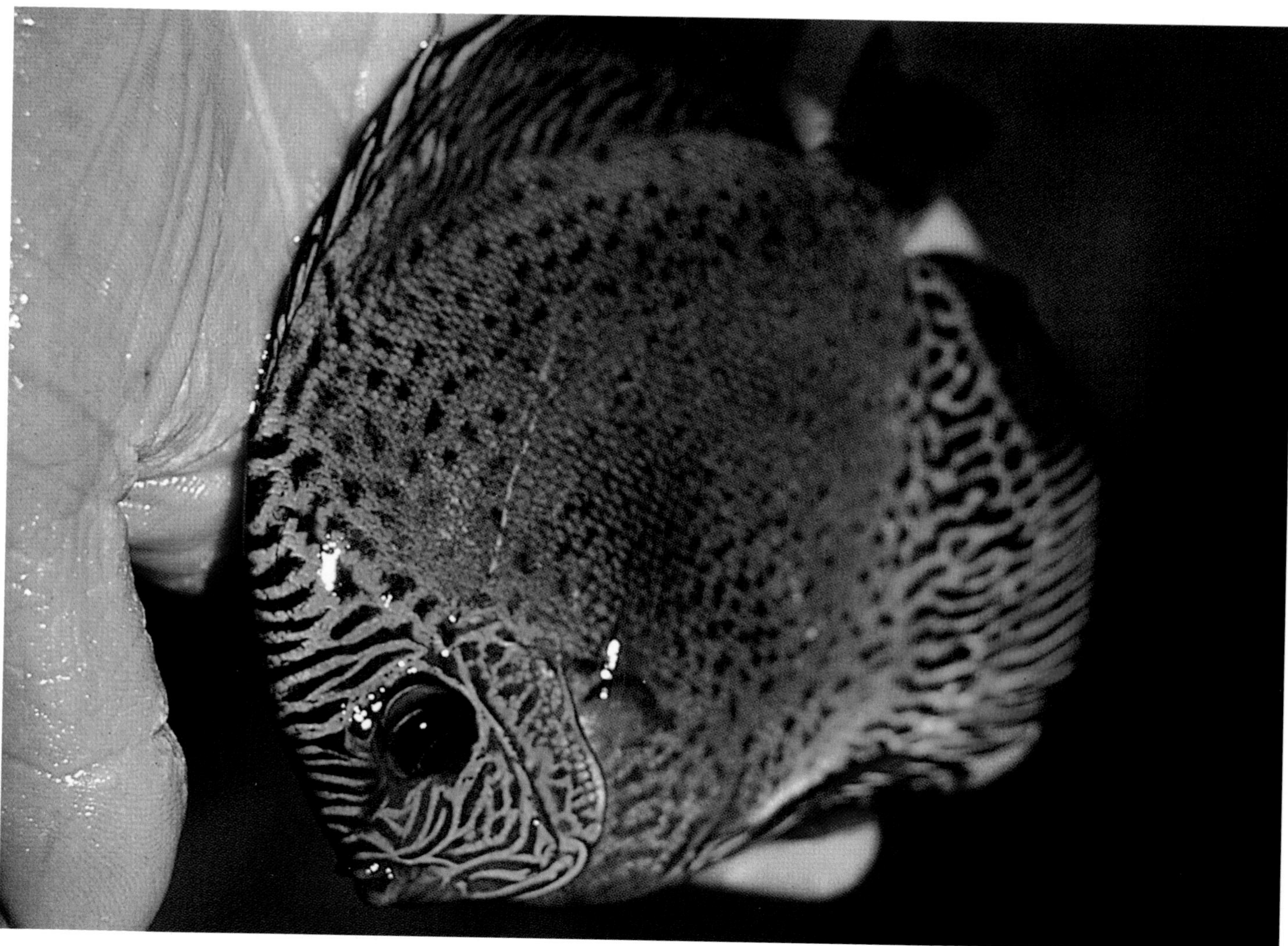

Hybriden kreuzungen

Beim Herausnehmen aus dem Aquarium kann sehr gut die typische schlangenähnliche Haut und Zeichnung beobachtet werden. Diese Diskus tragen tatsächlich zurecht die Bezeichnung Schlangenhautdiskus. Ausgewachsene Exemplare sind 1994 fast unbezahlbar. Selbst für kleine, drei Zentimeter große Snake Skin Diskus sind schon hohe Preise zu bezahlen. Hier konnte ein Diskuszüchter durch Ausdauer eine Diskusvariante züchten, die ihm finanziellen Erfolg beschert.

Hybrid Cross

If you take out a „Snake Skin“ discus you will see the typical skin that resembled that of a snake. Large „Snake Skin“ discus had astronomic prices in 1994. The breeders were able to stabilize it´s color variation. Sometimes older „Snake Skin“ discus loose some color.

Photo Bernd Degen

Hybriden Kreuzungen

Ein sehr eigenwilliges Einzelstück von Diskusfischen wurde während der Diskusshow in Malaysia vorgestellt. Hier handelt es sich wirklich um einen auffallenden Diskusfisch, denn eine solche Farbkombination war bisher noch nicht bekannt geworden. Das Zuchtergebnis erinnert schon fast an Goldkopf-Skalar, denn auch bei diesem Diskus ist im Kopfbereich eine starke Goldfärbung zu erkennen. Allerdings ist der große goldbraune Fleck im hinteren Körperbereich ebenfalls dominant. Sehr schön zartblau ist die Rückenflosse gefärbt, was zu dem silberfarbenen Mittelteil des Körpers einen guten Kontrast bildet. Es handelt sich hier wie gesagt um ein Einzelstück, jedoch kann durchaus möglich sein, daß eines Tages mehrere solcher Diskusexemplare angeboten werden.

Hybrid Cross

This is quite a strange individual discus which was shown during the discus show in Malaysia. This kind of color combination has not been seen in the past. This crossing reminds us of gold headed angels. This discus also shows a strong golden coloration on it´s head. But you can also see a golden spot in the back part. The fins have some light blue color and the body some silver color. This is still a single discus but maybe we will see more of them in the future.

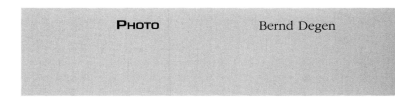

Photo Bernd Degen

D 266

HC 10

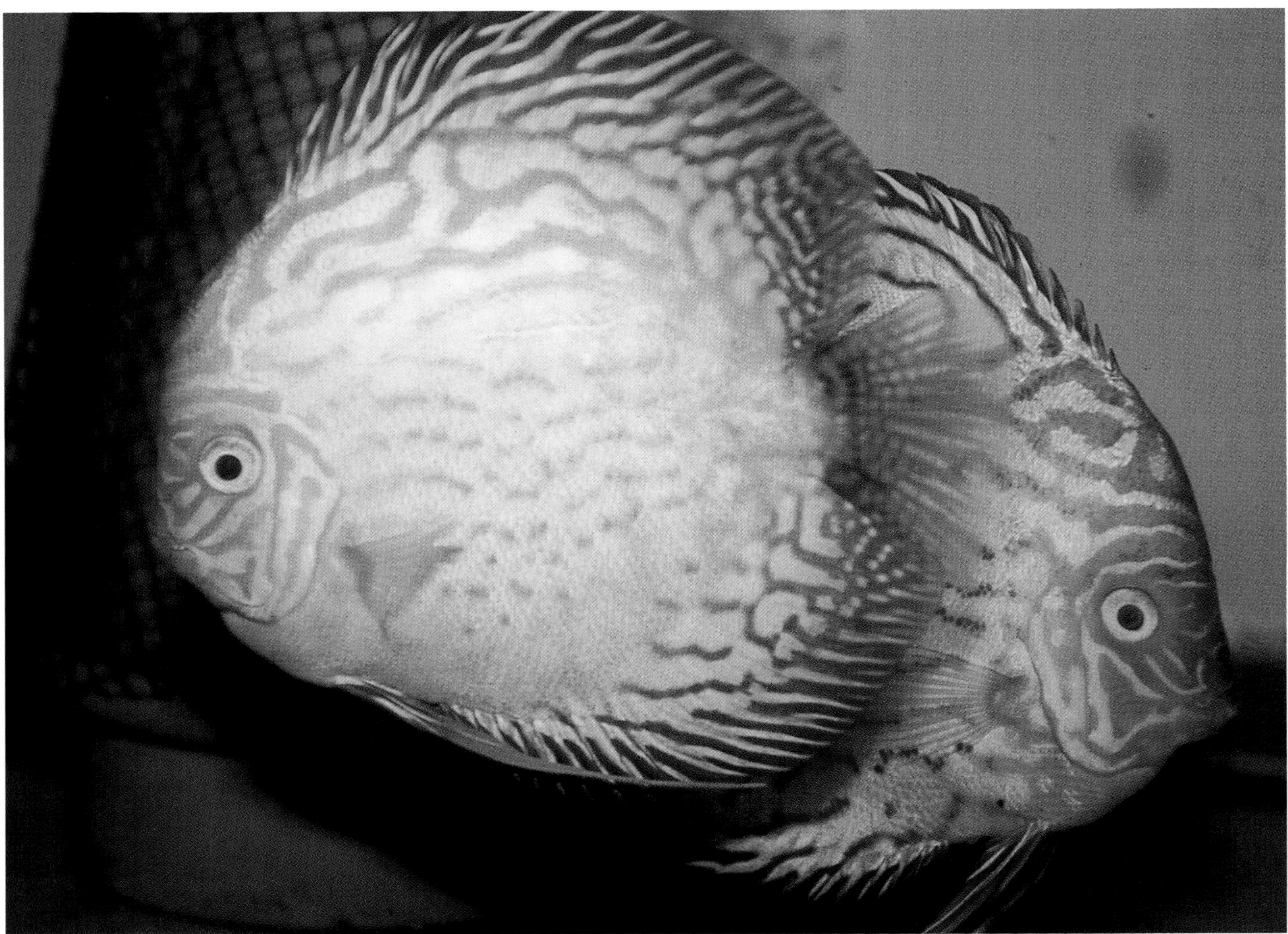

Hybriden kreuzungen

Der links stehende Diskus ist eine seltene Zuchtvariante, die aus Flächentürkis und Pigeon Blood Diskus entstand. Der thailändische Züchter Kitti versucht mit dieser hellen Zuchtvariante weitere Rückkreuzungen vorzunehmen. Hier wird dieses Männchen mit einem normalen Pigeon Blood Weibchen verpaart. Gerade durch Pigeon Blood Diskus ist es den Züchtern gelungen, zahlreiche neue Farbvarianten herauszuziehen.

Hybrid Cross

The discus on the left is a variation obtained from turquoise and pigeon blood discus. The Thai breeder Kitti is trying to get more light colored discus. This discus male was paired with a normal pigeon blood female. Especially with pigeon blood discus was it possible to create new color variations.

Photo Bernd Degen
Besitzer/Owner Kitti Phanaitthi

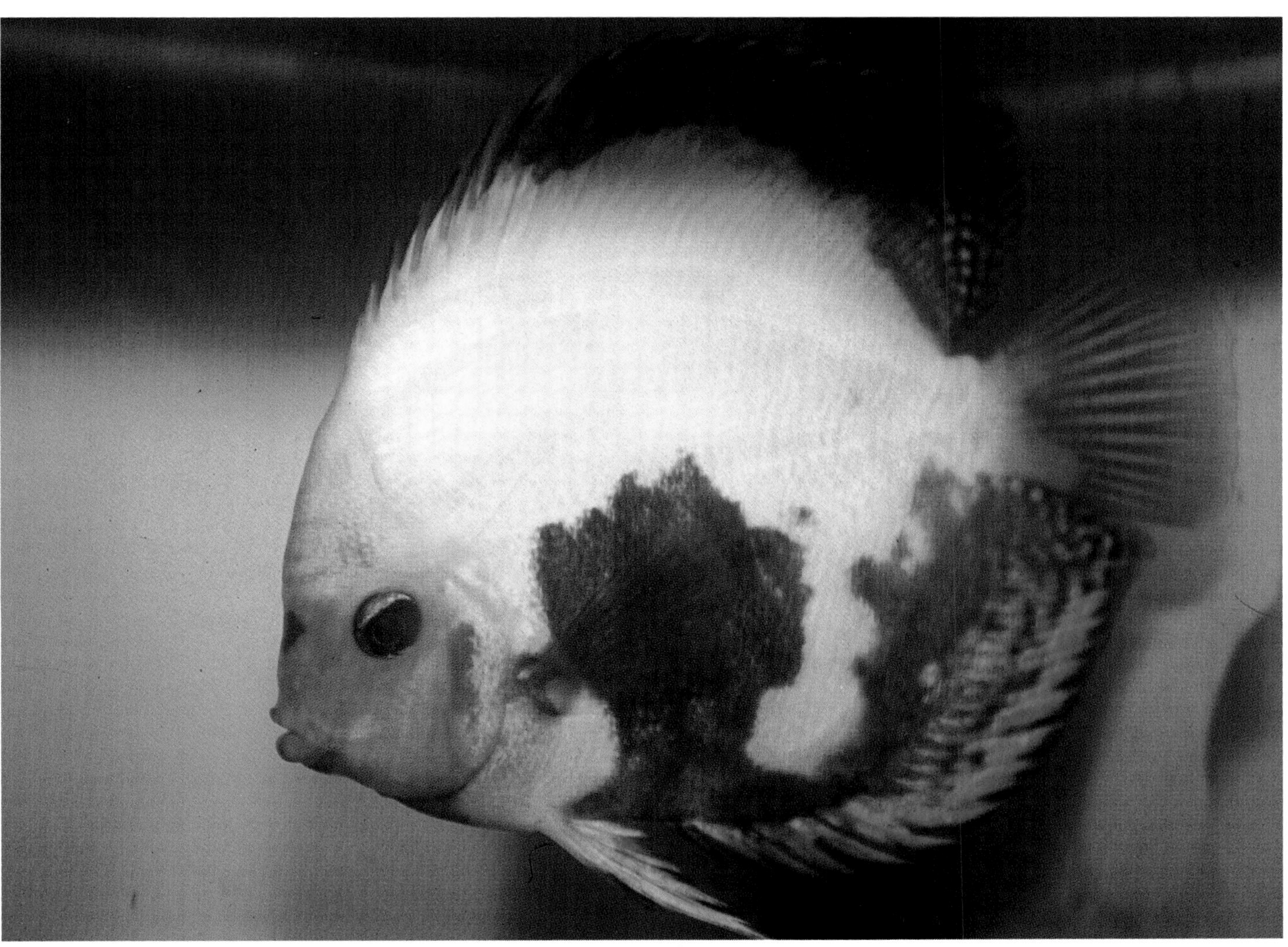

Hybriden kreuzungen

Auch bei diesem Diskus handelt es sich um ein Einzelstück, das in dieser Farbkombination in der Zuchtanlage von Kitti in Thailand aufgetreten ist. Bisher ist es noch nicht gelungen solche Diskusfische in größeren Mengen nachzuzüchten. Wahrscheinlich handelt es sich um Pigmentstörungen in der Haut der Diskusfische, die sich aber im Verlauf der Entwicklung durchaus verändern kann. Gerade das abwechselnde Auftreten zwischen hellen und dunklen Farbzellen deutet auf solche Pigmentfehlbildungen hin.

Hybrid Cross

This is also a single discus that was bred by Kitti in Thailand. Until today it has not been possible to breed such colored discus in larger quantities. Maybe the color results from a pigmental disturbance. This kind of coloration can change as the fish grows up.

Photo	Bernd Degen
Besitzer/Owner	Kitti Phanaitthi

D 268

HC 12

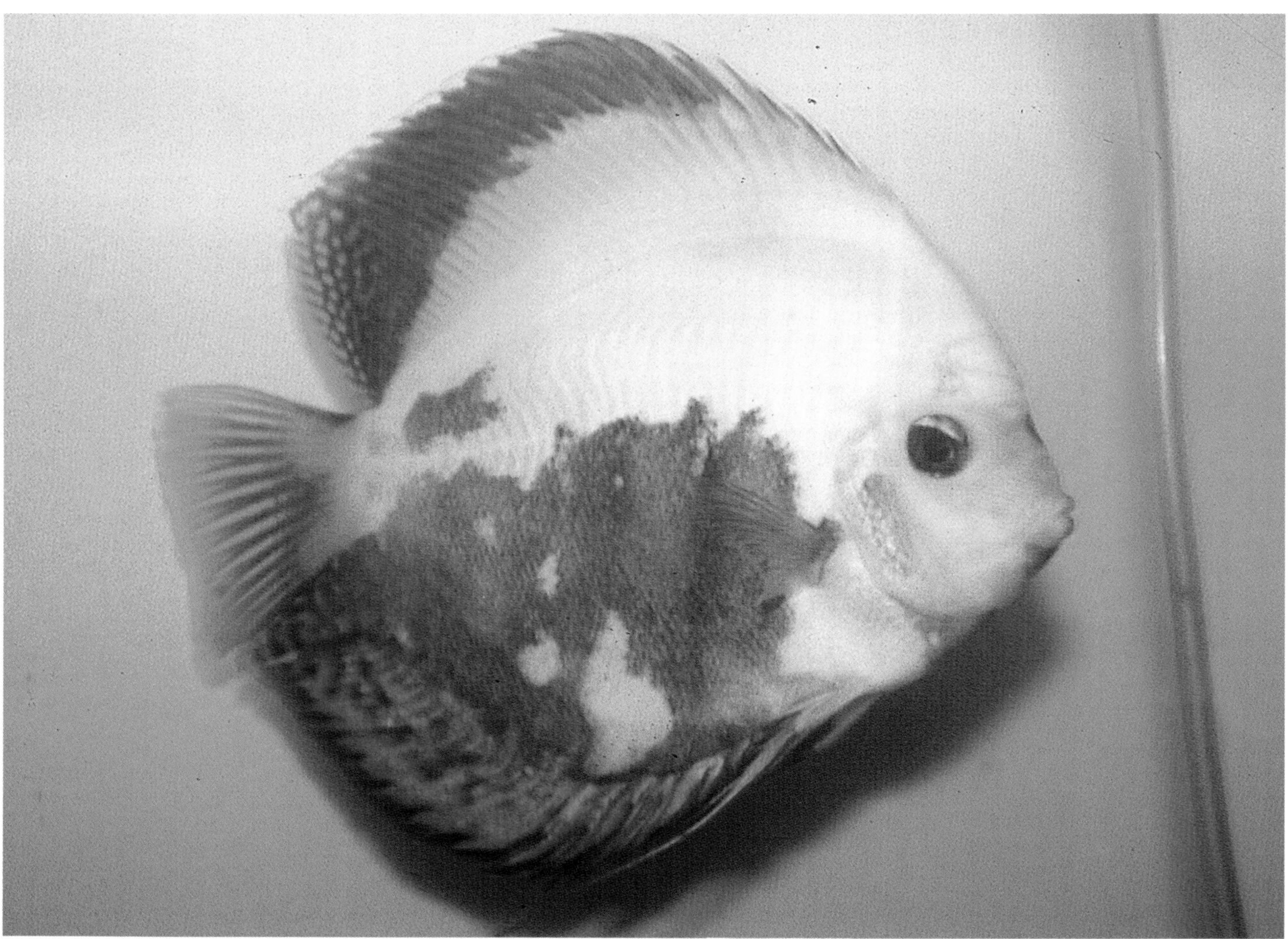

Hybriden kreuzungen

Ähnlich wie bei HC 11 ist auch bei diesem Fisch eine Pigmentstörung aufgetreten, die dieses eigentümliche Muster hervorgebracht hat. Auch hier handelt es sich um ein Einzelstück, dessen Farbmerkmale der Nachzucht wohl kaum vererbt werden dürften. Der Reiz, solche eigentümlich gezeichneten Diskusfische weiterzuzüchten ist natürlich vorhanden und deshalb werden solche auffälligen Diskus immer gerne aufgezogen.

Hybrid Cross

Like HC 11, this discus also shows pigmental anomalies. This is also a single discus and normally the offspring do not exhibit the same color marking.

Photo	Bernd Degen
Besitzer/Owner	Kitti Phanaitthi

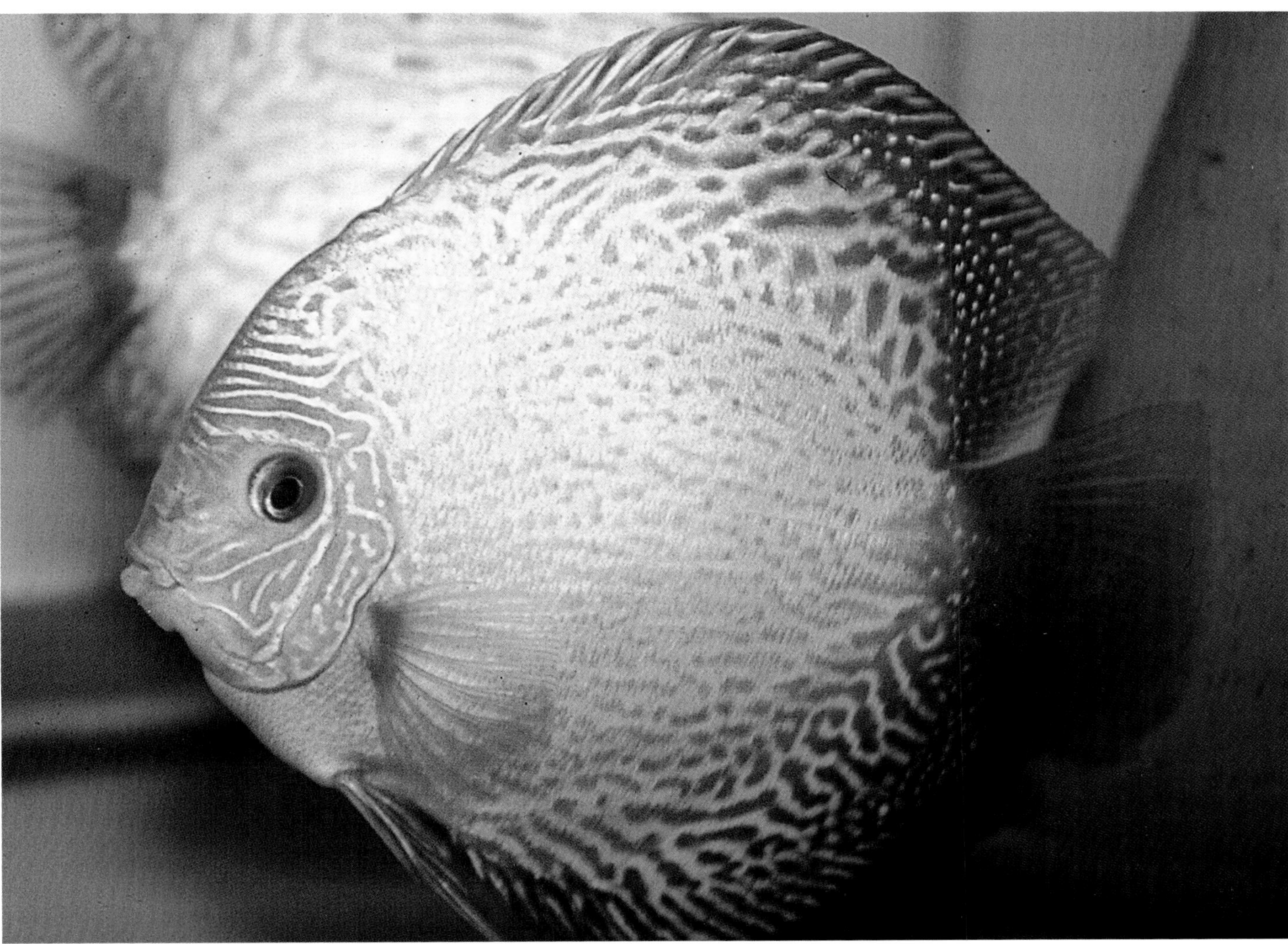

Hybriden Kreuzungen

Als „Snake Skin" Diskus werden diese Diskus mit dieser feinen Zeichnung, die an Schlangenhaut erinnert, angeboten. Zuerst sind solche Diskusfische in Malaysia auf der Insel Penang aufgetaucht. Inzwischen befassen sich jedoch mehrere Züchter in Südostasien mit der Nachzucht dieser interessanten Diskusvariante, die hoch bezahlt wird. Die Schwierigkeit besteht darin, größere Mengen von Nachzuchten mit der gleichen Zeichnungsanlage zu züchten. Immer wieder gibt es Rückschläge, da oft nur 10% der Jungtiere mit dieser eigenwilligen Zeichnung ausgestattet sind.

Hybrid Cross

These discus are sold as „Snake Skin" because they have a skin like that of snakes. This kind of discus was bred for the first time in Penang, Malaysia. But now many breeders in Asia are trying to breed „Snake Skin" discus because the prices are still very high. The problem is that sometimes only 10% of the offspring show a „Snake Skin" coloration.

Photo	Bernd Degen
Besitzer/Owner	Kitti Phanaitthi

D 270

HC 14

Hybriden kreuzungen

Der amerikanische Züchter Jack Wattley versieht seine Diskus mit Handelsnamen und bezeichnet Kreuzungsvarianten aus Pigeon Blood Diskus und seinen Türkis-Diskus als „Panda" Diskus. Bei diesem Diskus ist noch deutlich die Erbanlage der Pigeon Blood Diskus zu erkennen. Die Schwarzzellen sind hier durch das Einkreuzen von Türkis-Diskus etwas zurückgedrängt worden. Leider besitzen diese Diskus kaum ein rotes Auge, was sie doch attraktiver machen würde, sondern meist nur das typische gelbe Auge der Pigeon Blood Diskus.

Hybrid Cross

The American breeder Jack Wattley is also selling his discus with trade names and calls his crossbreeds of pigeon blood and turquoise discus as „Panda" discus. In this discus you still can see the pigeon bloods. This fish shows the typical yellow eye of the most pigeon blood discus.

Photo Bernd Degen
Besitzer/Owner Jack Wattley

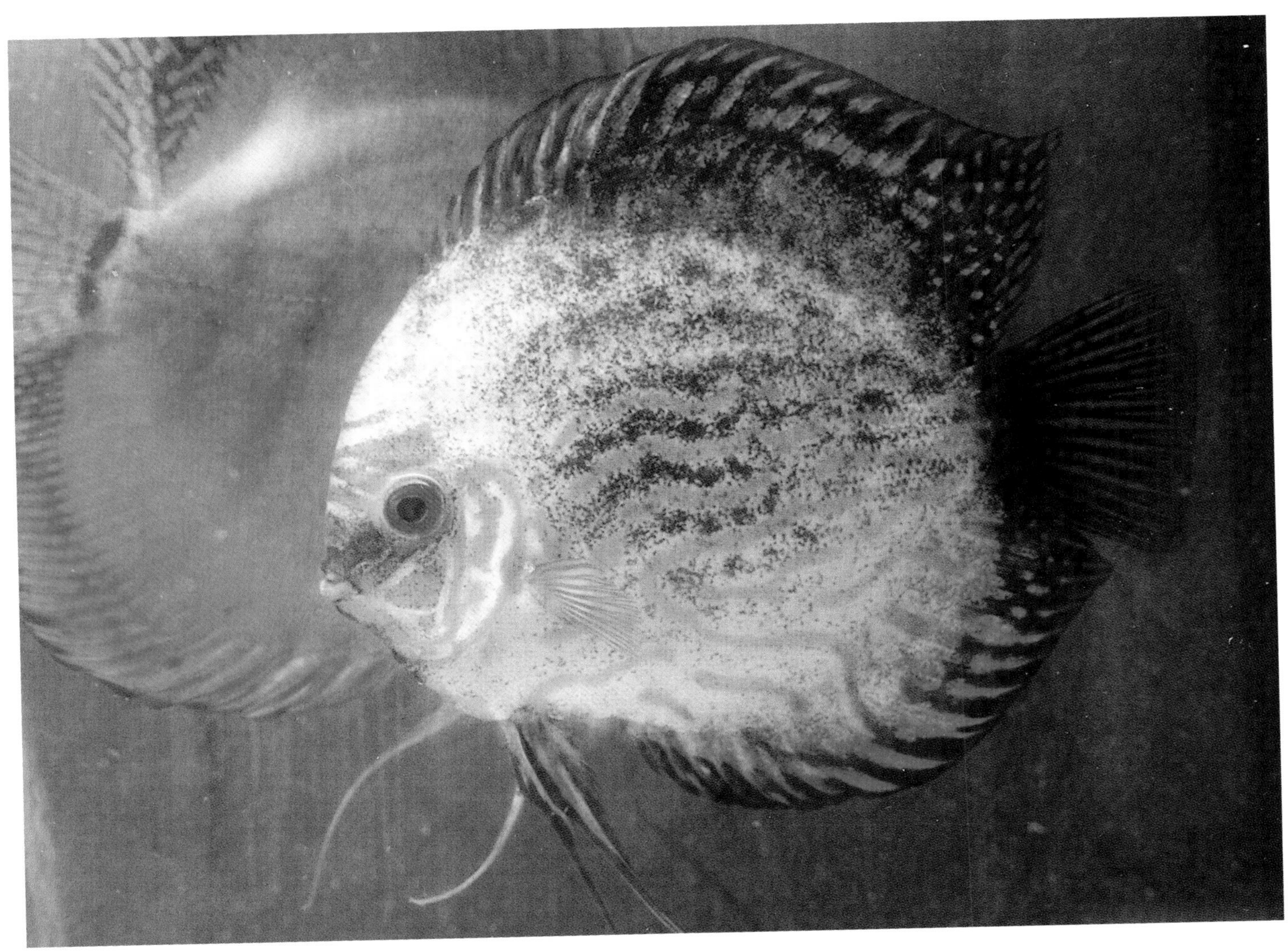

Hybriden kreuzungen

Ein Kreuzung aus Jack Wattley´s „Panda" Diskus und flächigen Diskusfischen, ergab eine Farbvariante, die eigentlich mehr an die Geisterdiskus erinnert, denn die Schwarzzellen sind doch noch dominant. Auch in der Körperform ist dieser Diskus etwas eigenwillig, denn die sehr hohe Beflossung paßt nicht so gut zu dem etwas langgestreckten Körper. Das rote Auge ist allerdings auffallend und dadurch erweckt der Fisch etwas mehr Aufmerksamkeit beim Betrachter. Durch die Schwarzzellen erscheint aber die Türkisfärbung mehr schmutzig grau und wenig attraktiv.

Hybrid Cross

A cross between Jack Wattley´s „Panda" discus and a full body turquoise discus. This discus reminds one of ghost discus because the black cells are still dominant. Also, the body shape is typical for this kind of strain. The red eye makes this discus more interesting.

Photo	Herman Chan
Besitzer/Owner	Fairy Lake Aquarium, San Fransisco

D 272

HC 16

Hybriden kreuzungen

Einer der ersten aufsehenerregenden „Snake Skin" Diskus war dieser Diskus, der 1993 während der Aquarama in Singapur gezeigt wurde. Erstmals trat dieses eigenwillige Schlangenhautmuster auf, wobei jede Schuppe einzeln farblich hervortrat und diesen eigenwilligen Farbcharakter vermittelte. Auffallend ist auch die starke ausgezogene Beflossung und überhaupt die starke Beflossung im Verhältnis zur Körpergröße. Inzwischen wurden stark verbesserte „Snake Skin" Diskus auf den Markt gebracht und nach wie vor sind diese auffälligen Diskusfische bei Liebhabern sehr gefragt.

Hybrid Cross

This „Snake Skin" discus was shown during „Aquarama 1993" in Singapore. This was the first time that a „Snake Skin" discus broad displayed. Look at the typical „Snake Skin" scales and the broad fins. Today many different kinds of „Snake Skin" discus are sold and hobbyists like them very much.

Photo Aqua Fauna Malaysia, Penang

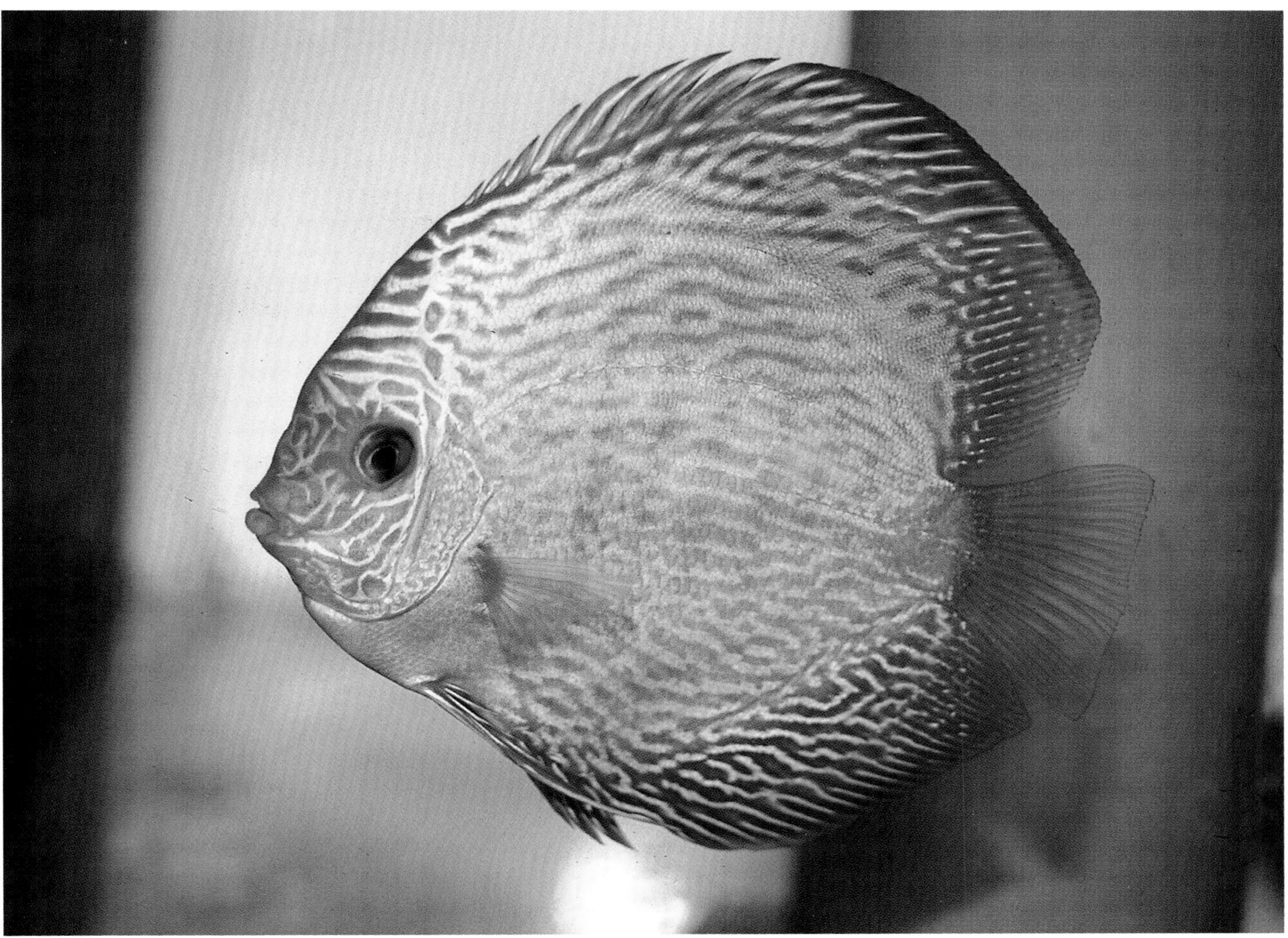

Hybriden kreuzungen

Eigentümliche Hybridform aus türkis und „Snake Skin“ Diskus. Sowohl Färbung als auch Zeichnung ist sehr interessant. Die Türkisfärbung muß durch Zuchtauslese verstärkt werden.

Hybrid Cross

A strange hybrid shape is exhibited by this discus, which is a result of a cross between turquoise and „Snake Skin“ discus. By selection the color should be made stronger and eventually stabilized.

Photo	Bernd Degen
Besitzer/Owner	Simon Po, Penang

D 274

HC 18

Hybriden Kreuzungen

Sehr hochflossige Zuchtvariante aus Hong Kong, die aus Flächentürkis und Rot-Türkis Diskus erzielt wurde. Auffallend ist auch die hohe Körperform, sowie das rote Auge.

Hybrid Cross

A high fin variation from Hong Kong created from full color turquoise and red turquoise discus. The high body and the red eye is also a breeding mark.

Photo	Bernd Degen
Besitzer/Owner	Fan´s Discusfarm, Hong Kong

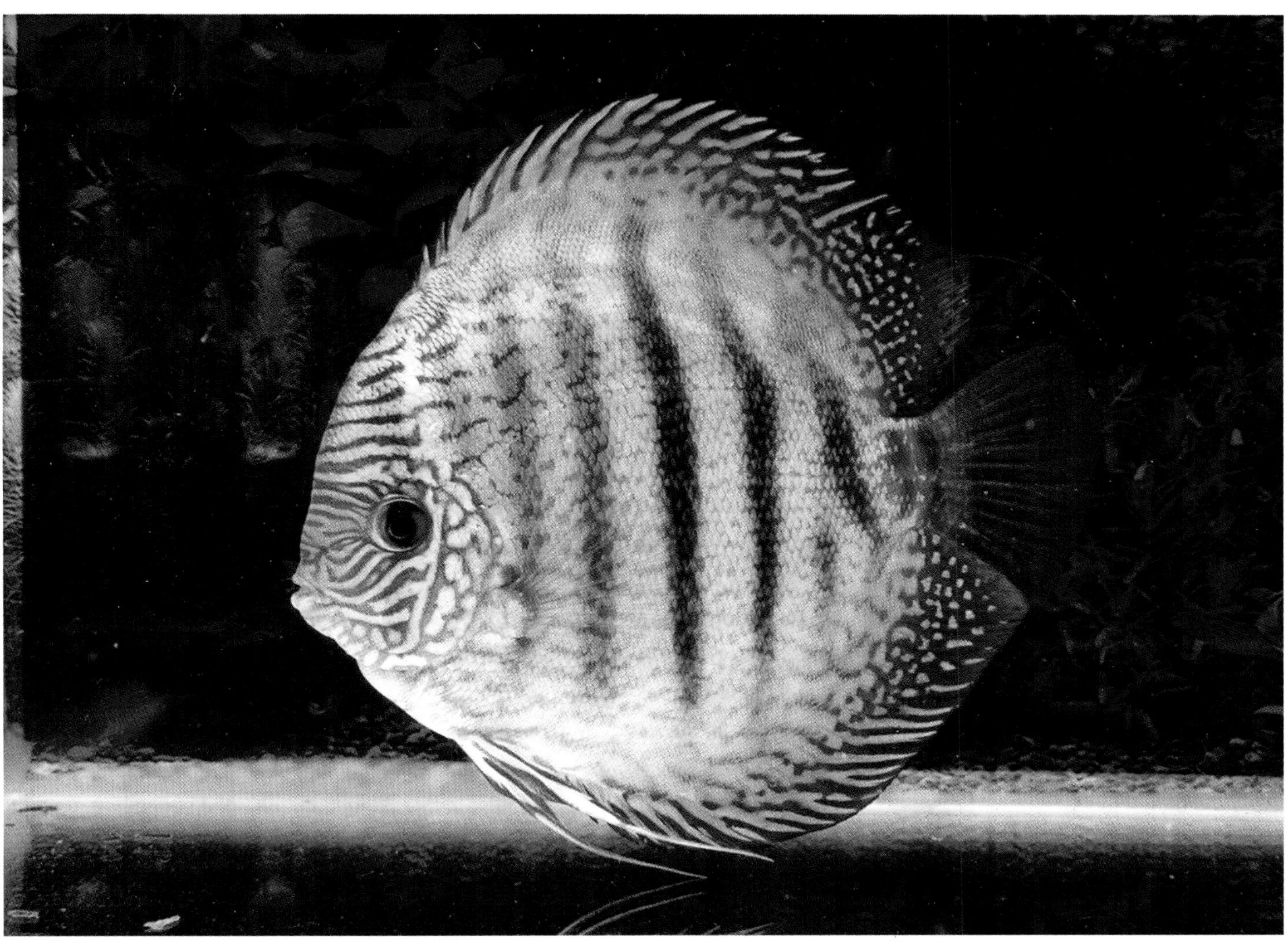

Hybriden kreuzungen

Eine sehr imposante Erscheinung ist dieser perfekt geformte Diskus, der auch von Wildfängen aus Tefé abstammt, jedoch durch Einkreuzung von Hochzucht-Türkis-Diskus deutlich verbessert wurde.

Hybrid Cross

A very impressive discus with a perfect body shape and coloration. This discus was also bred from wild Tefé stock. But with turquoise discus in the blood line the resulting color is much stronger now.

Photo	Bernd Degen
Besitzer/Owner	Fan´s Discusfarm, Hong Kong

Das Standardwerk für Diskusliebhaber.

128 Seiten · Über 120 Farbfotos

DM 58,-

Diskus Jahrbuch und Diskus Jahrbuch Spezial erscheinen jeweils Ende September und Ende April.

je DM 26,80

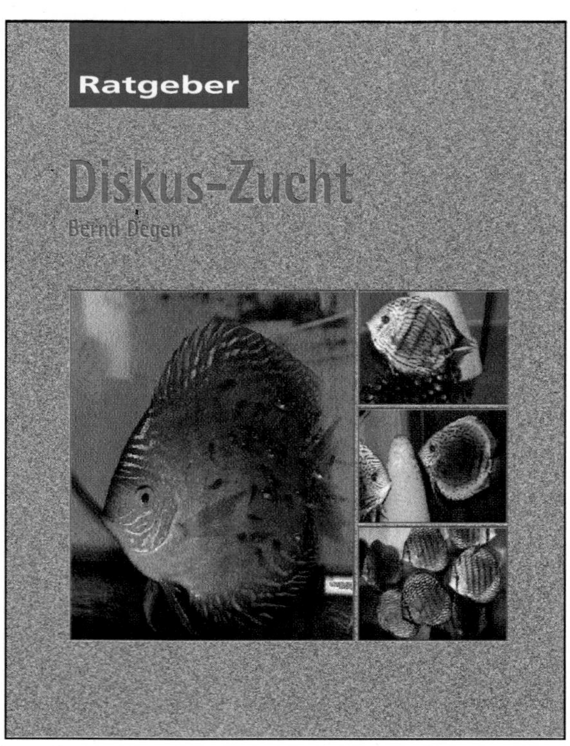

Profitips für Anfänger und Fortgeschrittene.

88 Seiten · Über 90 Farbfotos

DM 29,80

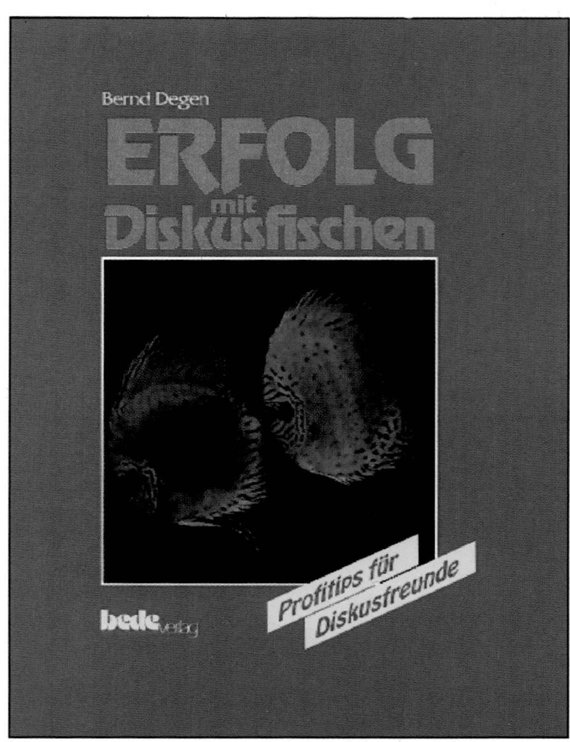

Alles zu Haltung, Pflege und Zucht.

96 Seiten · ca. 70 Farbfotos

DM 29,80